JN079618

改訂版

大学院留学のすべて

絶対に後悔しないための10のステップ

佐藤庸善 著　大学院留学コンサルティング 編
Tsuneyoshi Sato　Graduate School Consulting

"Definitive Edition"

All about graduate studies in foreign countries

10 steps for never regretting after admission

お金がない、時間がない……
そんなあなたの夢を実現する具体的な
方法がここで見つかる。

忖度なしで新しい。
本当に必要な情報があますことなく手に入る。
だから、絶対に失敗しない。

明日香出版社

はじめに

私は「**大学院留学を検討し始めた方がその可能性を確認できるようにしたい**」、そして「**大学院留学を既に決意した方が後悔しない留学を実現してほしい**」という思いでこの書籍を執筆いたしました。

海外大学院進学という進路を最近思い立ち、まだ漠然と考えている方に最も大事なことは、あたなが持っているバックグラウンド（学歴/職歴/英語力/費用など）とご希望から、大学院留学の可能性を正確に把握することです。

本書で解説させて頂いております大学院留学の難易度から、国別特徴/費用/専攻などをご理解頂くことで、一人一人異なる、自分自身の可能性を正確に知って頂くことが出来ます。

そして、翌年、または翌々年の留学を既に決意されている方々には、出願校の選定方法から具体的な出願/出願書類作成方法などについて、出願スケジュールに合わせた具体的且つステップ別の解説が必要不可欠です。

ご準備の際、本書の10のステップを通して進めて頂ければ、入学後絶対後悔しない留学を実現できるはずです。

日々大学院留学の専門コンサルタントとして皆さんのご相談をお受けしておりますと、いずれのご準備段階であったとしても、昨今大学院留学の目的は非常に多様で、例えばキャリアアップ/チェンジといった目的が明確な方から、現状打破や海外移住など目的がやや漠然とした方まで様々な方がいらっしゃると感じています。

また、留学の条件も様々で、留学の費用が限られている方、留学先（国）が制限されている方、留学の準備にかけられる時間と労力が非常に限られている方、GPAや大学時代の専攻で留学の可能性が非常に制限されてしまっている方等、一人一人異なっていることを痛感致します。

そこで本書を通して、そんな多種多様な目的や条件を持っている皆さんに、100%フラットで公平な情報を提供することで、あなたが持っているすべての可能性（選択肢）を確認して頂くこと、そして留学後絶対に後悔しないご準備を実現して頂きたいと考えています。

なぜ私がこのような思いになったかというと、日々大学院留学サポートに関する業務を行なっている中で、「**大学院留学を目指す皆さんは偏った情報や制限された情報により、非常に限られた可能性の中から海外大学院進学を検討している方がと**

ても多い」と痛感させられるからです。

昨今では、私が大学院留学を経験した20年前とは異なり、対話型AIに質問すればすべて瞬時に答えてくれる時代です。「ビジネスを学ぶのに最適な国は？」、「大学の専攻と異なった専攻で海外大学院進学は可能？」など、瞬時に回答を得ることが出来ます。
また、YouTube、TwitterまたはInstagramといったSNSの登場で、留学経験者や留学中の学生が 情報を自由に発信できる時代になりました。そのため情報収集に事欠くことはないと思います。

しかし、留学のご準備を開始された皆さんの中には、こんな思いの方もいらっしゃるのではないでしょうか？

「情報が多すぎて何を参考にしていいか分からない……」
「言っていることがみんな違うので何を信じていいか分からない……」

なぜかというと、大学院留学に関する情報だけにフォーカスしても「企業が営利目的で発信している情報」、「学校が生徒集めのために発信している情報」、「留学生（留学経験者）が主観で発信している情報」等、様々な思惑、思想の入った情報が錯乱しているからです。
その中であなたが本当に必要な情報を入手することは、実は昔より難しい時代なのかもしれません。

では本当に必要な情報とはいったいどんな情報でしょう？

私が考える**本当に必要な情報とは、「様々な思惑や思想、主観的価値観を含まないフラットな情報」**です。そして**その情報が正しく、新鮮であることが重要**です。

もちろんインターネットや企業や書店等で提供される情報は間違っている訳ではなく、正しく利用すれば有効に使えるものばかりです。ただ、現在世の中にあふれている情報はそのほとんどが、「個人の主観」、「組織の思惑」等を含んでいるため、効率よく情報を利用することが難しいのも事実です。
そして最も重要なことは、そのように限られた、または偏った情報に依存した形で大学院留学を実現させると必ず入学後後悔するということです。

例えば、「ある留学経験者のアドバイスによって出願校を決めてしまう」、「ある留学カウンセラーからの情報により大学院留学を諦めてしまう」、「ある留学生のブログの記事等を参考に出願書類を作成してしまう」、または「ある企業に紹介されたおすすめ大学院へ進学してしまう」といったことです。

情報が溢れるこんな時代だからこそ、可能性を制限せず後悔しない留学を実現するためには、特定の情報ソースに頼らず、常にフラットで公平な情報収集を徹底する、ということです。本書によって少しでもその手伝いができれば幸いです。

この本は3部構成になっています。

まず第1部として「**知らないと入学後絶対後悔する8つの間違い**」で現在当然として広まっている**大学院留学の間違った情報、先入観を正します。**

その次に第2部として皆さんが**現在持っている全ての選択肢を確認しながら準備ができる**よう、大学院留学を思い立ってから入学までのステップを「**入学後絶対後悔しないための10のステップ**」としてまとめています。

そして最後第3部「**大学院留学必要テスト解説**」にて、大学院留学に必要な**テスト内容を解説**していますのでご参考ください。

2023年8月　佐藤　庸善

※本書は、2011年に発行した『最新版　大学院留学のすべて　入学後絶対後悔しないための10のステップ』のリニューアル版です。

本書の効果的な利用方法について

本書の対象について

海外大学院では数多くのコースが開講されています。大きく分けるとマスターコース（修士課程）、ドクターコース（博士課程）となりますが、本書は特にマスターコース入学希望者を対象として解説しています。もちろんドクターコース入学希望者も参考頂ける内容は含んでおりますが、あくまでマスターコース入学希望者を対象として解説しておりますことを何卒ご理解のうえご利用くださいませ。

本書の利用方法について

本書は3部構成となっております。皆さんの準備の進み具合によって読み始める箇所はご検討頂ければと思いますが、効果的にご利用頂くためには、是非第1部、第2部、第3部と順番に読んで頂けると幸いです。

第1部：知らないと入学後絶対後悔する8つの間違い

現在周知の事実として広まっている大学院留学に関する誤った情報を正していますので、第２部の10のステップに入る前に一読頂き先入観や誤解された知識を正してください。

⬇

第2部：入学後絶対後悔しないための10のステップ

Step1-Step2: 現在大学院留学を検討中でまだ留学を決意していない方のためにStep1で大学院留学に関する費用、学べる内容、国別教育制度の違いなど解説しています。またStep2では大学院留学の目的について解説していますので、現在留学検討中の方は是非ご参考ください。

Step3-Step10: 大学院留学を決意された方を対象に専攻リサーチから入学までの具体的なステップを解説しています。Step1及びStep2をご参考のうえ、留学を決意されましたら後悔しない大学院留学実現のため是非ご参考ください。

⬇

第3部：大学院留学必要テスト解説

本書中に度々登場するTOEFL、IELTS、GRE、GMATといった大学院留学に必要なテストについて解説しています。テストの概要だけでなく各テストの相違点や難易度等も詳しく解説していますので、テスト対策の際は是非ご参考ください。

改訂版 大学院留学のすべて～入学後絶対後悔しないための10のステップ～ 目次

第1部 知らないと入学後絶対後悔する8つの間違い

第2部　入学後絶対後悔しないための10のステップ

大学院留学を検討中にすべきこと:

大学院留学を決定後すべきこと:

第3部 大学院留学必要テスト解説

第1部

知らないと入学後
絶対後悔する
8つの間違い

大学院留学準備のファーストステップは留学先（国）を決めること

という間違い

［1］留学先を最初に絞ることは可能性を制限すること

皆さんの中にはこういった経験をされている方も多いのではないでしょうか？ 大学院留学に関して留学エージェントや留学経験者等に相談をすると、返ってきた回答が「まずは留学先（国）を決める必要がありますね」。実際、留学カウンセラーと呼ばれている仕事をしている方でこういった回答をされる方が多いのには本当に驚きます。なぜかというと、大学院留学を思い立った段階で留学先（国）を絞るということは皆さんの留学の可能性を半分以下に制限することに他ならないからです。

その**理由は簡単で、大学院の難易度や開講コース、費用、卒業までの期間等は全て、国によって異なる**ためです。例えばイギリスでは大学院のコースはほぼ全て１年で終了しますので、その分キャリアには影響しませんし、費用も１年で終了するので経済的になります。またアメリカの大学院のコースは２年間かかることに加え、難易度の高いGRE/GMATというイギリスではほとんど使われないテストのスコアを要求します。ただそうかといってアメリカよりイギリスの方が難易度は低いということではありません。例えばイギリスのMBAコースはほぼ例外なくフルタイムでの職歴（大学卒業後の職歴）を３年以上要求しますが、アメリカのMBAコースはトップビジネススクールで開講されているMBAコースでもフルタイムの職歴を要求しないことも多いのが現状です。費用に関しても、アメリカやイギリスのトップスクールは授業料だけで700万円程度かかることも珍しくありませんが、ドイツやノルウェーの大学院は留学生も授業料を免除しています。また全体的に言えることですが、イギリスを含めたヨーロッパ圏の大学院より北米の大学院の方がTOEFL、IELTS等の英語の要求スコアは低い設定になっています。

以上のように北米とヨーロッパの大学院を簡単に比べても、難易度や費用は各国によって大きく異なることが少なくありません。そのためアメリカの大学院だと入学が難しいが、ヨーロッパの大学院だと入学が可能、ということもコースによっては起こる訳です。もちろんその逆もあります。

今回の大学院留学の目的がニューヨークのマンハッタンに住むこと等、特定の場所に滞在することが目的であれば無理に国をまたいでの準備をお薦めはしませんが、もし特定の場所にそれほどこだわりがないのであれば、間違いなく国をまたいで準備をされることをお薦めします。留学先を最初に絞ることは、最初に皆さんの大学院留学の可能性を制限することに他なりません。

	アメリカ	イギリス	オーストラリア	ヨーロッパ
TOEFL iBT	80～100	90～100	80～100	80~100
IELTS	6.5～7.0	6.5～7.5	6.5～7.5	6.0~7.0
GRE/GMAT	必須 （一部例外あり）	不必要 （一部例外あり）	不必要 （一部例外あり）	不必要 （一部例外あり）
出願締切り	入学の 約10ヶ月前	なし （一部例外あり）	入学の 約3ヶ月前	入学の 約10か月前

[2] 国をまたぎ出願すれば名門校に入学できる可能性が広がる

以上で国をまたいで準備することの重要性はお分かり頂けたと思いますが、**特に海外大学院の中でもトップスクールを目指している方、各種ワールドランキングで上位に位置する大学院入学希望の方は国をまたいで準備する必要がある**と思います。最近ではWorld University Ranking (Times Higher Education)や、Academic Ranking of World Universities等のワールドランキングが有名です。その中でも上位トップ100校を挙げた時に、日本の大学でランクされているのは東京大学、京都大学等ですが、そういった学校と同等、またはより上位にランクされている学校に入学したいと思った場合、入学難易度や出願条件等の理由からアメリカの大学院では難しいがイギリスの大学院なら可能性がある、またはその逆、といったことが往々にして起こります。

大学院留学する方にとって入学する大学院が最終学歴になることはいうまでもありません。現在日本の有名大学に行かれている方、また卒業された方にとっても自分の最終学歴を塗り替えることになります。そうでなくても多大な費用、労力、そしてリスクを背負って留学するわけですから、入学する大学院は絶対に有名なほどいいと思うのは当然ではないでしょうか？ 現在では学歴を軽視する風潮も否めませんが、学歴はあって邪魔になるものではありませんし、仕事における自信にも大きな貢献をしてくれると思います。

私の経験を少しお話すると、私はアメリカ西海岸ロサンゼルスにある南カリフォルニア大学に留学していました。私の通っていた教育大学院もU.S. News 等のランキングには毎年名を連ねる大学院です。そのため学生のレベルは高く、入学当初は苦労の連続で“留学自体間違ったんじゃないか、卒業できないんじゃないか”、といったことがいつも頭をよぎっていました。そんな中でなぜ努力を続けることができ、無事卒業できたかというと、苦労している時でもいつも「南カリフォルニア大学に入学できたんだから頑張ろう」とモチベーションを保つことができたからです。このように有名校に入学できればある程度つらい経験をしても「せっかくこの学校に入学できたんだから卒業まで頑張ろう、この学校で頑張れているんだから大丈夫」といつも自分を後押しすることができます。

せっかくお金と時間、リスクを背負って留学するのですから、皆さんが今持っている全ての選択肢を見て、その中で最良の進学校を決めてください。国をまたいで学校を見ることにより、その選択肢は大きく広がり、その分トップスクールに入学できる可能性が広がることを忘れないでください。

次の表は各ワールドランキングで100位内に掲載されている国別大学院の数です。**1カ国に留学先を絞り込むことでどれだけの大学院を見落としているかということ**がご理解頂けると思います。

	Times Higher Education World University Ranking	Academic Ranking of World Universities (ARWU)
アメリカ	37校	40校
イギリス	11校	8校
オーストラリア	6校	7校
日本	2校	3校

[3] それでも留学先(国・都市等)を限定したい方へ

さて、進学校は国をまたぎ、皆さんが持っている全ての選択肢を見て決めてほしい、ということをこれまでお伝えしてきましたが、それでもロケーションにこだわり、特定の国や都市、地域の中で学校リサーチをする方もいらっしゃるでしょう。もちろん憧れた都市で勉強したい、旅行で訪れたあの場所に今度は留学してみたい、と思うのは当然だと思います。ただその場合は下記2点に気をつけて学校リサーチを行って頂ければと思います。

A 将来後悔しないよう念のため全ての選択肢を見ておく

結果特定の国や都市の学校に出願するとしても、念のため他の選択肢も一応見ておくことが重要です。なぜそれほど希望もしない留学先の大学院を見ておくことが重要なのかというと、大学院留学は語学留学やワーキングホリデイと異なり楽しいことばかりではありません。勉強や人間関係等で留学生活から逃げたくなったり、極度の自己嫌悪に陥ることも少なくないでしょう。そんな時どう思うかというと、「場所にこだわり過ぎたけどもっと最適な選択肢があったんじゃないか」と後悔の念を抱くことになります。そんな時、「全ての選択肢を見て決めたんだからこの進学校以上に最適な学校はない、だからここで頑張るしかない」と思えたら皆さんの大学院留学はきっと成功することでしょう。是非**この本を手にとって頂いた皆さんには、「最終的には最初に見た学校に出願することになったとしても」、全ての選択肢を見て決めて頂ければと思います。**

B 先入観や特定のアドバイス等で進学先を決めない

私は現在海外大学院留学専門の留学コンサルタントの仕事を行っていますが、このような仕事をしているとよく、「お薦めの学校を教えてください」、「この学校はどうですか？」「〜で強い学校を教えてください」といった質問を頂きます。しかし、詳しい希望も聞かずにお薦めの学校を答えることは非常に無責任だと感じています。私にとってお薦めでも皆さんにとっては薦めてもらいたくない学校かもしれません。というのも大学院留学希望者が10人いれば10通りの希望があるからです。

例えば学校のレベル（ランキング）、知名度、環境、規模、コースの期間、コース内容、費用、留学生の割合、平均年齢等々大学院留学を目指す方にとって希望の優先順位は千差万別です。例えばコースの内容と費用を一番重要視している方に単にその分野で有名な学校を薦めても意味がありませんし、学校のレベル（ランキング）を最も重要視している方に環境や費用が非常に優れている学校をお薦めしても意味がありません。以上のように**中途半端な思いで薦める「お薦めの学校」には十分注意してください。本当にあなたのことを考えてくれる方であれば相談した際に「詳しく希望を聞いてみないと無責任にお薦めの学校なんて答えられないよ」と言ってくれるはずです。**

英語力がないため大学院留学を諦める

という間違い

[1] 条件付き入学制度を効率よく利用する

英語力がない方、または自信のない方は英語力のせいで大学院留学を諦めるケースが多くあります。その場合は特に下記2点が大きな問題なようです。

❶ TOEFLまたはIELTSでかなりのハイスコアを要求される
❷ そのハイスコアを入学から約1年前に取得しなければならない

通常北米等では出願締切りを入学の約10ヶ月前に設定している学校も多く、その場合は入学の約1年前に受けたテストスコアで出願する必要があります。そのため、TOEFLやIELTSのテスト対策に約1年要する方の場合、入学の約2年前から準備を始める必要があるということになります。もし新卒で入学したい場合は大学3年時から準備を開始する必要があることになりますし、社会人の方は多忙の中約2年後の入学に向けて準備を開始する必要があることになります。**皆さんの中で2年後に生活環境や価値観が変わっていないと断言できる方は少ないのではないでしょうか？** 2年もあればそれなりに社会的ポジションも変わり責任が伴い、価値観も変わるでしょう、そんな中でモチベーションをキープし、変わらず努力をする必要があるわけです。しかも出願校等が決まっていなければ目標もなく闇雲にテスト対策を日々行うことになります。

こうした状況が英語力のために大学院留学を諦めてしまう大きな原因の1つではないかと思います。

そういった事態に陥らないために英語力に自信がない方、また仕事が忙しい、また様々な理由で英語の勉強ができない方、そんな方は闇雲にテスト対策を行う前に「条件付合格制度」を検討してみてください。

	条件付き合格制度を持っている大学院
アメリカ	限られた一部の大学院 （学校単位ではなくコース単位で条件付き合格を提供している）
イギリス	ほぼ全ての大学院 （数校を除いて全ての大学院で条件付き合格を提供している）
オーストラリア	全ての大学院 （グループ８を含む全ての大学院で条件付合格を提供している）
ヨーロッパ	限られた一部の大学院 （学校単位ではなくコース単位で条件付き合格を提供している）

条件付合格制度とはその名の通り英語の条件が付いた合格をもらうことができる制度です。つまり出願時にTOEFLまたはIELTSスコアを提出する必要がないということです。例えば出願希望コースのIELTSの入学必要スコアが7.0だったとしても、5.0や5.5といった7.0に届かないスコアで出願することが可能です。そこで英語力以外の出願書類（大学の成績証明書、エッセイ、推薦状等）で審査をしてくれます。そして合格の場合は入学までに入学必要スコアを取得することを条件とした条件付合格証明書が発行されます。その後TOEFLまたはIELTS対策を進め、入学までに入学必要スコアを取得すれば大学院に入学することができます。

この方法をとれば入学2ヶ月程度前までは英語の勉強を続けることができますので、仮に英語の準備で約一年間かかったとしても、入学する約一年前からの準備で十分英語対策を行うことができます。

また、条件付き合格をもらうことができ、必要スコアを取得すれば確実に入学ができますので、TOEFL、IELTSといったテスト対策もモチベーションをもって続けることができます。

[2] 条件付合格のリスクを理解する

ここまで条件付き入学のよいところばかりを話してきましたが、やはりおいしい話にはリスクがあるものです。条件付合格には大きく分けて2つのリ

スクが存在します。まず1つ目は、

A 入学までに必要なスコアが取得できず結局入学できない

ここまで読まれた皆さんは「結局ハイスコアは出さないと入学はできないんですよね？」とご懸念を抱かれたと思いますが、それは事前英語研修に約3ヶ月程度通うことで回避することが可能です。

弊社は大学院留学専門のコンサルティングを行っている企業ですが、毎年5月を過ぎると以下のような問い合わせが増えます。

「条件付き合格を取得し、語学留学をしたが、結局必要スコアが取得できそうもない。なので現状のスコアで入学できる大学院を紹介してほしい」

こういった問い合わせを5月ころから受け始めるわけですが、5月を過ぎてしまうと出願準備等が間に合わず、実際はできることがほとんどありません。そうすると結局こういった問い合せをしてこられる方は、現地で語学コースを継続することになります。**条件付き合格を取得し、渡航したにも関わらず結局大学院に入学できずに帰国**、という事態にもなりかねません。つまり**英語学校の行き損**になってしまいます。もちろん条件付き合格取得後、日本国内の英語学校に通っていた方も同様です。

そういった事態を確実に回避する為には、**必ず大学院に入学できる保証を持った状態で渡航する**ことが最も重要です。そのための方法は留学先や学校によって異なりますが、通常下記のような方法をとることが可能です。

❶ 条件付き合格を取得した大学院の付属英語学校で開講されている、修了後確実に大学院に入学できる英語コースに入学する
❷ 条件付き合格を取得した大学院の付属英語学校で、一定のレベルに達したら確実に大学院に入学できる英語学校に入学する

例えばIELTS 7.0といったようなかなりのハイスコアを求める大学院でも、**条件付き合格取得後に大学付属の英語学校で約10週間英語コースに通うことで6.0まで下げてくれるようなシステム**を持っている大学院が数多く存在します。こういうシステムは通常イギリスやオーストラリアの大学院でとられている制度ですが、アメリカの大学院では、**条件付き合格取得後大学付属の英語コースに入って指定のレベルに達したら大学院に入学が許可される**ようなコースを提供している学校もあります。

以上のような方法は全ての学校で選べる方法ではありません。そのためこういったコースを提供している付属の英語学校を持っている大学院から確実に条件付き合格を取得することが重要です。特に英語力に自信のない方、忙しくてTOEFL、IELTS等の勉強をする時間がない方等は、**出願時に条件付き合格を提供している学校を選ぶだけでなく、その後確実に大学院に入学できる英語コースを開講している大学付属英語学校を併設している大学院を選ぶこと**が重要です。

次に2つ目のリスクですが、

B 条件付き合格に固執するあまり無名校や非政府認定校に入学してしまう

ということです。英語力に自信がないため条件付合格を提供している学校に限定し過ぎてしまい、無名校や非政府認定校等に入学してしまうケースが見られます。

もちろん条件付合格を提供している学校が全て無名校、レベルの低い学校ということはもちろんありません。ただ無名校や人気のない学校が条件付合格を売りに留学生を集めているという現状はどうしても否定できません。そのため**留学先等限定せず幅広く検討することで条件付き合格を提供しているトップスクールに出願できるにも関わらず、それを知らずに制限された選択肢の中から出願校を選んでしまうこともある**ということです。

ではなぜそういったことが起こるのでしょうか？

1つは留学支援企業の運営方法にあります。というのも留学支援企業の多くは特定の提携学校から受け取るマージンでオフィスを運営しています。これは特定の海外の学校と代理店契約をすることにより、送りだした学生数に応じて授業料の一部をコミッションバックとして学校からもらうことのできるシステムです。もちろんこういった提携は決して悪いことではなく、企業と学校が信頼関係で結ばれている証拠ですので、もし出願希望校と提携関係を結んでいる企業があればそういった企業に出願を任せるのは得策と言えます。ただ問題なのは、残念ながらアメリカ、イギリス、オーストラリア及びヨーロッパの100%全ての大学院と提携関係を結べている企業はないということです。

学校と代理店契約を結び、提携校からオフィスの運営費をもらうということは、その学校の代理店となり日本で生徒を募集しているということになります。そのため留学支援企業により提携先の学校が変わりますので、皆さんに紹介できる学校も変わるということです。ある企業ではイギリスの提携校は多いけれどオーストラリアの提携校は数校だったり、別の企業では提携校がイギリスの学校限定、もしくはオーストラリアの数校限定だったりというのが現状です。そのため皆さんがどの留学支援企業に相談に行くかによって紹介される、薦められる学校が変わってしまうのです。つまり、イギリスの大学院に限定している支援企業に相談に行けばイギリスの大学院、オーストラリアの数校のみ提携校としている留学支援企業ではその提携校であるオーストラリアの大学院を強く薦められることになるでしょう。

学校と代理店契約をしている留学支援企業に相談し、出願代行を行ってもらう、サポートを受けること自体はまったく問題ありませんし、無料でサポートを受けられる場合もありますので是非利用して頂ければと思います。ただ問題なのは提携関係の学校を紹介、薦められることにより皆さんの選択肢が限られてしまう可能性があるということです。つまり、もし**皆さんが一切ご自身で留学準備をせずに留学支援企業に相談に行ってしまうと、皆さんが知ることのできる選択肢はその留学支援企業に依存する可能性が高い**ということです。

一方アメリカ及びヨーロッパの大学院は一部の学校を除き、ほとんどの学校が上記のような代理店契約を行っておりません（アメリカの大学及び短大は幅広く代理店契約を行っています）ので、提携校を持っている企業が少なく、通常無料でサポートを提供しているような留学支援企業は少ないのが現状です。

その為もし皆さんが提携校を中心にサポートを行っている留学支援企業に相談にいってしまうと、アメリカの大学院は紹介してもらうことができず、あなたの希望に合致した学校を見落とす可能性があるということを覚えておいてください。

またさらに複雑なケースとして挙げられるのが、アメリカやイギリス、オーストラリアの一部の大学院では、大学付属の英語学校を併設していないため近隣の私立の英語学校と提携し、その私立の英語学校の特定のコースを卒業することで無条件に大学院に入学を認めるような条件付合格を提供している大学院もあります。そして語学留学を中心にサポートしている企業に相談に行くとこういった私立の英語学校に入学することを薦められることになります。もちろんこういった語学学校を卒業後、無事希望する大学院に入学できれば問題ないのですが、卒業後に入学できる大学院を現地で探す必要があったり、入学できる大学院が限定されているケースもあります。語学学校卒業後に結局希望する大学院に入学できない、という事態を避けるために、**留学先の語学学校卒業後に入学できる大学院の中に、あなたが入学を希望する大学院が必ずあるということを確認する**ことが重要です。

以上のような理由で、**「この学校は条件付合格を提供している」、「この語学学校を卒業すれば海外の大学院に無条件で入学できる」、「語学留学をしたら語学学校と提携している大学院へ入学が約束される」といった情報に過度に影響を受けてしまい、全ての選択肢を見る前に進学校を決めてしまうリスク**があることを覚えておいて頂ければと思います。

コラム

【海外大学院を卒業するために必要な英語力とは？】

こういった英語力に関しての解説をしていると皆さんの中には、「**たとえ入学できたとしても授業についていけないんじゃないか**」、また「**入学できても卒業できないんじゃないか**」という懸念を持たれる方が多いのではないでしょうか？ 確かに入学後は授業履修だけでなく予習や復習、宿題等全て英語で行う必要があり、考えると相当な英語力が必要なのではないかと思ってしまうのも無理ないと思います。そこで考えて頂きたいのは、海外の大学院がなぜ留学生の出願者に最低IELTSまたはTOEFLのスコアを課しているのか、ということです。なぜTOEICや英検等では出願できないのでしょうか？ そしてなぜ付属の英語学校で開講されている指定のコースを修了することを条件にスコア免除で入学を許可しているのでしょうか？

それは**皆さんの出願校の担当者が長年留学生を見てきて、「IELTS、またはTOEFLでこの程度のスコアを持っていれば問題なく授業についていける、また付属の英語学校の～コースを修了した学生は問題なく授業についていける」、という確信を持っている**からに他なりません。そのため授業で使用するような学術的分野が出願されるIELTS、TOEFLというテストに限定して出願者に課しているのです。

考えてみるとIELTSもTOEFLも入学後皆さんが毎日行う教科書の読解（予習）、講義の聴講（授業）そしてレポート作成（宿題）と留学生生活に必要なスキルを全て測ることができるテストなのだと思います。そのため「IELTSやTOEFLでスコアを出すだけでは授業についていけない」、「条件付き合格後1～3ヶ月程度の英語学校では入学後授業についていけない」、という方がいますが、思い出してほしいのはそのスコアで入学を許可しているのは他でもない皆さんが入学しようとしている学校のコース担当者なのです。そのコース担当者がその英語力で授業についていけるから入学しなさい、と保証してくれていることを忘れないでほしいと思います。

以上を理解すれば大学院留学準備に学校が指定してくる以上のことはする必要がない、学校が入学を許可している以上間違いなく授業についていくことができ、卒業できるだけの英語力がついていることがご理解頂けると思います。

大学院留学を検討したら「まずTOEFL対策！」

という間違い

[1] TOEFL・IELTSスコアは合否判定の重要な要素ではない

最初に TOEFL、IELTS といった英語のスコアに関する大きな誤解を解いておこうと思います。実は先日もこんな方が相談にお見えになりました。

「来年ハーバード大学のビジネススクールに入学するために TOEFL iBT 108点をとりたいと思っています。1年間でとりたいのですがどうしたらいいでしょうか？」

より詳しくお話を聞いてみるとまだ職歴も1年程度、GPAも3.0程度の方でした。**この方の大きな誤解は、「TOEFLで必要スコアをとれば合格できる」、または「TOEFLで必要スコアをとれば合格できる可能性が高くなる」、と思っているところ**です。通常海外の大学院では TOEFL または IELTS のスコアはあくまで「足切り」として設定しているだけで、必要スコアを取得し初めて審査をしてもらうことができる、ということに過ぎません。先にも述べた条件付き合格制度を提供している大学院では審査に必要ですらない要素ということになります。特にもしハーバードビジネススクールに入学したいのであれば、TOEFL または IELTS の足切りスコアを超えていることは当たり前のことで、その他GMATのハイスコア、高いGPA、魅力的な職歴等の要素で合否が決まることになります。TOEFL や IELTS のスコアは留学生が母国語ではない英語というコミュニケーションツールを使用し勉強をすることが可能か、ということを計るものであり、つまり極端な言い方をすると「勉強するための教科書と筆記用具が揃っているか」と同程度のものというわけです。

特に大学院留学希望者に多い傾向ですが、「大学院留学を検討したらまずTOEFL、TOEFL のスコアがないと話にならない」、「TOEFL のスコ アが何

点あればどこそこの学校に行ける」、等、

TOEFLのスコア　＝　入学できる大学院のレベル

と考えている方がいますが、これは大きな間違いです。

もちろん北米の大学院では TOEFL や IELTS のスコアが必要スコアより高いとそれなりに評価をしてくれる大学院もありますが、それでも合否に大きく影響するものではありません。TOEFL や IELTS のスコアはあくまで母国語ではない英語という言語で勉強することができるか否かを測るテストです。そして出願必要スコアはあって当たり前のもの（条件付き合格を提供している学校では出願時に必要ですらないもの）であり、学力や出願者のポテンシャルを測るような合否の判断材料になる大きな要素ではないということを覚えておくことが必要です。以上をご理解頂けるとなぜ海外のトップスクールでも条件付き合格を提供している学校があるのか、という点についてもご理解頂けるかと思います。

通常海外の大学院では入試がないため、ほぼ全て書類選考で合否が決まります。その際必要になる書類やスコアがどのように合否を判断する要素になるか下記に簡単に解説しておきます。

	出願書類としての位置づけ
TOEFL/IELTSスコア	出願者の足切り材料、条件付き合格を提供している場合は出願必要最低スコア以下でも問題ない
GMAT/GREスコア	学力を測る重要な要素（要求されない場合は提出する必要はない）
大学の成績証明書	学力を測る重要な要素
エッセイ/履歴書	実績や将来のポテンシャルを測る重要な要素
推薦状	学力や実績、将来のポテンシャルを測る重要な要素

［2］海外大学院はTOEFLの代わりにIELTSで受験が可能

弊社は大学院留学専門サポート機関になりますので、毎日のように大学院留学希望者の方よりご相談をいただきます。そうした方と毎日お話ししていると、「とりあえずTOEFL始めました」という方が予想以上に多いことに驚きます。

大学院留学をしたいならまず TOEFL、TOEFL がないと大学院留学できません、というようなことを平気で大学院留学希望者へアドバイスしている留学経験者、留学カウンセラーも後を立ちません。

実際にそうなのでしょうか？ 私が留学した2000年頃は確かにそうでした。条件付合格制度や IELTS なんていう単語はほとんど聞いたことがありませんでした。大学院留学に関する情報もほとんどありませんでしたので、必然的にまず TOEFL を勉強するというのが大学院留学の最初の準備でした。ただ今は違います。**大学院留学を取り巻く現状は刻一刻と変化しています。**現在では非常に難易度の高い TOEFL の代わりに、IELTS というテストを受験することが可能です。そしてその TOEFL と IELTS の関係性も非常に複雑なものになっています。下記にて詳しく解説していますので、ご参考のうえ最新の情報を入手し、効率のよい準備を進めてください。

［3］TOEFL iBTよりIELTSの方が難易度が低い

ヨーロッパやオセアニアの大学院は IELTS を TOEFL の代わりとして出願が可能です。また昨今では北米でも IELTS で出願可能な学校が増えました。現在では北米のトップスクールもほぼ全て IELTS を受け入れています。では TOEFL と IELTS どちらが簡単なのでしょう。

【TOEFLとIELTSの相関表】

IELTS Academic Module			TOEFL iBT
Listening	試験時間	30 分	36 分
	問題数	40 問程度	28 問程度
	試験内容	4 Section から構成 Section 1: 日常的な会話 Section 2: 日常にある説明 Section 3: 学術的な会話 Section 4: 学術的な講義	2 Section から構成 Section 1: 学術的な会話 Section 2: 学術的な講義
Reading	試験時間	60 分	35分
	問題数	40 問	20 問程度
	試験内容	3 つのパッセージが出題 全て学術的な内容 1 パッセージ 850 字程度	2つのパッセージが出題 全て学術的な内容 1 パッセージ 600 ～700字 程度
Writing	試験時間	60 分	約 29 分
	問題数	2 問	2 問
	試験内容	2 Task から構成 Task1: 図や表、グラフ解説 （約 20 分 150 語以上） Task 2: 主観の意見 （約 40 分 250 語以上）	2 Task から構成 Task1: Academic Discussion Task （約 10 分 100 語程度） Task 2: Integrated Task （約 20 分 150 ～ 225 語）
Speaking	試験時間	約 15 分	約 16 分
	問題数	3 問	4 問
	試験内容	Part 1: 自己紹介・挨拶 Part 2: スピーチ Part 3: ディスカッション	Part 1: Independent Task Part 2: Integrated Task

※テスト内容に関しては変更されるケースもありますので、詳しくは各テストのオフィシャルホームページをご確認ください。
※TOEFLの情報は、2023年7月改定後の内容になっております。
(https://www.ets.org/toefl　https://www.ielts.org/)

以上が簡単な相関表ですがどちらが簡単だと思われますか？

私たちは現在行われている TOEFL iBT と IELTS を比べるのであれば間違いなく IELTS の方が難易度は低いと考えます。

理由は上記相関表を見て頂ければ分かると思いますが、1つは**日本人がもれなく苦手としているスピーキングセクションが IELTS の方が格段に簡単**だからです。2023年7月の改定で受験時間が短縮されたことにより、TOEFLの負担は軽減したものの、弊社のクライアントの方で大学院留学を成功させる方の中で、IELTS でハイスコアを出す方が TOEFL より格段に多いという明確な統計結果も出ています。

条件付合格を提供している学校以外は出願時に TOEFL または IELTS のスコアは足きりとして使用されますので、出願必要最低スコアがないと審査を始めてもらうことができません。必要スコアを提出しなければいくら効果的な職歴を持ち、エッセイ、推薦状を作成しても審査すらしてもらえない学校が多いのが現状です。そのためスコア取得は皆さんの大学院留学が成功するか否かに大きく関わります。そんなテストですから、TOEFL、IELTS どちらを選ぶかによって皆さんの大学院留学が成功するか否かが決まるといっても過言ではないのではないでしょうか？

大学院留学を思い立ったらまず TOEFL対策！という古い考えは捨て、TOEFL or IELTS という認識を常に持ち、どちらの対策を行うのがよいか注意深く検討しましょう。

[4] TOEFL or IELTSの選択は留学成功の重要なカギ

ただ出願校がIELTSを認めていて、簡単だからといって常にIELTSを選ぶほうが得策かというと実はそうでもない場合があります。というのも通常海外大学院の要求スコアは各学校ではなく各コースによって異なります。通常一般的に発表されている TOEFL iBT と IELTS の正しいスコア相関表は以下になります。

【TOEFLとIELTSのスコア相関表】

IELTS	TOEFL iBT
7.0	100
6.5	91
6.0	82
5.5	73
5.0	64

ただ海外の大学院で要求するスコアは上記の相関表と異なることが度々起こります。

通常海外の大学院では出願時の提出スコアをTOEFL〜点 or IELTS〜点とどちらのスコアでも認めてくれますが、**そのスコアが上記の相関表と大幅にずれていることが少なくない**のです。なぜそういったことが起こるかというと、両者の運営団体が異なるためです。TOEFLはアメリカの非営利テスト開発機関であるEducational Testing Service（ETS）によって開発、運営されています。一方IELTSはケンブリッジ大学ESOL Examinations、ブリティッシュ・カウンシル、IDP Education Australiaが共同で開発、運営しています。

一方は北米の組織が管理し、一方はイギリスとオーストラリアの組織が管理しているため、横のつながりが希薄で両スコアの国際基準の相関表がないのが現状です。そのため各大学院が各コース毎に出願者に要求するスコアを設定、公表しているのです。

下記の例をご覧ください。

イギリスA校：TOEFL100 or IELTS6.5
イギリスB校：TOEFL90 or IELTS6.0
イギリスC校：TOEFL100 or IELTS7.5
アメリカA校：TOEFL80 or IELTS6.5
アメリカB校：TOEFL93 or IELTS7.0
アメリカC校：TOEFL100 or IELTS7.0

以上を確認頂いて分かる通り、難易度を考えた時に正しく必要スコアを設定している学校はアメリカのC校のみとなります。もちろん上記は一例ですが、こういった現象が現在世界の大学院で起こっているのです。

ではIELTS or TOEFLという問題に戻りますが、仮にIELTSのほうが一般的に難易度が低いと言われているからといって、アメリカA校を出願する時でも迷わずIELTSのほうがいいと言えるでしょうか？また、イギリスA校でTOEFLを選ぶことほど効率の悪い方法はありません。

先にも述べたようにどちらのテストを選ぶか、ということが皆さんの大学院留学が成功するか否かを決定づける非常に重要な要素です。**「とりあえずTOEFL対策はじめました」というスタートは、自ら進んでスコア取得の難易度の高い選択肢を選んでしまうリスクを抱えることになります**。また、上記の例のように国をまたいで学校選びをすれば、有利な条件を見つけられるメリットがあることも忘れないでください。

[5] 必要スコア取得までの実現可能なスケジュールを立てる

「大学時代以来、英語の勉強からは離れていますが間に合いますか？」「英語にまったく自信がないのですが今からでも間に合いますか？」という相談をよく受けます。

もちろん大学院留学に TOEFL または IELTS のスコアは必要です。**ただ必要スコアと必要スコア取得までの期間は留学先や出願校等によってそれぞれ違い**ます。例えば皆さんが実際に入学する前年の10月から大学院留学の準備を本格的に始めたとしましょう。特にアメリカ、イギリスの大学院では入学時期が9月ですから、入学する約1年前から準備を始めたことになります。しかし皆さんの留学先や出願校等の希望によって下記のようにスコア取得までの期間が変わってくることは意外と知られていません。

ケース①

留学先：アメリカ

必要スコア：TOEFL iBT 100 or IELTS 7.0 / GRE 300以上

条件付合格：なし

出願締切り：入学する年の2月

ケース②

留学先：アメリカ

必要スコア：TOEFL iBT 80 or IELTS 6.5

条件付合格：なし

出願締切り：入学する年の2月

ケース③
留学先：イギリス
必要スコア：TOEFL iBT 100 or IELTS 6.5
条件付合格：あり（事前英語研修あり）
出願締切り：なし

ケース④
留学先：オーストラリア
必要スコア：TOEFL iBT 100 or IELTS 7.0
条件付合格：あり（事前英語研修あり）
出願締切り：入学する年の3月

ケース⑤
留学先：ドイツ
必要スコア：TOEFL iBT100 or IELTS 7.0
条件付合格：なし
出願締切り：入学する年の4月

以上それぞれ希望が異なりますが、大学院留学を目指す方のモデルケースです。ただ希望が変わるとスコア取得までの期間も驚くほど変わります。下記がIELTSを選んだ場合のスコア取得までの期間です。

ケース①：IELTS 7.0を2ヶ月（5ヶ月のうち3ヶ月はGRE対策に必要）
ケース②：IELTS 6.5を5ヶ月
ケース③：IELTS 5.5を6ヶ月（事前英語研修参加のためIELTS5.5に下がる）
ケース④：IELTS 6.0を5ヶ月（事前英語研修参加のためIELTS6.0に下がる）
ケース⑤：IELTS 7.0を7ヶ月

IELTSについて詳しくない方もいらっしゃると思いますので、皆さんに一番馴染みのある TOEIC のスコアに換算してみました。

【IELTSとTOEICのスコア相関表】

IELTS	TOEIC
7.0	960
6.5	900
6.0	840
5.5	785
5.0	725

注）上記資料は文部科学省より公表されているCEFR対照表とETSより公表されている換算表を元に作成しております

上記のように**国をまたいで準備を行うと必要スコアだけでなくスコア取得までの期間が上記のように変わるわけです。**実はこのような例は同レベルのトップスクールの大学院で、同じ専攻でも十分起こる現象です。

ここからは皆さんの現在の英語力と、日々の生活スタイルから逆算した毎日の勉強時間を考慮し、どのスケジュールが現実的か検討してください。例えば現在、TOEIC 750点以下の方でお仕事が忙しく、ほとんど勉強できる時間がとれない方がケース①、②及び⑤を選ぶのは得策ではありません。一方現在TOEICで750点程度のスコアであっても、学生の方等で時間が十分とれる方であればケース②、または⑤にチャレンジしてみるのもいいかもしれません。

私が皆さんに言いたいことは1つです。

「十分に実現可能なスケジュールを立ててください」

ということです。

よく相談に来られる方で、「寝る時間を割いて勉強します」、「遊びにもいかずバイトも辞めて勉強だけに集中します」、「英語の勉強をするために仕事を辞めようと思っています」等、日々の生活スタイルを大幅に崩し、留学準備を進めようとする方がいらっしゃいます。もちろん日々の生活の中に勉強する時間を組み込むわけですから多少の犠牲はあるでしょう。ただ、寝る時間を削って、まったく友人との時間も作らずに、キャリアを中断して、というやり方は現実的、建設的ではないと思います（もちろん可能にする方もいらっしゃると思いますが……）。

大事なことは、「死ぬ気で勉強する」ことではなく、「実現可能なスケジュールを立てる」ということです。そのために重要なことは TOEFL or IELTS を注意深く検討すること、また必要スコアの確認とスコア取得までの期間を注意深く捻出し「実現可能なスケジュールを立てること」です。

大学院留学を目指すということは通常22歳以上の立派な大人の方です。22年間も自分と付きあってきたわけですから、自らの性格や忍耐力等十分考慮してスケジュールを組んでください。

大学院留学準備には誰でも最低1年は要する

という間違い

[1] 留学実現までの期間は3ヶ月〜12ヶ月

大学院を一度は検討したことである方であれば、「大学院留学の準備は最低でも1年程度かかる」とアドバイスを受けたことがあるのではないでしょうか？

では何を根拠に1年かかると言っているのでしょう？

大学院留学を思い立った方の中には既に出願する専攻、ロケーションがある程度絞られていて、スコアもある程度持っている方から、出願する専攻もロケーションもまったく決まっていない方までいます。そういった方たちは皆さん準備に同じように1年かかるということはありえません。例えば現状の英語力によっても準備にかかる期間は大きく変わります。

下記が現状の英語力から算出する準備期間の概算です（アメリカへの大学院留学希望者）。皆さんの現状の英語力からランクを選び、解説をご確認ください。

ランク	IELTS	TOEFL iBT	TOEIC	英検
A (C1)	8.0 7.0	95〜120	945〜990	1級
B (B2)	6.5 5.5	72〜94	785〜940	準1級
C (B1)	5.0 4.0	42〜71	550〜780	2級
D (A2)	3.5以下	41以下	545以下	

注）上記資料は文部科学省より公表されているCEFR対照表とETSより公表されている換算表を元に作成しております

A Aランクの方：大学院留学準備期間目安4ヵ月

4ヶ月前	大学院留学決意、出願コースリサーチ
3ヶ月前	学校とのコンタクトを行い、出願校決定、出願校のTOEFL(IELTS)、GMAT、GREスコア、推薦状提出方法の確認、エッセイガイドラインをリサーチ
3-1ヶ月前	出願書類の準備、出願用TOEFL、GMATまたはGREスコアの取得、エッセイ作成、推薦状作成
0ヶ月前	出願

既に英語力がAランクに到達している方は、英語力向上にはそれほど期間がかからないと思いますので、出願校決定後3〜6ヶ月程度 GMAT または GRE の準備をし、目標スコア取得を目指します。ポイントは出願校によって必要 GMAT、GRE スコアや推薦状のガイドラインがありますので、出願校をできるだけ早く決めることです。

B Bランクの方：大学院留学準備期間目安6ヵ月

6ヶ月前	大学院留学決意、出願コースリサーチ
6-5ヶ月前	学校とのコンタクトを行い、出願希望校決定 (出願校コースリサーチをもとに約半年後に出願する学校を決め、必要TOEFLスコア確認)
5-4ヶ月前	出願希望校に必要なTOEFLスコアを取得する
4-3ヶ月前	GMAT、GRE対策、推薦状提出方法の確認、エッセイガイドラインをリサーチ
3-1ヶ月前	出願書類の準備、出願用GMATまたはGREスコアの取得、エッセイ作成、推薦状作成
0ヶ月前	出願

英語力が Bランクの方はまず出願希望校を決め、TOEFL の目標スコアを明確にすることが重要です。出願希望校を決めずに TOEFL の勉強を始めてしまうと、目標がなく勉強のモチベーションが上がらず、結局半年近くだらだらと英語の勉強にかかってしまう場合も少なくありません。英語力がBランクの方はもう少しで GMAT または GRE を勉強できる英語力に到達しますので、焦らずまずは出願希望校を明確にし、英語の勉強を始めることをお薦めします。

C Cランクの方：大学院留学準備期間目安12ヵ月

12ヶ月前	大学院留学決意、英語の勉強開始
12-10ヶ月	出願コースリサーチ開始、英語で海外のHPを読めるよう努力する
10ヶ月前	出願希望校決定 （約1年後に出願する学校を決め、必要TOEFLスコア確認）
10-6ヶ月前	出願希望校に必要なTOEFLスコアを取得する
6ヶ月前	学校とのコンタクトを行い、出願校最終決定、出願校のGMAT、GREスコア、推薦状提出方法の確認、エッセイガイドラインをリサーチ
6-1ヶ月前	出願書類の準備、出願用GMATまたはGREスコアの取得、エッセイ作成、推薦状作成
0ヶ月前	出願

英語力がランク C の方はまず海外のHPやパンフレット（ブローシャー）を理解できるだけの英語力をつける必要があります。焦らず英語力を受験時代に戻すため2～3ヶ月かけるつもりで、まずは英語の勉強を再開してください。その際大学受験等の単語帳、文法、問題集、参考書等が残っている方はそういった教材を最初は使用し、英語の勉強を再開することをお薦めします。TOEFL の勉強を始めるというよりは、まずは大学受験時代の英語力に戻し、海外のHPも読み込むことができる英語力をつけることが重要です。その後は英語力ランク B の準備方法を参考ください。

D Dランクの方：大学院留学準備期間目安12ヵ月以上

このランクの英語力の方はまず大学受験時代の英語力に戻すのにどれくらいの時間を要するかによって準備期間は変わってくると思います。

まずは現在の生活スタイルを把握し、勉強にどれくらいの時間を割くことができるのか冷静に考え、大学受験時の英語力に戻すためにどの程度の時間を要するか考えてください。その後その期間を「Bランクの方」の準備期間にプラスしスケジュールを検討してください。

もちろん以上のスケジュール表は一例で、出願する専攻が決まっておらず、出願希望の専攻が非常に特殊で、専攻選びだけで半年近くかかる方もいるかもしれませんし、学びたい希望の専攻を準備途中で変更するかもしれません。

重要なことは**大学院留学にかかる期間は、「皆さんの英語力」、「皆さんの留学に対する希望」によって大きく変わるということ**です。大学院留学の準備に誰もが1年ほど要するということは決してありません。

[2] 留学実現までの期間は準備の質によって大きく変わる

大学院留学準備に必要な期間を左右するもう1つの重要な要因は大学院留学準備の質です。効率よく、モチベーションを保ちながら準備を進めていくことができるか、ということが実は非常に重要なのです。

例えば**大学院留学を思い立ってまずは TOEFL の勉強を始める。そして ある程度スコアが出た後に専攻や学校リサーチ等を始める、といった順番で大学院留学の準備を進めようとする方がいます。それはまったく効率の悪い準備方法**と言えます。例えば TOEFL や IELTS 等の準備で約半年要し、その後専攻、出願校を決め、出願書類作成等にまた半年程度かけると準備に約1年かけてしまうことになります。もし専攻、出願校を決め適切なテストを選び(TOEFL or IELTS等)、対策を開始、出願書類を作成すれば約半年で準備は終わるでしょう。

またエッセイや推薦状といった出願書類は、出願校によってそのガイドラインが異なりますが、それを知らず出願校も決まっていないのに推薦状の作成を推薦者に頼んでしまったり、エッセイ作成を始めてしまったりすると、その後推薦者に学校指定のガイドラインに基づいた推薦状の再作成を依頼する、エッセイガイドラインに基づいてエッセイを再度作成する、ということになり非常に効率の悪い準備となってしまいます。

また、出願校が決まったら IELTS でも出願可能だったのに TOEFL対策を半年以上も続けてしまったので IELTS に変更することができず、もどかしい思いをしている方も多いのではないでしょうか？

以上のように「とりあえず英語の勉強」、「何となく出願書類を作成してみる」、「まずは教授に推薦状を依頼」といった出願までの全体図を意識しない無計画な準備では大学院留学を実現させることは難しいでしょう。

大学院留学を思い立ってから出願、入学までのスケジュール、全体図を常に意識し、「今何をしなければいけないのか」、ということを検討し実行してください。

A 準備期間は生活スタイルに依存する

以上のように皆さんの現状の英語力によっても準備期間は大きく変わりますし、また皆さんの生活スタイルによっても大きく変わります。

例えば社会人で、帰りは毎日午後10時～12時、土日しか大学院留学の準備に充てられない方もいます。対照的に毎日午後6時～8時頃には帰宅でき、さらに週休2日なので平日、週末共に大学院留学準備に充てられる方もおられます。この2つのケースを考えても前者と後者で大学院留学を実現するまでの時間が同じ程度必要ということはありえません。まして学生や会社を既に退職されている方であればかなりの時間を大学院留学準備に充てることができますので、忙しい社会人であれば1年かかる準備が半年でできることは十分有りえることです。

以上のように皆さんの現状や生活スタイル、そして準備の質によって準備期間は多く変わってきます。なお詳しい大学院留学実現スケジュールに関しては「第2部　ステップ③：出願までの具体的なスケジュールを決める」(137ページ)をご参照ください。

大学院留学には1千万円近くの費用がかかる

という間違い

[1] 海外大学院は300〜800万円程度で卒業できる

「大学院留学には通常1千万円かかる。」これもよく言われていることですが、本当でしょうか？

北米の大学院の学費はピンキリですので、学校によっては学費だけで800〜1000万円程度かかるコースを開講している場合もあります。その場合は生活費等を合わせると確かに1千万円程度の費用が必要になるでしょう。ただそういった学校は一部で、例えば北米ですと州立か、私立かで大きく異なりますが、州立だと1万5千ドルから2万5千ドル、私立だと2万ドルから4万ドル程度になります。北米の大学院は通常2年間ですので、生活費を合わせても500万程度から800万程度になります。もちろん極端に学費が安い学校から高い学校まで様々ですので、300万程度の差が出てしまいますが、いずれにしても卒業まで1千万円かかるコースは一部と言っていいと思います。

イギリスやオーストラリアはほとんど国立大学になりますので、アメリカほど費用のひらきはありません。イギリスでも通常学費は1万2千ポンドから2万8千ポンド、通常イギリスの大学院は一年で卒業できますので、生活費を入れても300万円から600万円程度で卒業することが可能です。もちろん一部の大学院で開講されているコースで学費だけで500万円程度かかるものもあります。しかしその場合でも生活費を入れて700万円程度で卒業できますので、1千万円かかることはありません。

またヨーロッパですと、ドイツ、及びノルウェーの公立学校では学費はもともとかかりませんし、もちろん留学生も学費無料で通学することが可能です。オランダ、スイス、フィンランドやスウェーデンなど学費がかかる国々でも、50～200万円程度のところが多く、北米やイギリスなどと比べてもさらに経済的な留学プランを組み立てることが可能です。スイスやオランダというと物価高を懸念される方もいらっしゃるかと思いますが、特にアメリカの大学院などに比べると留学生も学生寮に入寮しやすく（アメリカは大学生専用の学生寮が多いため）、そういった意味では滞在費についてはご旅行などと比べると非常に経済的な滞在が可能だと思います。

では卒業までに１千万かかるコースとはどういったものでしょうか？

主に、北米などの世界有数の私立のビジネススクールで開講されているMBA等がそのよい例と言えるでしょう。学費だけで800万円～1000万円程度かかるコースもあり、また都市部にある学校が多いので、そうなると卒業までの生活費を入れると1000万円を超える費用がかかるコースもあります。ただそういった学校はほんの一握りなのですが、有名校が多いのでそういった情報だけが大学院留学にかかる費用の代表として一人歩きしてしまったのが現状だと言えます。

またコロナ禍や働き方改革などの影響で働きながら学位取得を目指す方のために、オンラインコースも増えてきました。オンラインコースであれば学費が大幅に節約できると考えられる方も多いですが、実は日本の教育機関とは異なり海外の大学院ではオンラインコースも対面コースとほぼ同額の学費で提供されていることがほとんどです。これは昨今キャリアを中断せずに学位取得を目指す方も増えたため、各学校で開講されているオンラインコースが単位数やカリキュラム等対面コースと同等のクオリティを維持しているためでもあります。もちろんオンラインであれば日本でキャリアを続けながら履修することが出来ますので、学費は変わらずとも生活費を抑えられるだけでなく、収入やキャリアといった点でリスクを伴わず学位取得を目指せることは魅力だと思います。

大学院留学でかかる費用については「第2部　ステップ①：大学院留学を思い立つ」（105ページ）で詳しく解説します。

大学院留学は一度社会に出てからすべき

という間違い

[1] 新卒で大学院留学をする意義を考えてみる

「まだ就職したくない。」

現役大学生が大学院留学を目指す場合、この理由が一番多いのではないでしょうか？

ただ「まだ就職をしたくない」といってもその理由も様々で、希望する就職ができなかったから、どんな分野に就職していいか分からないから、将来やりたいことが決まらないから、もう少し勉強を続けたいから、と様々かと思います。

1998年〜1999年は非常な就職難で、就職氷河期と呼ばれていたほどです。そのため現実的に「就職ができないから大学院留学」という理由も存在しました。しかし現在では年齢人口の多い団塊世代の一斉退職により、企業が人材確保に翻弄する時代です。そのため、企業を選ばなければ新卒の大学生が就職できない、ということは少ないと思います。**企業を選ばなくても就職ができない時代ではなく、企業を選ばなければ就職できる時代、そんな現代だからこそ「まだ就職をしたくない」という理由**は少なからず存在するのではないかと思います。

では新卒生が大学院留学を目指すことでどういったリスク、そして意義があるのでしょうか？

A 新卒生が大学院留学を目指すリスク

では就職を先延ばしにして本当に大丈夫なのでしょうか？ さらに言えば

新卒での就職活動を蹴ってまで大学院留学を目指す利点はあるのでしょうか？

答えは「NO」ではないかと思います。今も昔も様々な理由から新卒での就職活動は中途採用に比べるとアドバンテージがあるものです。

例えば中途採用枠で就職活動をすると、人事採用係は面接時に、「この人材がうちに入ったらどの程度働くことができるだろうか？ どの部署でどういった業務をこなしてもらおうか？」といったある程度の"計算"をします。入社後の働きを計算できる人間、つまり即戦力になる人材を探しています。そのため中途採用の場合は、面接官に即戦力として働くことができるということを分かり易く証明しなければなりません。それは英語力やリサーチメソッドといったスキルである場合もありますし、経営学や会計学といった専門知識である場合もあるでしょう。ただ、やはり同業他社での一定期間の業務経験が最大のアピールポイントとなることは疑う余地がありません。同業他社で結果を出しているとすると、同様の環境があれば同様の結果が出せる人材という計算を面接官が容易に立てることができます。

以上のような中途採用枠で社会人経験のない新卒生が就職活動をすることは不利な点を伴うことは否めません。

一方新卒での就職活動ではいかがでしょうか？

おそらく人事採用係は、「この人材を教育して～の部署で活躍してもらおう、～部署に入れて営業を学ばせ将来は商品開発部で活躍してもらえるかもしれない……」といった入社後に教育をして、会社に貢献できる人材に育ってもらおう、というスタンスで人材を選びます。つまり即戦力である必要がないわけです。

入社後に社会人としてのマナーや業務、才能を磨きスキルを伸ばしていけばいいのです。そのため新卒の就職活動でＰＲすべきは即戦力で使える知識やスキルではなく、将来のポテンシャル（潜在能力）なのです。このように新卒で就職活動を行う利点は即戦力を求められていないので入社後も充実した教育を受けることができるということにあります。

一方中途採用で入社すると充実した教育は期待できず、短期間の教育期間を経て即戦力として現場に出なければなりません。このように即戦力としての能力を期待されることなく就職活動ができることが新卒で就職活動をする最大の利点と言えるでしょう。

また中途採用枠では非常に門戸の狭いような大企業でも、新卒には非常に大きな門戸を開いているケースも多々あります。これには大企業がまだ余計な影響を受けていない新卒生を採用し企業の都合に合わせた人材を育てたいといった目的があると思いますが、いずれにしても**新卒で大学院留学をするということはこのような有利な新卒での就職活動を諦めなければならない場合がある**ということを認識する必要があります。

B 新卒生が大学院留学を実現させる意義

以上のように新卒での就職活動は、大企業等に就職する際は非常に有効な方法であることは確かです。ただ一方で帰国子女や名門大学出身者以外の方は前職等の経験がないため就職活動でアピールできることが少なく、希望する企業に就職することが難しいという現状もあります。こうした事実があるため、大学院留学を実現させ、いわゆる“どんぐり”の中から頭1つでも飛び出してから就職活動を行いたいと思う方が増えています。

また大学院留学をすると新卒での就職活動を行うことが絶対できないと思っている方も多いのですが、それは間違いです。皆さんもご存知かと思いますが、**大学を卒業した年に海外大学院留学を実現させれば進学となり、大学院卒業後新卒枠での就職活動を行うチャンスは十分あります。**さらに昨今では新卒生の就職率の低下から、卒業後3年以内は新卒枠での就職活動ができるよう大企業を中心に新卒枠の捉え方も変化しています。もちろん新卒枠の条件は各企業により異なりますので、将来就職したい企業がある程度決まっているのであれば事前調査をしておくことをお薦め致します。

大学院留学前はこれほど気にかけていた新卒枠での就職活動ですが、実は留学後はそれほど新卒枠にこだわらなくなる方も多いようです。なぜ大学院留学をすると新卒枠での就職活動にこだわらなくなるのでしょうか？

理由は２つで、1つ目は即戦力としてアピールできるスキル、知識、そして経験を持っているためです。もう"どんぐり"になる必要はないというわけです。2つ目の理由は、将来のキャリアが明確になるため就職活動を行う業界が限られるためです。新卒で就職活動をされている方の中には、「銀行や証券も受けたし、電子通信やアパレル、教育サービス、商社やフード産業も受けました」という方が数多くいらっしゃいますが、将来どういった分野でキャリアを構築していきたいか、ということが決められていなかったのだと思います。そのため業界を狭めることができませんから、どうしても社名や規模、イメージで決めてしまい、大企業のみを受けるということになります。

しかし海外大学院卒業後は少し変化があるようです。通常真剣に1つの分野を1年〜2年海外で学んでくると、将来自分がどのような分野で活躍していきたいのか、ということが見えてくるものです。そうなると闇雲に面接を繰り返すわけではなく、自分が将来活躍したい分野に絞って就職活動ができます。そうなると海外で培ってきた知識や経験、スキルがありますから、新卒にこだわる必要がなく、新卒、中途問わず迷うことなく就職活動に邁進できる訳です。

以上のように**海外大学院卒業後は将来のキャリアを思い描きながら就職活動を行うことが可能**になります。これが新卒生が大学院留学を実現させる意義なのではないかと思います。

[2] 海外大学院の新卒生の受け入れ態勢について

以上で新卒生の大学院留学をするリスクと意義について解説してきました。これで新卒の大学院留学の意義も少しはご理解頂けたかと思いますが、果たして海外の大学院の新卒生の受け入れ体制はどうなのでしょうか？

A 海外大学院には新卒生や職歴が浅い方（職歴２年以内）用のコースが存在する

意外と知られていないことですが、**海外の大学院には新卒の学生用（通常職歴2年以内の新社会人も含む）のコースが開講されています。**

例えばビジネスの学位でMBA（Master of Business Administration：経営学修士号）が有名ですが、イギリスだとフルタイムの職歴（大学卒業後）が通常3年以上必要になります。ただ MBA とほぼ同じ内容を学ぶことでき、対象を新卒生（フルタイムの職歴が2年以内）に絞ったコースが開講されています。通常 MSc Management、MA International Management 等という名前で開講されていますが、こういったコースであれば対象とする学生が限定されていますので新卒の学生が入学しても効率よく学ぶことができます。

以上は一例ですが、その他にも会計学(Accounting)や英語教授法(TESOL)といったビジネス以外の専門性の強いコースでも職歴がない方、または浅い方用のコースが開講されています。こういった職歴がない方や浅い方用のコースは〜のコースであれば開講している、という明確なルールはないので、新卒生で大学院留学を目指す場合は根気よく希望の条件に当てはまるコースを探す必要があります。

B 大学時代の専攻を変更するためのコースが存在する

また、**海外の大学院には大学の専攻と大学院の専攻を変えたい学生用のコースも開講**しています。

例えばアメリカで有名な資格の1つであるUSCPA（米国公認会計士資格）ですが、この資格準備コースとなっている会計学修士コース（Master of Accountancy）があります。このコースの中でも、大学で会計学を学んでこなかった方、また会計とまったく関係のない仕事をしてきた方を対象としたコースがあります。こういったコースの場合は会計系のバックグラウンドがまったくない方を対象に限定していますので、職歴の有無はまったく関係ありません。こういった学校では職歴に関するバックグラウンドはまったく関係ないことになります。であれば若いうちに留学しておいたほうが得策といえるのではないでしょうか？

日本の大学院ではほとんど考えられない制度として、大学の専攻と違う専攻を大学院で選びたい方のために準備コースを設けている学校もあります。例えば北米やヨーロッパで幅広くみられるBridge/Conversion Courseといったコースが該当しますが、「橋渡し・変換のための」といった意味合いで、大学と大きく異なる専攻にチャレンジする学生向けに開講されています。こういったコースは主にコンピューターサイエンス、データサイエンス（データ分析学）、ビジネスアナリティクス（ビジネス分析学）、統計学といった分野で開講されていることが多く、特に将来社会に必要な学問に集中しています。そういった意味では、**社会に出る前に社会に必要とされる知識やスキルを習得することが出来る**ことは将来の就職活動に大きな利点だと思います。

例えば環境工学系（最新テクノロジーを活かして環境問題を解決する方法を研究する学問）などでは日本の高等学校レベルの数学の知識があればコンピューター系のスキルは大学院入学前の数ヶ月間を利用して大学院で学ぶ内容の基礎を埋めてくれる準備コースを開講しているような学校もあります。もちろんその逆のケース（コンピュータースキルがあれば数学などの準備コースを開講している場合）もあります。このような場合は入学前に他の学生より早く入学し、大学院のコースが始まる前に基礎的なコースを受講することにより大学時代とは異なる専攻の大学院に入学できます。

こういった所謂大学と大学院の専攻が異なる際架け橋となってくれるコースは、上記のような分野以外に、公共政策、公衆衛生学、心理学、国際関係学、マーケティング学など、特に専門性の高く、そして広く現在社会で必要となる分野で開講しています。これは、各国が卒業後に留学生が国力に貢献してくれる人材であると期待している表れだと思います。このように**日本では非常に難しい、大学の専攻と異なった専攻に進学する道が海外の大学院にはあるのです。そのため大学の専攻を変えたいと考えている学生にとっては、海外の大学院は非常に意義のあるものになる**と思います。

ここまで新卒での大学院留学に関する意義と海外大学院の新卒の受け入れ

態勢について述べてきました。しかし誤解しないで頂きたいのは、私は新卒での留学を特別薦めているわけではありません。もちろん一回就職した後に行う大学院留学は選ぶ専攻もより専門性の強いものを選べるでしょうし、現地でのディスカッション等も職歴を活かした参加ができて非常に留学で得るものも多い充実したものとなると思います。

ここでは「海外大学院は必ず一回働いてからにすべき、新卒で留学しても得るものはほとんどない」、という方に対して新卒でも留学する意義はあるのではないか、という1つの意見を申し上げたに過ぎません。もちろん一旦就職し3年以上の職歴を積んでから留学されると充実した留学生活が送れるかもしれません。ただ、やりたいことも決まっておらず就職したい企業に就職できないで1~3年以内で辞めてしまうような就職であれば、新卒での大学院留学という選択肢を検討してもいいのではないかと思います。

間違い
7

個人や留学関連書籍、留学支援機関が薦める所謂（いわゆる）「お薦めの学校」へ出願する

という間違い

[1] 留学経験者の主観的意見で出願校を決めてしまうリスク

私が大学院留学を実現した2000年はまだインターネットは非常に限られた情報ツールでしたし、現在とは異なり大学院留学を扱う留学エージェントもほとんどありませんでしたので、海外の大学院情報を入手しようと思ったら書店へ足を運び、情報を集めることしかできませんでした。ただ書店で売っている留学関連書籍も語学留学やワーキングホリデイ留学関連の情報誌が多く、大学院留学に関する情報を入手することは非常に難しかったことを覚えています。

しかし現在ではインターネットはほぼどの家庭でも完備されており、またインターネットカフェや学校、図書館等でインターネットを自由に使える設備が整っています。そのためインターネットを開けば手軽に大学院留学に関連する膨大な情報が閲覧できます。

また昨今ではブログ、ツイッター、動画投稿サービス等で個人が情報を発信し、Instagram や Facebook のようなソーシャルネットワーキングサービスを利用することで実際に留学中の留学生とも簡単にコミュニケーションがとれるようになりました。そのため学校が発信する情報だけでなく、個人が主観で非常に多くの情報を発信し、それを自由に閲覧することができる、という私の頃では考えられない時代になっています。

もちろん**実際に留学している留学生等の声を聞いて出願校を決める、進学先等を決める、出願対策を検討する、といったことが悪いわけではありません。実際に生の声が聞けるわけですから十分価値のあることだと思います。ただその際皆さんにご注意頂きたいことがあります。それは、本当に皆さんのバックグラウンドや今回の留学の希望について反映できているか、**ということです。

過去にあった事例をお話すると、イギリスのあるビジネススクールに入学を決めていた方が、たまたまソーシャルネットワーキングサービスで「ある一定の国籍の方でほとんど占められている」、「ネイティブの学生はほとんどいない」という書き込みを目にしました。その後、動画投稿サイトでその大学院の卒業式をアップロードしていた現地学生がいたのでその映像を見ると、確かに一定の国籍の方が数多く卒業式に参列していたように見えたようです。その方はその情報を基に進学先を急遽変更し、第二希望であった進学先への進学することになりました。

そこで考えて頂きたいのが、本来の希望を覆すほど一定の国籍の学生が多いことがそこまで嫌な理由だったのだろうか？ということです。

またある1人の留学生が書き込んだ情報、そして卒業生の１人が撮影した映像は本当に正しくそのコースを映していたのでしょうか？動画投稿サイトで見た映像はある卒業生が個人で撮影しアップロードしたものでしたが、卒業式の全体を平等に写していたのか非常に疑問が残るところです（通常卒業生が撮影するのであれば友人等を中心に撮影するのではないでしょうか？）。

その後弊社でそのビジネススクールに国籍の割合を問い合わせたところ、確かに多少の偏りはあるものの、他のビジネススクールとほとんど変わりませんでした。もし進学先を決定する重要な情報であれば情報の真相を学校に問い合わせるべきだったのではないかと思えてなりません。

また他の例ですとこんなケースもあります。ある大学院留学希望者Aさんがアメリカの志望校にどうしても合格したかったため、ツイッターを利用し実際に合格したBさんからのメッセージを受け取ることに成功しました。Bさんは非常に親切な方だったようで、自分が出願した書類やアピールポイント等を親切に教えてくれたようです。Bさんは進学したメジャーと関連した職歴を4年持っていたので、その職歴を履歴書やエッセイで存分にアピールし、推薦状も関連した企業の上司に書いてもらったとのことでした。そのためAさんにも職歴を十分にアピールすることを薦めたようですが、何分Aさんは職歴は7年とBさんより長かった一方、希望するコースに関連する職歴ではありませんでした。結果的に「関連する職歴を持っていないと難しいのではないか」、とアドバイスを受け、合格の望みはないと出願を諦めたということでした。

その後、弊社でそのコースが開講されている学部の担当者に確認をとったところ、職歴はもちろんあったほうが好ましいが関連していなくても問題ない、という回答でした。もちろん職歴があり、そのうえで関連した職歴であればなおよかったのでしょうが、現地学校担当者からの回答ではそうでなくても十分可能性はあるようでした。最も重要なことは関連した職歴を持っているか否かではなく熱意、志望動機、クラスへの貢献度等であって、関連した職歴がなくても現在までの職歴を効果的にアピールすることで十分合格の可能性はあったわけです。

以上は様々な事例の中の具体例に過ぎませんが、最も重要なことは同じ体験をしても感じることは人によって大きく異なるということです。友人がとってもいい人だからといって紹介してきた方が自分にはどうしても合わない。皆さんの中でこんな経験をされたことがある方も多いのではないでしょうか？ 友人であれ家族であれ感じることは人それぞれ、価値観もそれぞれ違います。それを**誰かが主観で述べた情報によって出願校を決めてしまう、進学校を選んでしまう、といったことは皆さんの大事な将来のために十分注意して頂きたい**と思います。もちろんそういった主観で発せられた情報は参考にはなりますが、あくまで参考程度としたほうが賢明です。

情報を無料でいつでも簡単に閲覧できるからこそ、そこには様々な思惑や意思が含まれています、情報が錯乱した現在だからこそ、本当に正しい客観的な情報を入手するため、学校の環境やレベル等であれば自らリサーチし、コース内容等に関することであれば直接学校に問い合わせることをお薦めします。

[2] 留学関連書籍の掲載校に出願校を決めてしまうリスク

もう1つのリスクは留学書籍を参考に出願先、進学先を決めてしまうことです。

現在では書店に行けばいくらでも大学院留学に関する情報は入手することが可能です。ただ皆さんも疑問に思ったことはないでしょうか？ 例えば大学院留学関連書籍のお薦めの大学院の中にアメリカ、アイビーリーグ及びパブリックアイビーの大学院がほとんど掲載されていない。またオーストラリアのグループエイトの大学院がほとんど掲載されていない、イギリスのロンドン大学群やラッセルグループ所属の学校がほとんど掲載されていない。

皆さんが大学院留学を目指す場合、日本でいう東京六大学や国立大学に進学したいと思うのは当然のことではないでしょうか？ ではなぜそういった海外の名門大学院は日本の大学院留学書籍に登場しないのでしょう。

それは通常日本で販売されている海外大学院関連書籍は、**海外の大学院からの掲載費をもとに発行されている書籍が非常に多い**ためです。通常日本からの留学生を募集したい海外の大学院が日本の留学関連書籍を販売する企業に掲載料を支払い、自らの大学院を日本国内の大学院留学希望者に紹介しているというのが現状です。そのため海外の名門スクールはほとんど登場しません。海外の名門大学院はわざわざ掲載料を支払い日本国内で宣伝しなくても、いくらでも優秀な留学生は集まるからです。

もちろん私はこういった制度が悪いというつもりはありません。掲載料を支払って日本の大学院留学関連書籍に名前を載せるくらいですから、留学生のケアはしっかりしているでしょうし、留学生の扱いにも慣れていると思います。また長年日本人留学を受け入れているため、受け入れ態勢は充実しているものと思います。そのため、そういった大学院はお薦めスクールに間違いはありませんが、掲載されているスクールが海外の名門大学院の全てを網羅しているという誤解はしないで頂きたいと思います。

念のため下記に海外の名門大学群を記しておきますので、大学院選びの際にご参考ください。

A)　Ivy League：アイビーリーグ（アメリカ）
B)　Public Ivy League：パブリックアイビー（アメリカ）
C)　Russell Group：ラッセル・グループ（イギリス）

D)　University of London, Colleges：ロンドン大学群（イギリス）

E)　Group 8：名門8大学群（オーストラリア）

F)　League of European Research Universities：ヨーロッパ研究大学連盟（ヨーロッパ）

G)　Coimbra Group：コインブラ・グループ（ヨーロッパ）

[3] 留学支援機関の提携校に出願校を決めてしまうリスク

留学支援企業が特定の大学院と代理店契約を行うことにより大学院から運営費をもらうことで無料サポートを行っている解説は先にしました。先にも述べたようにそういった企業を利用すると無料でサポートを受けられますし、代理店契約をしているくらいですから大学院ともコネクションが強く、出願後も無料サポートが受けられることもあり、非常に利用する価値のあるサポートであることはいうまでもありません。

しかし、問題は海外の**トップスクール全ての大学院と代理店契約を結んでいる企業は存在しない**ということです。通常代理店契約を結び無料サポートを行っている企業は、留学先（国）を限定していたり、サポートする大学院を限定しています。そのためもし皆さんがランキングや名門大学群等を含め全ての選択肢を見たうえで出願校を選び、その出願校を無料でサポートしてくれる企業があったら是非利用してください。ただまったく学校リサーチ等も行わずそういった企業に足を運ぶと、限られた選択肢の中から出願校を選ぶことになる可能性があることはいうまでもありません。

もし留学先（国）をまたいで学校リサーチを行っていたら、もしワールドランキングや名門大学群の大学院を全て確認し、学校リサーチを行っていたら、もしかしたらさらに上位の、さらに希望する大学院に入学できたかもしれません。せっかく費用、労力、リスクをかけて最終学歴を決めるのですから、是非全ての選択肢を見て決めて頂きたいと思います。

[4] 費用の安さだけで出願校を決めてしまうリスク

先に間違い⑤で「現在は国によって学費が無料であり、その他物価の安い国々を選ぶことで北米やイギリスと比べると非常に経済的に大学院留学実現できる」ことを解説致しましたが、費用が安いという理由だけで留学先を決めてしまうことも大きなリスクをはらみます。

例えばキャリアアップやキャリアチェンジといったことを目的とする留学であれば、希望する分野で世界をリードする国々や学校を選択する必要があります。UNESCOが公開している世界の研究開発費国別ランキングや、OECD（経済協力開発機構）の研究開発費ランキング（企業/政府）、各国の分野別研究開発費ランキング、WIPO（世界知的所有権機関）が公開しているグローバルイノベーションランキング、国際特許出願件数ランキングなども参考になりますし、QS世界大学ランキングでは細かくSubject Ranking（分野別ランキング）を公開しています。

そういった情報ソースを駆使することで様々な角度からのリサーチが可能となり、最も適した出願校を選択することが出来ます。例えば環境科学の分野を希望する場合、教育水準が非常に高く、現に世界大学ランキングトップ100に7校がランクイン（日本は2校のみ）している授業料無料のコースを多く公立の大学院で開講しているドイツは、実は環境科学分野に絞るとトップ50位に一校もランクされていません。しかし無料ではありませんが年間50万程度で留学可能なコースを多く開講するEPFL（スイス連邦チューリッヒ工科大学）は同分野で17位にランクされています。

このように授業料が無料、ということに拘り過ぎると他の選択肢を見逃すリスクをはらんでいることを忘れてはいけません。

海外在住や移住自体が目的の方に関しては、毎年英金融大手HSBCによって外国人が働きたい、住みやすいランキングも公開されていますし、その中でさらに暮らしや賃金、仕事、子育てや教育などさらに細かい項目のランキングなども公開しています。またWIPOでは給与に絞ったランキングも公開されています。さらに英誌エコノミストが公開している世界140都市を対象とした（さらに安定性、文化と環境、教育とインフラ、医療など各部門も採点化した）ランキングも参考になると思います。

こういったランキングに加えて、人口や環境といった点を地政学的に見て、且つ気候（年間の気温や日照時間について）についても年間の気温や日照時間を考慮し決めていくことをお勧めします。例えばノルウェーは基本的に大学院でも授業料無料でコースを開講していますが、ノルウェーの首都オスロと東京の毎月の平均気温を比べると10～15度程度低いのが現状です。これはノルウェーが日本に比べるとはるか北部に位置し、本土の北半分が北極圏に位置しているためです。

もちろん寒い地域が問題ない方であればノルウェーが教育水準や住みやすさでも上位にランクインしていますが、寒いのが苦手な方が学費が無料だからという理由で留学先として選ぶのは、多くのリスクを抱えることになります。

このようにもちろん授業料が安い、または無料というは事実は非常に魅力的であり、是非皆さんの選択肢に加えて頂きたいと思いますが、そういった理由のみに拘り過ぎて本当の目的を見誤らないようご留意頂きたいと思います。

また昨今では海外大学院でもオンラインコースも充実しており、対面コースより学費が抑えられると誤解し留学先としてプランニングされる方もいらっしゃいますが、実際は海外大学院の多くはオンラインコースを対面コースの学費とほぼ同額で開講しているのが実情です。また、通常卒業時の学位取得証明書にもOnline、またはDistant Learningなどの記載が入ります。そのため、学費が安いからという理由でオンラインコースを安易に選択されることにはご注意頂きたいと思います（キャリアを中断したくないという方には非常に有効な手段です）。

大学院留学には大学の評定平均（GPA）3.0以上が必ず必要

という間違い

［1］GPAの計算方法についての誤解

大学院留学を希望する方の中で、大学時代の成績に自信のない方は「GPAが3.0以上ないと大学院留学は無理」という内容をよく耳にするのではないでしょうか？

確かにGPAは高ければ大学院留学には有利に働くことは間違いありませんが、**3.0以下だと大学院留学は不可能というのは大きな間違い**です。実際に弊社でサポートさせて頂いている方の中では2.5を切っている方でも海外のトップスクールに進学されている方はいらっしゃいます。

なぜかというと1つ目の理由として挙げられることは、意外と知られていない事実ですが、通常GPAの計算方法は各学校、地域によって大きく異なるということです。

皆さんがご存知のA=4 B=3 C=2 D=1としてそれぞれ単位数に掛け、総合単位数で割るというGPAの算出方法ですが、その方法を全ての学校がとっているわけではありません。それは世界各国の大学で全て共通した成績評価方法を用いているわけではないからです。北米は通常4段階で評価しますが、国によっては3段階、10段階で審査する大学もあります。日本の大学でも学校によっては4段階ではない場合もありますし、4段階でもAA、Sといった Aの上の成績が存在する学校もあります。大学の成績評価方法は万国共通ではありませんので、実際に出願校がどのようなGPAの計算方法をとっているか分からないのが現状です。

また2つ目の理由は、GPAの計算方法は大学院によって異なるということです。ある学校では一般教養科目及び外国語科目より専門科目を重要視するGPAの計算方法を採用していますし、最近ではアメリカにある非営利団体のWES（World Educational Service）といった非営利教育機関にGPAの計算を委託している大学院も多いのが現状です。

出願後出願校が皆さんの成績をどのように評価するのか分からないのです。そのため「GPAが3.0以上ないと大学院留学できない」という声をよく耳にすると思いますが、GPAの計算方法が世界共通でない以上その意見は間違っているということになります。

そのためもし大学の成績に自信がなくても絶対に諦めないでほしいと思います。**一般的に知られているGPAの計算方法を用いて3.0以上ないと入学できる大学院はない、という一部の主観で述べている、または無責任な知識不足の発言によって留学を諦めてしまうことは非常に悲しいこと**です。

[2] GPAの正しい確認方法

正しいGPAを計算する方法は下記の2点を必ず行うことです。

A)　英文成績証明書を発行してもらう
B)　GPAが成績証明書に記載されているか否かを確認する

正しいGPAを確認したい場合、まず必ず英文の成績証明書を大学から取り寄せましょう。**日本の大学は学校によっては日本語と英語の成績証明書の評価方法が異なる**場合が少なくありません。

そのため学校から発行された日本語の成績証明書でいくらGPAを計算してもまったく意味がありません。英文の成績証明書は通常どの大学でも大学に依頼すれば必ず発行してもらえます（大学によっては発行までに日数かかかります）。まずは英文成績証明書を取り寄せ、皆さんの英語での評価を正しく確認してください。

次に成績証明書にGPAが記載されていることも多々あります。もちろん大学が発行した英文成績証明書に記載されているGPAをそのまま出願校が適用するとは限りませんが、大学が発行した正式なGPAですので、もし3.0を超えていれば出願校にアピールすることが可能です。一方記載されているGPAが3.0を切ってしまっている場合は手を打たなくてはなりません。

まず大学にGPAの記載を消してもらうことができるか確認してみましょう。3.0を切っているGPAをわざわざ記載しておくとそれだけで不利に働きますので、もし消すことができればGPAの記載がない英文成績証明書を発行してもらいましょう。

もしどうしてもGPAが記載されてしまっている場合は、GPAの計算方法の詳細が記載された用紙を大学に問い合わせて取り寄せましょう。出願校が一方的に記載されたGPAで判断しないよう、成績証明書に記載されたGPAの計算方法が詳しく記載された用紙を大学から取り寄せ出願時に添付することをお薦めします。GPAを成績証明書に記載している大学の評価方法は海外の大学と比べると概して厳しいことが多いので、計算方法の用紙を添付することでGPAに関しては考慮される場合があります。

またGPAを上げる最終手段として、第三者機関に再審査を依頼する方法があります。第三者機関はいくつかありますが、特に知名度の高い組織として、カナダのWES (World Education Services)、イギリスのNARIC (National Academic Recognition Information Centres)を挙げることができますが、WESが各クラスの成績をすべて再審査しGPAについても再審査後の数値を入れた新しい成績証明書を発行してもらうことが可能です。一方NARICは各クラス別の審査は行いませんので、日本の学士号がヨーロッパの学士号と同等レベルであるか否かに留まってしまいます。WESで再審査された書類はカナダ、アメリカの大学院では受け入れられることが多いですが、ヨーロッパなどその他の国では認められないことがほとんどなので注意が必要です。

以上皆さんからの質問が非常に多い GPA について解説してきましたが、結局のところ出願校が皆さんの成績証明書をどのように審査するかは明確には分からないのが現状です。そのため GPA が心配な方にアドバイスしたいことは、**もし GPA についての明確な情報が欲しい場合は、出願予定校のコース担当者に直接英文成績証明書を送って確認してもらうことをお薦めします。**

一番確実な方法はインターネットや留学書籍での情報収集や、留学経験者や留学カウンセラーの意見ではなく、出願を希望するコースの担当者に皆さんの英文成績証明書を見てもらい、意見を仰ぐことです。それ以上の確実な方法はありません。その際必ず英文の成績証明書を大学から取り寄せ、PDF 等のファイルに変換し、メール添付にて担当者に送り意見を仰いでください。きっと明確な回答が得られるはずです。

第2部

入学後絶対後悔しないための10のステップ

大学院留学を検討中にすべきこと：

大学院留学を思い立つ

思い立ったらまずは留学の可能性や現実性についていろいろ調べてみよう

まず大学院留学を思い立ったら大学院留学の持つ可能性と現実性について調べましょう。まず大学院留学が持つ可能性についてですが、それは留学先（国）によって大きく変わります。また、海外大学院留学で学べる内容も非常に多岐に渡りますが、ここではその代表的な専攻を紹介します。

そして最後に大学院留学の現実性について検討したいと思います。大学院留学の現実性を明確にするために最も重要なことは大学院留学に必要な「費用」、そして「英語力」について確認することです。ステップ①ではその留学先によって異なる可能性、学べる内容、そして費用及び英語力について解説したいと思います。

[1] 大学院留学できる留学先（国）

海外の大学院はそれぞれの国によって教育制度等も大きく違うため、それぞれ非常に大きな特徴を持っています。そのため留学先によって可能性も大きく異なり、全ての留学先を検討することは皆さんの現在持っている可能性を全て見ることに繋がります。

また**教育制度や難易度だけでなく、卒業までの期間や卒業論文、インターンシップの有無等も留学先によって大きく異なります。**そのため留学先を選ぶことはコース（専攻）や学校を選ぶのと同じくらい熟考が必要と言えます。

ここでは英語で授業が受けられ、英語のみで卒業できるコースを開講している大学院がある留学先に限って特徴等を紹介しています。もちろんフランス語やドイツ語、オランダ語等英語以外の言語が堪能な方はここで紹介する留学先だけではなくさらに幅広く検討することが可能です。

A アメリカ大学院留学の特徴

アメリカの教育制度の特徴はそのお国柄に現れている通り「自由」ということです。例えば一部の必修科目を除き履修する**クラスも自由に選べますし、修士論文等も作成する場合としない場合、選ぶことができるコースが多い**のも特徴です。そのため卒業までの期間も一定ではなく、履修するクラスによって１～３年程度幅があります。

● 卒業までのスケジュール

アメリカの大学院の特徴はなんといってもその自由度にありますが、履修期間が2年間と他の国と比べると比較的長いので、その間に様々なことにチャレンジできることも特徴です。夏休みも非常に長いので、その間にインターンや専門学校等にダブルスクールで通うこともできます。またコースも単位制をとっていますので、卒業までの期間等もある程度調整することが可能です。

1年目

秋学期（Fall Semester）	冬期休暇（Winter Break）	春学期（Spring Semester）
9月（入学）～12月	1月	2月～5月
基礎科目	冬休み	専門科目

2年目

夏季休暇（Summer Break）	秋学期（Fall Semester）	春学期（Spring Semester）
6月～8月	9月～12月	2月～6月（卒業）
夏休み（インターンシップ）	専門科目（ゼミ等）	専門科目→卒業

● 日本の大学院とは異なりコースワークが中心

日本からアメリカの大学院へ留学する方にとっても最も重要なことは、アメリカの大学院で開講されている**マスターコース（修士課程）は日本の大学院のようにリサーチ中心ではなく、クラスを履修する形をとるコースワーク中心**ということです。そのため日本のように担当教官について独自に研究を進めていく、ということはほとんどなく、卒業のために必要なクラスを履修、パスすることで卒業することになります。

●通常２年間で卒業でき修士論文がない

アメリカの大学院で開講されているコースは通常2年間で卒業することが可能です。通常1年目に基礎的なクラスを履修、2年目で専門的なクラスを履修することが多いので、大学の専攻と違う分野に留学しても比較的問題なく授業についていくことが可能です。また、日本の修士課程では考えられないことですが、**アメリカの修士コースは通常修士論文は選択になることが多い**のが特徴です。

●選択科目が多く基礎から学ぶことができる

アメリカの大学院で開講されているコースは通常1年目に基礎科目を学ぶことになります。アメリカは日本と比べると大学院への進学率が非常に高いのが特徴です。また一度社会に出て大学院へ進学する方も多いので、大学時代の専攻と異なった分野へ進学することも多く、そのため大学院では基礎科目から開講しています。日本では専門的なクラスからスタートすることになりますが、アメリカでは事前知識がない専攻を大学院で選ぶことも多いので、基礎科目から学ぶ学生が多いのが特徴です（心理学や経済学、自然科学系のコース等は通常日本と同様に比較的専門的なコースから始めます）。

●インターンシップ（企業実習）が可能

アメリカの大学院は**インターンシップを必修科目として設定しているコースが多いのも特徴**です。通常地元の企業と提携しているため、そういったコースでは自分でインターン先を探すことなくインターンシップを行うことができます。特に新卒の学生やキャリアチェンジを目指す方はインターンで企業実習を経験することで就職をとても効果的に行うことができます。なおインターン制度はコースの必修科目として設けられている場合と希望者のみ行う場合があり、後者の場合は学生がインターン先を探す必要があります。

●地域によっては年間250万程度で留学可能

アメリカの大学院でかかる費用はピンキリとよく耳にしますが、実際学費だけでみても年間150万円程度～500万程度まで開きがあるのが特徴です。また生活費（寮費＋食費）に関しても、年間100万円程度～250万円程度まで開きがあります。ただアメリカの場合は田舎の州立大学の中でも本当に安い学校へ進学された場合は、年間の学費が150万円程度で、滞在費が100万円程度であれば、おこづかい等入れても年間250万円程度で済ませることもできます。

●卒業後1年間有給で働くことができる

アメリカの大学院へ進学されるもう1つの特徴としては、卒業後OPT（Optional Practical Training）期間といって1年間有給で働ける許可がおりることです。もちろん就職先は自分で探す必要はありますが、有給で働けるビザを取得することが非常に困難なアメリカでは、こういった制度は非常に利用価値があると思います。特に現地就職を目指している方には特に魅力的な制度です。

B イギリス大学院留学の特徴

イギリスはアメリカと大きく異なり、履修クラス、卒業までの期間、全て入学と同時にほとんど決まっています。通常入学から卒業までコースの学生もほとんど変わりませんので、１年間同じ学生で進んでいくことになります。また１年間という短い期間で修士号を取得しますので、通常コースの一部となっていない場合はインターンシップを行うことは難しいですし、アメリカと異なり長い夏季休暇等もありません。

●卒業までのスケジュール

イギリス大学院の特徴はアメリカと対比すると分かり易いのですが、期間は1年間で完全な進級制度を取り入れていますので、2学期目で選べる選択科目以外は卒業までの期間や履修クラスを調整する自由がほとんどありません。また長い休み等もありませんので、インターンシップ等を行うことは通常できません。短期間で修士号を取得したい方向きの留学先です。

1年目

秋学期 (Fall Semester)	冬学期 (Winter Semester)	夏学期 (Summer Semester)
9月(入学)～12月	1月～5月	6月～8月
基礎科目	専門科目	修士論文作成→卒業

●日本の大学院と異なりコースワークが中心

イギリスもアメリカの大学院同様リサーチ主体のコースではなく、卒業までに必要なクラスを履修して卒業するコースワークが主体になります。イギリスも選択科目を通常選ぶことはできますが、アメリカほど幅広い選択肢はなく、通常同学部内のクラスの中で選ぶことになります。

●通常期間は1年間で卒業時に修士論文が必修

イギリスの大学院で開講されている修士課程のコースは特別なコースを除き全て1年間で終了します。最初に必修科目があり、その後選択科目、その後修士論文の期間があり合計3学期で終了します。長期夏季休暇や冬季休暇はありませんので、一時帰国やインターンシップを行う時間はほとんどありません。またコースの最後に必ず修士論文が課せられますが、この論文が修士号授与に値しないと評価された場合は授与される学位が修士号からディプロマに落ちてしまいます。

●ほぼ全ての大学院が国立

イギリスの大学、**大学院はほぼ全ての学校が国立で運営**されています。そのためアメリカや日本のように大学間での教育レベルに大きな差がありません。大学教授もいくつかの学校で教鞭をとっていることもありますし、生徒の評価等も学校をまたいで行われることも多々あり、学校間のレベルの違いをなくすよう努力が行われています。また国立大学が多い為、街の中心地や近郊に学校が集中していますので、生活環境の苦労はないと思います。

●リサーチ・サーティフィケイト・ディプロマコースと開講コースが多彩

イギリスの大学院では修士課程以外にも様々なコースが開講されていることが特徴です。例えば修士課程の中でもリサーチコースといって授業を一度も受けることなく、入学後リサーチのみで修士課程を修了させるコースもありますし（日本の大学院の制度に似たリサーチ主体のコース）、大学時代の専攻と違う内容に進学を希望される方用に、大学院準備コースとしてディプロマコース（Postgraduate Diploma, Postgraduate Certificate等）が開講されていることもあります。もちろん専攻にもよりますが、通常**ディプロマコースを終了すると大学時代の専門分野と違った専攻にも入学することができる可能性**が広がります。

●大学院留学生準備コース（Pre-Master）が開講

イギリスへの大学院進学を希望している留学生にとって非常に有意義なコースとして、Pre-Master というコースが開講しています。このコースは留学生が大学院へ進学するための準備コースとして開講しています。そのためコースの内容としては半分以上が英語対策コースとなり、通常大学院ではなく、付属の英語学校で開講しています。ただ通常の語学コースと異なるのは、英語対策コース以外に大学院で学ぶ予定の専門分野に関した基礎知識を同時に学ぶことができることです。そのため英語力が上がらず、大学院へ入学できない方は Pre-Master コースで英語+学術的準備クラスを履修し、大学院の準備をすることが可能です。通常期間は9ヶ月程度になります。

ただ Pre-Master コースで1つ注意しなければいけないことは、**このコースを卒業したからといって大学院への入学が保証される、また大学時代と異なった専攻へ進学できる、ということは（一部の例外を除き）ありません。**そのためあくまで英語力向上を主な目的としており、上記の Postgraduate Diploma, Postgraduate Certificateとは異なりますので区別する必要があります。

●条件付き合格を幅広く提供

意外と知られていませんが、イギリスの大学院ではほぼ全ての学校で条件付合格を提供しています。つまり英語のスコア（ IELTS、TOEFL ）を入学までに提出することを条件に合格を認めてくれる制度です。この制度は英語力に自信のない方には非常に有効な制度で、まずは英語のスコア以外で出願し、条件付合格取得後に渡英して学校付属の英語学校で入学まで勉強することが可能です。

C オーストラリア大学院留学の特徴

オーストラリアはアメリカとイギリスの間といった特徴になります。例えば期間は1.5年間のコースが多いですし、修士論文も課せられるコースと課せられないコースがあります。修士論文を書く書かないも選択できる等、まさにアメリカとイギリスのいいとこ取りといったコースが多いのが特徴です。またオーストラリアの大学のそのほとんどが大学付属の英語学校を通常併設しています。

●卒業までのスケジュール

オーストラリア大学院の最大の特徴は、海外留学生に非常に手厚いということです。他の留学先に比べると、留学生オフィスや大学付属の英語学校、条件付合格の提供等留学生の受け入れ態勢を万全に整えています。またほぼ全て国立大学のため多くの学校が都内近郊に位置していますので、公共の交通機関を使用し大学に通うことができます。また主な入学時期は2月になりますが、7月入学も受付けていますので、日本の新卒大学生でも大学卒業の年に留学することが可能です。

２月入学スケジュール

第1学期（Semester 1）	冬期休暇（Winter Break）	第2学期（Semester 2）
2月（入学）～6月	7月	7月～11月
基礎科目	冬休み	専門科目

夏季休暇（Summer Break）	第1学期（Semester 1）	
12月～1月	2月～6月（卒業）	
夏休み	専門科目（修士論文）→卒業	

7月入学スケジュール

第2学期（Semester 2）	夏季休暇（Summer Break）	第1学期（Semester 1）
7月（入学）～11月	12月～1月	2月～6月
基礎科目	夏休み	専門科目

冬季休暇（Winter Break）	第2学期（Semester 2）	
7月	7月～11月（卒業）	
冬休み	専門科目（修士論文）→卒業	

●ほぼ全ての大学に付属の英語学校が併設

オーストラリアの大学は観光大国というお国柄もあり、留学生をお客様と捉えている学校もあります。また多くの大学で留学生の存在は学校経営に欠かせないものになっています。そのためどの学校も他の留学先と比べると、留学生に対する対応は手厚いものになっています。特に大学付属の英語学校は通常どの大学でも併設されており、事前の英語研修はもちろん TOEFL、IELTS スコアに悩んでいる方用に各種テスト対策も行っています。また留学生オフィスも必ず設置されており、留学生特有の悩みや相談等も受け付けています。

●ほぼ全ての大学院で条件付き合格の提供

オーストラリアの大学院のもう1つの大きな特徴として挙げられるのは、**全ての大学院で条件付合格を提供していること**です。これは全ての学校で付属英語学校を併設していることが要因で、英語の要求スコア（TOEFL、IELTS等）を取得するまで付属英語学校で学ぶことができます。 オーストラリアの名門大学8大学で構成されるグループ8の中の大学院でも通常条件付き合格を提供していますし、付属の英語学校で開講されている特定のコース終了を条件に IELTS のスコア等を免除し、入学させてくれるコースもあります。

●1年半で終了するコースが多い

オーストラリアの大学院で開講されている多くのコースは1年半で修士課

程が終了します。ただコースによって1年のものもあれば2年間かかるコースもあります。また入学チャンスは年に2回（2月、7月）あり、修士論文の作成も通常選択なので、教育制度としてはアメリカに近いと言えます。

●ほぼ全ての大学院が国立大学

オーストラリアの大学は数校を除き全て国立大学です。そのためアメリカ等に比べると大学間での教育レベルはそれほど離れていませんし、アメリカの州立大学と比べると、学校も比較的都内もしくは都内近郊に位置しています。そのため、生活環境の整った日本に近い、過ごし易い環境で勉強ができるのが特徴です。その中でもシドニー大学、メルボルン大学、クイーンズランド大学、オーストラリア国立大学等8校で構成するグループエイトという大学群が世界的にも有名です。ただワールドランキングを確認するとやはりアメリカ及びイギリスの大学院が上位をほとんど占めていますので、世界的に知名度のある大学院を目指す方、国際的な知名度、ランクを重要視される方は学校リサーチには十分注意が必要です。

●リサーチ・サーティフィケイト・ディプロマコースと開講コースが多彩

オーストラリアの大学院では、修士課程以外にも様々なコースが開講されていることが特徴です。例えば修士課程の中でもリサーチコースといって授業を一度も受けることなく、入学後リサーチのみで修士課程を修了させるコースもありますし、大学時代の専攻と違う内容に進学を希望される方用に、大学院準備コースとしてディプロマコース（Postgraduate Diploma、Postgraduate Certificate）が開講されていることもあります。イギリス同様にこれらのコースを終了すると大学時代の専門分野と違った専攻にも入学できる可能性も広がるため、大学時代と異なった専攻で大学院留学を目指している方には有効なコースと言えます。

D カナダ大学院留学の特徴

カナダの大学院はほとんどアメリカの大学院と同じ教育制度ですが、相違点といえば入学難易度とリサーチ主体のコースが多いことです。アメリカの修士課程ではあまりみられませんが、カナダでは２年目をリサーチ期間に充てるコースもあり、実践的なコースを基礎から学ぶ、というアメリカのスタイルとは大きく異なったコースがあるのも特徴です。

●卒業までのスケジュール

カナダの大学院はアメリカの大学院に教育制度やスケジュールは非常に似ています。

ただアメリカとの一番の大きな違いは、私立校が極端に少ないということです。アメリカは教育ビジネスが盛んな国ですので、トップ校は私立校が多いのが現状です。一方カナダはほとんどが州立校のため、学校数がアメリカに比べると非常に少ないですが、教育水準は非常に高い学校がそろっていますので、一般的にどの学校も入学難易度が高いのが現状です。

1年目

秋学期（Fall Semester）	冬期休暇（Winter Break）	春学期（Spring Semester）
9月（入学）～12月	1月	2月～5月
基礎科目	冬休み	専門科目

2年目

夏季休暇（Summer Break）	秋学期（Fall Semester）	春学期（Spring Semester）
6月～8月	9月～12月	2月～6月（卒業）
夏休み（インターンシップ）	専門科目（ゼミ等）	専門科目→卒業

●学校数が少なく教育水準が高い

カナダの大学はほとんどが公立なうえ、同じ北米のアメリカが4000校を越えるのに対し、カナダの大学は約400校程度しかありません、しかもそのほとんどが公立大学のため、どの大学も教育水準が非常に高く、その分入学難易度も非常に高くなります。また意外と知られていない事実として、カナダの大学院はアメリカと異なり、研究色の非常に強いコースが多いことも特徴です。例えば2年間で終了するコースで、2年目を全て研究に充てるコースも少なくありませんし、Master of Research という研究専門のコースも数多く開講されています。

●入学難易度が高い

前項でも書いたようにカナダは非常に大学数が少ないことが特徴です。そのうえ平均的に教育水準が非常に高いので、必然的に出願者の倍率が非常に高くなり、結果入学難易度も高くなります。特に大学時代の評定平均であるGPAは非常に重要で、通常3.5以上を多くの大学院で求められます。またGRE、GMATといったテストの要求スコアも非常高く、相対評価である書類選考でいかに他の出願者と差をつけるかが重要になります。

●公立校が多く学費が安い

カナダは公立校が多いため比較的学校が少ないことが特徴ですが、もう1つの特徴はその学費の安さです。公立校がほとんどですので、カナダの上位校であるMcGillやToronto大学等でも北米のトップスクールと比べると非常に安く済みます。また学費が安いだけでなく学生寮が非常に充実しており、夫婦専用や留学生専用、女子学生専用等様々な学生寮を整備しています。寮費も非常に経済的で、人気があるため、できるだけ早く入寮手続きを行う必要があります。

E ヨーロッパ大学院留学の特徴

ヨーロッパの大学院への留学を検討する場合、**まず考えなければいけないことは現地の言語で学ぶか英語のみで学ぶかということ**です。もちろん現地の学校は通常現地の公用語で授業は全て行われますので、第二言語を英語としている日本人には第三言語を学ぶ必要があるということになります。しかしヨーロッパの大学院では昨今の急激な国際化により全て英語で履修できるコースが非常に増えてきています。

●卒業までのスケジュール

イギリス以外のヨーロッパ（オランダ、ドイツ、スイスやフランス等）の大学院を検討する際、進路は大きく2つに分かれます。1つは現地の言語を習得し、現地の学生が通うコースに入学する方法です。その際最も重要なことはスペイン語やフランス語といった言語を現地の学生と同じレベルで使いこなす必要があるということです。もう1つの方法は、英語で授業を行っているコースに進学する方法です。特にオランダ、ドイツ、スイスやフランス等の大学院では、英語で受講を開講している学校も多く、そういったコースに進学すれば現地の言語は生活に困らない程度習得していれば問題ありません。今回はこういった英語ですべて履修できるコースを対象に解説していきます。

● 1～2年間で終了するヨーロッパの大学院

主にオランダの大学院は通常イギリスと同様1年間で修士号が取得可能です。ただコースによっては、稀に2年間のコースもあり下記はモデルケースとなります。オランダ以外のヨーロッパの大学院で開講されているコースは一般的に2年間で終了します。

1年コース（主にオランダなど）

秋学期（Fall Semester）	冬学期（Winter Semester）	夏学期（Summer Semester）
9月（入学）～ 12月	1月～ 5月	6月～ 8月
基礎科目	専門科目	修士論文作成→卒業

2年コース（主にドイツ、スイス、フランスなど）

秋学期（Fall Semester）	冬期休暇（Winter Break）	春学期（Spring Semester）
9月（入学）～ 12月	1月	2月～ 5月
基礎科目	冬休み	専門科目

夏季休暇（Semester Break）	秋学期（Fall Semester）	春学期（Spring Semester）
6月～ 8月	9月～12月	2月～ 6月（卒業）
夏休み(インターンシップ)	専門科目（ゼミ等）	専門科目→卒業

● 全て英語で履修可能なコースが多彩

イギリスを除くヨーロッパの大学院では、各国の言語ではなく英語で授業を全て履修することのできるコースが数多く開講されています。例えばスペインの ESADE やフランスの Insead、ESSEC 等は世界的にも有名なビジネススクールですが、全て英語で授業は行われます。またオランダはそのお国柄や歴史にも裏づけされた環境科学、国際関係学等のコースで幅広く英語で履修できるコースを開講しています。そして国連機関やその他国際機関が多く集まるスイスでは、昨今注目を集めるSDGsに関するコースが、加えて第五次産業革命に向け産学連携プロジェクトを国家レベルで進めるドイツでは、コンピュータサイエンスを中心に工学系コースが数多く開講されています。通常こういったコースは全て英語で授業が行われるので、現地の学生だけでなく非常に国際色豊かなことも特徴です。こういった各国の世界をリードする分野を専門的に学ぶことができます。

● **学費が無料など他国と比べると安い**

ヨーロッパの大学院で開講されているコースの学費は、北米やイギリスなどに比べると非常に経済的です。最も高額なオランダでも年間200〜300万円程度ですが、ドイツの公立の大学院では授業料無料のコースも提供されておりますし、スイスでも年間50万円程度で通うことが出来ます。ただ前出のフランスのESSEC、InseadやスペインのESADEといった世界有数の私立系ビジネススクールで開講されているMBAはこの限りではなく、北米などと同等の授業料を設定しているので注意が必要です。

F 北欧大学院留学の特徴

北欧の大学院留学を検討する際、現在最も人気のある留学先として挙げられるのがスウェーデン、ノルウェー、デンマークです。こういった北欧の大学院は環境、福祉大国として環境が恵まれていることもあり昨今では大学院留学先として注目を集めるようになりました。また北欧の大学院は授業料が無料という言葉をよく耳にしますが、昨今では少々事情が変わってきています。

● **卒業までのスケジュール**

北欧というと北ヨーロッパを指し、フィンランドやアイスランド、更にはグリーンランドまで含むと考えている方が多いようですが、ここでは留学先として特に人気のあるスカンディナヴィア諸国（スウェーデン、ノルウェイ、デンマーク）に絞り紹介したいと思います。

北欧の大学院は通常2年間で修士号を取得することが可能ですが、専門コースや留学生用コース等では、１年～３年間と様々なコースが開講されています。

1年目

秋学期（Fall Semester）	冬期休暇（Winter Break）	春学期（Spring Semester）
9月（入学）～12月	1月	2月～5月
基礎科目	冬休み	専門科目

2年目

夏季休暇（Summer Break）	秋学期（Fall Semester）	春学期（Spring Semester）
6月～8月	9月～12月	2月～6月（卒業）
夏休み（インターンシップ）	専門科目（ゼミ等）	専門科目→卒業

●北欧の大学は全て授業料無料？

北欧の大学及び大学院は全て授業料が無料という話をよく耳にしますが、現在では留学生の増加により現状が変化しています。もともと北欧の大学はそのほとんどが王立または国立大学で、授業料に関しては原則政府が負担していました。以前は留学生も例外ではなかったのですが、現在EU加盟国以外からの留学生に対して授業料が原則無料なのはノルウェーだけで、ノルウェーも専門教育プログラム、高度で特殊な教育プログラム、またはいくつかの私立教育機関での研究については、学費がかかることがあります。

一方スウェーデンは2011年度入学生からEU加盟国以外からの学生には授業料が課せられており、デンマークは一足早くEU加盟国以外の国からの留学生には授業料を課す法律が制定されています。

●留学生には政府が奨学金を提供

EU加盟国以外からの留学生に授業料を課すことになった背景には、授業料が無料ということで留学してくる学生が近年大幅に増加したことが挙げられます。ただデンマークでは授業料を課す代わりに、デンマーク政府が留学生を対象にした奨学金制度を制定しています。これはデンマーク大使館で最新情報を取得することが可能です。またスウェーデンでも同様に政府が奨学金制度を提供しています。

●北欧の大学院では幅広く英語のコースが開講

北欧の大学院を目指す際、最初に決めなければならないことは、現地の言語を習得し現地学生と同じコースに進学するか、英語のみで授業を開講しているコースに進学するかということです。もちろん現地の言語を習得すればそれだけ進学できるコースの幅も広がりますし、現地学生とのコミュニケーションも広がり、とても有意義な留学となります。しかし、第二言語として英語を勉強してきた私たちには北欧の言語を習得するには事前知識がない分それだけ時間と労力がかかることはいうまでもありません。現在スウェーデンはスウェーデン語、ノルウェーはノルウェー語、デンマークはデンマーク語とそれぞれの国で言語が確立されています。ただそれぞれの言語はゲルマン諸語の類縁関係にあり、スウェーデン語とノルウェー語は意思疎通が可能といわれています。ただいずれにしても現地学生と不都合なくコースを履修するためには上記のような現地の言語を習得する必要があります。

一方**北欧の大学院では全て英語で履修可能なコースを幅広く開講**しています。特に北欧で人気のコースである、建築デザイン、家具デザイン系コースに加え、再生可能エネルギーで世界をリードする北欧の大学院では、洋上風力や水力発電専門のコースなどが数多く開講されています。こういったコースは留学生を対象として全て英語で履修できることが特徴です。もちろんこういったコースは英語力の証明さえできれば出願することが可能です。

G アジア大学院留学の特徴

アジアというと非常に広範囲に渡りますので、ここでは特に日本人留学生に人気のあるシンガポール、香港、韓国、中国に絞り紹介させて頂きます。

●シンガポール、香港の大学院

シンガポール及び香港の公用語は英語ですので、進学のために特に英語以外の言語を習得する必要はありません。ただシンガポールはシンガポール国立大学、香港は香港大学と国際的に有名な非常に難易度の高い大学になりますので、北米のトップスクールに入学するための学力と同等のものが必要になります。コースはビジネス、公共政策、国際関係学と非常に幅広い学位を提供しています。

●韓国、中国の大学院

韓国には「一般大学院」「専門大学院」「国際大学院」の３つの大学院があります。この中で「国際大学院」では全ての授業が英語で行われますので、英語での韓国留学を考えられている皆さんは、この「国際大学院」への入学を検討されることになります。この国際大学院があるのはSKYと呼ばれる韓国の一流大等で、全ての大学校にあるわけではありません。ここではその中から数校をご紹介します。

Seoul National University ソウル大学校
Korea University 高麗大学校
Yonsei University 延世大学校
Hankuk University of Foreign Studies(HUFS) 韓国外国語学校

一方、中国では4～5年の学士課程後、2～3年の修士課程を学びます。修士を取ろうと考えている方は2～3年の修士課程になりますが、北京の大学等では「満35歳以下」等の年齢制限がありますので注意が必要です。また、修士・博士課程の一貫課程も開かれており、こちらは4年となっています。

中国という国自体は、ご存じのとおり非常に国土が広く、地方ごとに様々な文化が根付いています。もちろん気候も大きく異なり、乾燥寒冷なところもあれば湿潤温暖なところもあるといった具合です。それに伴って主食も小麦だったり米だったりと、食生活もかなり異なりますから、学校選びと同じくらい重視して事前調査しておきましょう。 留学生に人気のある大学院の一例を挙げておきますのでご参考ください。

Tsinghua University 精華大学
Fudan Daxue 復旦大学

[2] 海外大学院で学べる内容

海外の大学院には非常に多彩な専攻が存在し、その数は600を超えると言われています。ここでその全ての専攻を紹介することはできませんので、分野別に日本人大学院留学生に特に人気の専攻に絞り紹介しています。もし下記に学びたい内容が見つからなかったとしてもここに紹介している専攻が全てではありませんので、各大学院のホームページ等で根気強く探してみてください。

A ビジネス系の専攻について

海外の大学院でビジネス系の学位というと、MBA（経営学修士号）を筆頭に数多くの学位が存在します。会計学、人材管理学、マーケティングといった昔からある学問から、人材開発学や金融学、不動産学、国際ビジネス学といった新しい学問まで様々です。

●経営学（MBA）

海外大学院で経営学（Business Management）専攻というと一般的には対象は企業組織を指しますが、実際は様々な組織体の運営について研究する学問であり、研究対象を企業組織に限定せず、あらゆる組織体（自治体・NPO法人等）が経営学の対象となります。実際MBAが開講されている学部は北米ではBusiness Schoolと呼ばれていますが、イギリス等のヨーロッパではManagement Schoolと呼ばれる学校も数多く存在します。 ただ組織管理学を学ぶというスタンスは変わりませんので、通常組織運営（経営）に必要とされる経済学、会計学、財務学、情報管理学、人材管理学等を体系的に学ぶことができます。

またMBA認証機関の1つであるAACSBは米国を中心としたビジネススクールを認証している団体で、こういった認証団体にしっかりと認証されているスクールを出願校に選ぶ傾向にあります。

●会計学（Accounting）

会計学は、民間企業、政府機関だけでなく、一般家庭等を含み、組織の大小に関わらず社会に経済的影響を及ぼす可能性のある全ての組織が行う会計行為を学ぶ学問です。

企業会計は大きく財務会計と管理会計に分けることができます。財務会計は、一般的に対象組織の外部利害関係者（株主、税務局等）に情報提供することを目的としています。一方管理会計は、対象組織内部の利害関係者である経営者等に情報提供することを目的としています。特に民間企業は従業員を雇用し、そしてサービスや商品を提供し利益を出すことを目的としています。そして利益を稼ぐということは企業の最も重要な課題であり、そうした民間企業の利益を計算する重要な仕組みが会計です。

海外大学院ではその国の会計士資格受験準備コースになっているものと、そうでないものがありますので、目的に合わせて出願コースを注意深く選ぶ必要があります。

●金融学（Finance）

金融工学は、経済学・会計学・工学・数学等様々な学問と接点を持ち発達している学問です。また金融工学は新しい学問ですが、ビジネスや工学の分野で最も注目されている専攻の1つです。ただ2008年にアメリカで起きたサブプライムローンに端を発する金融危機等により、金融工学のイメージは悪化の一途をたどっています。

金融学を学ぶ場合は、現金以外の資産の運用方法についての研究、企業経営に関する有効的な資産有効活用方法についての研究、金融商品や為替市場がその対象範囲となります。卒業後の主なキャリアは証券または投資関連企業もしくは銀行等になります。

●マーケティング（Marketing）

マーケティングとは、企業を含む社会に対して商品や情報等を提供する全ての団体が、「顧客が本当に必要とする商品やサービス、情報を提供し、顧客がその商品やサービス、情報を効果的に得られるようにする活動」に対して用いられる言葉です。

特に昨今では、民間企業の経営戦略の一環として行われる企業が提供する商品やサービスの企画・開発、ブランディングから、市場調査・分析、価格設定、広告・宣伝・広報、販売促進等を指すことが多いのが特徴です。もともとマーケティングとは潜在顧客及び既存顧客のニーズ把握のために行う情報管理を指しますので、単に広告・集客、販促活動はマーケティングに当てはまりません。

特に大学院でマーケティングを専門に専攻する場合は、顧客ニーズ把握のために行う分析や統計学といった数学的知識も必要としますので、文系の学問ながら理数系の知識も必要とする非常に難易度の高い学問です。

●経営分析学（Business Analytics）

経営分析学は、一般的にビジネスアナリティスクの名称で知られる比較的新しい学問です。企業内外の情報を分析することで、正しい企業経営状況の把握や、様々な経営戦略を立てる方法を学ぶことを目的としています。

前者については、主に通常企業内の財務数値を分析することで企業の財政状態や経営成績についての状況を把握することが可能です。大きくは内部、外部分析に分かれますが、外部分析では主に銀行などが投資、融資先（企業）の様々な財務資料を分析することで企業内容の把握と良否適否を判断するために行われます。一方、内部分析については経営者の立場から経営管理を目的として行われることが一般的です。

次に企業の成長戦略を目的に行われる経営分析は、主に企業内に蓄積されているビックデータを駆使し、あらゆる場所での問題解決における意思決定を変革し、企業の競争力を高めることを目的としています。現在AIやIoT、クラウドなどにより企業が取得する情報が増大することにより、この膨大な情報をどのように成長戦略に活用することが出来るのか、という点が注目されています。

主には貴重な企業資産であるビッグデータを分析することで、既存のビジネスにおける問題要因の理解と解決から革新的な意思決定を実現し、且つ将来のビジネスプランニングを促進して将来の経営戦略をサポートすることを目的としています。

一般的には経営学部で開講されており、入学には高度な数学とコンピューターサイエンスの知識が要求されますが、中にはそういった知識がなくても入学できるコースも昨今では開講されており、幅広いバックグラウンドの学生を受け入れています。

B 政治・国際協力系の専攻について

政治・国際協力系の学位は、昨今の留学生に最も人気のある専攻と言えると思います。特にその中でも開発学系の学位は人気があり、最近では教育開発、環境開発、ジェンダー、人権問題等その研究分野は多岐に渡ります。また国際関係学も非常に根強い人気で、特にアメリカ東海岸にある国連本部のもとで国際関係学を学ぶことを希望している学生が多いのも特徴と言えます。

●政治学（Political Science）

政治学とはポリティカルサイエンス（ポリサイ）と呼ばれ非常に昔からある学問です。昨今では公共政策や国際関係、国際開発学といった様々なコースに枝分かれしましたが、政治を扱うコースとしては最も古くからある専攻です。もちろん政治を対象とする学問ですが、その分野は幅広く、国際政治、比較政治、政治経済、公共政策といった様々なことを学ぶことができます。

主に政治科学として政治学の研究をする場合は、社会に必要な様々な公共政策の内容とその目的、社会に対しての必要性、経済効果、社会効果等を対象としており、個々の具体的政策の検討から、それらが含まれている一連の包括的政策、政策プロセス等を取り上げます。昨今では公共政策(Public Policy)という学問も枝分かれしていますが、政治学は政治を取り巻く様々な要因（文化や歴史、経済等）を包括的に学ぶのに対し、公共政策学は様々な政策がある中で、その政策の可否や必要性、妥当性等を分析、実行する術を学ぶ学問です。

●国際関係学（International Relations）

現在の刻一刻と変化を遂げる国際社会において起きる様々な事象について

の分析、研究を行う学問です。ただ国際関係学の中核は国際政治・経済学であるため、主要な研究では対象が国家の外交や安全保障等に絞られることが多いのが特徴です。特に外交政策等を学ぶ学問は様々な国の社会・政治・経済状況を把握している必要があるため、その研究内容は非常に多岐に渡ります。

また国際関係学の研究対象は国家間のみと考える方も多いようですが、実際は国内についての研究も盛んに行われています。例えば外交政策、安全保障、戦争、南北問題、難民、軍備管理、貿易摩擦、環境問題等は国際関係学が網羅している研究対象ですが、全て国家間の問題で捉えるわけではなく、国内の政治・経済が中心となることもあります。また以上のような機能的及び実用的な研究を使う理論研究だけでなく、研究対象を特定の地域に絞った地域研究があります。その場合アジアやヨーロッパ、アフリカ等特定の地域を研究対象として絞り研究を深めることになります。

●国際開発学（International Development）

開発学は、現在海外大学院留学生に非常に人気の高いコースですが、どういったことを学ぶのか、という点は意外と知られていません。開発学で学ぶ内容は、現在発展途上にある国家に対して、その貧困問題の解消法やその根本的な理由を研究し、さらに国家間で行われる開発援助に関わる政策について研究する学問です。貧困の原因となる問題を社会の中から見つけ出し、解消しようとする社会学的アプローチに基づいた学問です。その研究対象は幅広く、人権問題や性別、宗教、文化、歴史、環境、衛生と多岐に渡ります。

開発学というと開発経済学を思い浮かべる方が多いですが、通常、研究対象は経済的アプローチは含まれず、あくまで人間に焦点を当てた研究になります。また、より開発援助政策にフォーカスしたコースもあり、その場合はその政策を含む開発戦略が社会をどのように変化させることができたか、ということを研究する学問になります。もちろん経済学的アプローチを中心に開発学を学ぶことができるコースもあります。その場合は貧困を解消するために具体的な経済指標上の数値・統計を基にして研究を行います。また開発経済学以外にも、開発戦略の一環として各種建物・下水道・公共施設・等のインフラの整備をテーマとする工学的アプローチも存在します。

その他教育開発、衛生開発、環境開発等、開発学といっても研究アプローチは様々なので、進学先を決める前に自分の研究テーマを熟考する必要があります。

●公共政策学（Public Policy）

公共政策とは、民間企業では解決することのできない問題に対して、政府や地方公共団体等が代わりに実施する政策のことをいいます。目的は公共福祉を豊かにすることですが、その対象は国内、国外を問いません。

主に研究する内容は公共政策の立案、実施までのプロセスになります。公共政策を実行するプロセスとは、具体的に解決すべき公共問題を課題として設定し、その課題解決に向けた計画を立案、実行することです。

1）政策の立案、計画、2）政策の実行決定、3）政策施行、4）政策実行後その効果を測定、5）政策の評価、以上、政策が実際に行われるまでの5つのプロセスを研究することでより確実で効果的な公共政策を実現する方法を学ぶ学問です。

C 教育系の専攻について

日本人留学生にとって海外大学院で学ぶ教育系の一番メジャーな専攻は英語教授法（TESOL）になります。日本国内の昨今の英語教育ブームによりさらに人気が高まっています。また国際協力の視点から国際教育学も注目の専攻の1つです。

●国際教育学（International Education）

国際教育の研究テーマとは主に異文化に対する理解、国際的な教育における法則性の探究、国際理解や世界平和への貢献、様々な教育制度の理解、発展途上国を中心とした教育を普及するための政策について、と非常に多岐に渡ります。なぜなら現在でも「国際教育」という語については、いまだ学問的に明確な定義がなされているわけではないからです。

そのため国際教育と名前が付いているコースでも、学ぶ内容は各学校によって異なります。異文化教育学に力を入れている学校では、国家、民族等の壁を越えた教育をどのように実現、展開していくべきか、ということを学びますし、開発教育学の分野では様々な社会的要因で教育の普及が遅れている、または必要とされている地域にどのように教育を普及させることができるのか、という教育政策について主に学ぶ学問もあります。このように国際教育の研究対象は非常に多岐に渡るため、研究を深めたい内容を扱っている大学院を探す必要があります。

●教育開発学（Educational Development）

教育開発学とは、現在発展途上にある国に対して平等、均衡のとれた教育を提供する具体的な方法を追及する学問です。そのため、開発教育学は通常教育学部で開講されていることが多いのが特徴です。

現在開発途上国の中には、教育投資に充てる財源が十分でなく、児童が教育を受ける権利が十分に保障されていない国が多々あります。しかし発展途上国では教育より生活、という認識が未だ強く、教育を普及させるためには政府が負担できる財源を確保するだけでなく、教育の重要性を伝え教育を受けることのできる環境を作ることが非常に重要になります。そのためには学校数を増やす、自立支援機関を作る、といった教育政策を含むインフラの方法も研究対象となります。そしてなぜその国では均等に教育が普及しないのか、という問題を解決するため、研究対象は経済問題だけでなくジェンダー、宗教、文化といった社会学的問題から、政治、政府、政策といった政治的問題まで非常に多岐に渡ります。

●英語教授法（TESOL）

TEFL (Teaching English as a Foreign Language）や TESOL（Teaching English to Speakers of Other Languages）は、一般的に英語教授法と呼ばれます。

特徴は、英語を母国語としない学生に英語を効果的に習得させる教育方法を研究することです。通常教育学部で開講されているコースは教員向けになり、Curriculum Development（カリキュラム・教材開発）、Test Assessment（テスト開発）等のコースが主体となります。一方言語学部で開講しているコースは、Linguistics（言語学）、Second Language Acquisition (第二言語習得理論）といった研究色の強い学問となります。言語学中心の研究色の強いコース、教育者養成に力を入れるコースは大学によって異なるので、進学先を選ぶ時は細心の注意が必要です。ただ言語学部のコースであっても応用言語学の中の一専攻となりますので、教職の現場に応用が可能です。日本でもTEFL / TESOL の認知度が高くなり、日本国内でも今後英語教育がますます盛んになることから、留学生に特に人気の専攻と言えます。

●ICT教育学（Education in ICT）

ICTとはInformation and Communication Technologyの略で、通信記述を活用したコミュニケーションという意味ですが、主にICTを活用したシステムやサービスを普及させることで社会インフラとしての役割を果たし、さらに新たなイノベーションを生むことが期待されています。実際日本政府でも、総務省がICTの利活用を促進し、且つ文部科省がこのICTを教育の現場で活用することを教育の基本政策に組み込んでいます。

ICT教育というと、タブレットなどの媒体を通したデジタルテキストや電子黒板な.どを想像することが出来ますが、オンライン授業の充実化を図ることで生涯を通じた学習機会の提供を促進したり、MOOCsやCoursea等を活用したオンライン講座等のリカレント教育を大幅に拡充することも可能です。

ICTを教育に活用することができれば、今後は大学教育でも学生が主体に学修するアクティブラーニングへの展開、さらにはグローバルに進展している教育研究のオープン化などにも対応することが可能となります。ICT教育学については主に政策よりと情報技術よりの学問があり、どちらを選択するかで出願条件も大きく異なるので注意が必要です。

D 法律系の専攻について

通常 Master of Law を LLM と呼びますが、LLM の中でもその研究テーマは非常に多岐に渡ります。もちろん既に弁護士資格をお持ちの方がさらに専門知識をつけるために留学するケースもありますが、弁護士資格や法律学学士を持っていなくても入学できる LLM のコースもあります。そのため皆さんのバックグラウンドや目的によって、注意深くコースを検討する必要があります。ここでは、LLM の中でも特に日本人留学生に人気の専攻を紹介しています。

●商法（LLM Commercial Law）

海外で商法を学ぶ場合は、通常 International Commercial Law を指します。海外の企業を含め、企業が企業活動として行う商売の方法に対する決めごとが商法となります。学ぶ内容は多岐に渡り、学校によって専門性は異なりますが、通常独占禁止法、銀行法、エネルギー法、海洋法、国際税法等です。また対象となるフィールドも様々で、イギリス等ではEU圏に限った商法を学ぶこともできますし、国際法廷紛争について、IT及びMediaに関する紛争問題について、海難事故、海難審判、造船等海事法律について中心に研究する学問等様々です。

●国際法（LLM International Law）

国際法は、条約、慣習国際法、そして法の一般原則によって成り立っています。国家間における国家、および国際機構の行動に対して適用される法律だけに、その分野は非常に幅広く、国際機構法、海洋法、国際人権法、国際経済法、国際環境法、武力紛争法と研究分野は非常に多岐に渡ります。

海外の大学院で International Law を学ぶ場合も内容は非常に多岐にわたります。例えば Fundamental Issues in International Law、International Environmental Law、International Criminal Law、European and International Human Rights Law 等、国際法といっても環境から人権まで研究できるテーマは幅広い分野から選ぶことができます。また International Investment Law や International Commercial Arbitration 等、国際商法に関連した内容も研究できるため、学ぶフィールドは LLM の中でも一番多岐にわたるものと言えます。

●税法（LLM Taxation Law）

税法を専攻とする場合は、どこで学ぶかということが非常に重要になります。例えば、日本とアメリカの税法について比較すると、日本の国税にあたるアメリカの連邦税については日本のように所得税、法人税、消費税等それぞれ独立した税法体系はもっていません。また日本の地方税に相当する州税については、各州の州法に租税についての規定があるため、州によって定められている内容も異なります。

海外の大学院で税法を学ぶ場合は、日本で既に税務関係の仕事に就いている方、また既に弁護士資格をお持ちの方で海外の税法について精通する必要がある方等が多いのが特徴です。

●環境法（LLM Environmental Law）

環境法はその名の通り生活環境及び自然環境保護に関係する法律ですが、その研究分野は非常に多岐に渡ります。例えば公害法、自然保護法、国際環境法、環境刑法、企業環境法等、環境（生活環境・自然環境）の保護に関連する法律が研究対象となります。特に環境問題についての法律を国家間で取り決める国際環境法や、様々な環境問題について企業に問うべき法律として生まれた企業環境法等は今後注目を集める研究分野といえます。

また現在特に問題視されている野生動物保護、途上国の環境対策に対する援助、兵器を含む様々な過度の文明による環境汚染、等今後取り組まなければならない問題は環境分野については山積みです。そのため環境法の研究分野は今後さらに多岐に渡ると見られ、今よりさらに注目される研究テーマになる可能性があると言えるでしょう。

E 環境系の専攻について

環境学は、昨今の環境ブームにより現在日本人大学院留学生に最も人気の高い専攻のひとつです。海外では環境学といっても理系の学位だけでなく、環境政策や環境デザインを学ぶ学位もあり、そういった専攻であれば文系の学生も入学可能なため、さらに人気が高まっています。ここでは文系の学生でも入学できる環境系学位も含め紹介しています。

●環境学（Environmental Studies）

環境学というとその研究テーマは非常に幅広く、海外大学院に進学する場合も進学前に研究テーマはある程度絞り込む必要があります。環境学とは自然環境だけでなく社会環境、都市環境等様々な分野に及びますし、研究テーマに関しては環境と人間の関係性について、政治科学、公共政策学といった文系の分野から化学、生物学、地学といった理系の分野まで網羅します。そのため、環境学とは元来理系出身の学生が環境問題をテーマに研究をする理系の専門分野という認識を持っている方もいらっしゃいますが、現在では環境政策、環境管理、都市開発、環境開発といった文系出身者でも進学できるコースがあるのが特徴となっています。

現在海外の大学院では、環境学系のコースだけでも、環境保護（Environmental Conservation）、環境工学（Environmental Engineering）、環境科学（Environmental Science）、環境政策（Environmental Policy）、環境開発（Environmental Development）、環境管理（Environmental Management）、環境経済（Environmental Economics）等、様々なコースが開講されています。

特に発展途上国の環境開発支援や自然環境保護等が注目を集める昨今、非常に人気のある専攻の1つと言えます。

●環境政策学（Environmental Policy）

環境政策とは自然環境、社会環境等様々な環境問題に対して民間団体では解決しきれない問題に対して行政、または行政に伴う機関が行う政策について研究する学問です。環境政策についてはその是非を問う際、環境法、環境経済、環境工学等、様々な知識を持った研究者の意見を加味し、また発展途上国の政策等について国際開発学、国際関係学といった学問と連携する必要がある場合もあります。いずれにしても環境汚染や環境破壊といった環境に関する様々な問題に対し、社会学、また科学的見地の元、現実的に社会への変革手段としてどのような政策を実現できるかを研究する学問です。

海外の大学院では、もちろん具体的な政策手法についても学ぶことができます。現在では規制法、経済的手法、情報的手法と大きく分けることができますが、規制法については社会への影響が非常に大きいことから、環境課税等の経済的手法、また資格制度やラベリングといった情報的手法が主にとられています。

また環境への影響を事前に調査することによって、予測、評価を行う環境アセスメントの手法についても学ぶことになりますので、環境に関する様々な問題を提起し、その問題を解決するための政策の立案、是非の検討、そして実際に施行するまでの過程とその方法を学ぶ学問です。

●環境科学（Environmental Science）

環境科学とは、主に自然環境について科学的見地から研究を行う学問です。特に水質、土壌、大気を汚染している実際の度合いを測定する為の手法を学ぶことができます。特に科学的見解から環境アセスメント（環境影響評価）の手法を学びますので、調査、予測、評価の項目である公害（大気汚染、水質汚濁、土壌汚染、騒音、振動、地盤沈下、悪臭等）および自然環境の保全（地形、地質、植物、動物、景観）についての幅広い知識が必要になります。

海外の大学院で環境科学を希望する方は、発展途上国に対しての環境支援をキャリアゴールに設定している方が多いのが特徴ですが、環境アセスメントの手法は日本国内での環境政策についても必要になる学問です。昨今生物多様性基本法が制定され、環境省が環境アセスメントを開発事業の開始前に行うことを義務づけたため、環境政策や環境科学といった分野は今後さらに注目を浴びる学問と言えるでしょう。

●環境デザイン学（Environmental Design）

環境デザインにおける「環境」とは、衛生工学や公害等だけでとらえる環境だけではなく、生態に配慮した生き方を設計、デザインするという目的の学問です。

あくまで環境デザインの研究テーマは「生態環境」であり、その範囲は地域や都市、社会基盤から建築、ランドスケープ、インテリア等の場所、空間等が含まれ、対象は家具等から、山野の自然、農山村、広場、公園等まで含まれます。研究内容は主に対象地域に関して課題を分析し、その地域の特性を活かし生活基盤を整備する風力発電、太陽光発電等から、都市開発等の際に自然保全の視点から都市と自然の調和を保つデザインの立案、そして個々の建築に置ける内容や外装デザインも研究テーマに含まれます。以上のように環境デザインの対象や研究内容は非常に幅広いため、建築学、デザイン、農学、科学、工学と様々な学術的バックグラウンドの学生が集まっていることも特徴です。

●環境管理学（Environmental Management）

昨今ではSDGsという言葉をよく耳にされると思います。このSDGsとは、

2015年9月に150か国を超える世界のリーダーが参加し開かれた「国連持続可能な開発サミット」にて決められました。Sustainable Development Goalsの略で、持続可能な社会実現のため、貧困や飢餓、健康と教育、ジェンダー平等、エネルギーや気候変動への対策など、17の目標を定めています。環境管理学とはこれらの中の主に環境に関わる目標を実現させるため、様々なアプローチから研究を進める学問となります。

主には環境政策の立案、生態系/生物多様性の保全、緑地/水質保全といった環境科学、発展途上国における環境開発学についても学問の対象範囲となり、研究の目的は様々な環境分野のアプローチからSDGs達成に貢献することになります。

何分学問の幅が広いので、学校によって得意とする分野も異なります。そのため一口に環境管理学といっても、各学校によって対象とする学生が異なりますので、注意が必要です。

F 文化・文学系の専攻について

文科系の学位で特に人気の高い専攻は、異文化学（比較文化学）と文化人類学です。前者は通常文化人類学のひとつの分野として学ぶこともありますが、最近では異文化と戦争、異文化と国際摩擦、異文化と国際関係等様々な分野と連結することによりさらに幅広い研究分野となっています。

●異文化学（Cross-Cultural Studies）

異文化学を海外の大学院で研究したいという学生は非常に増えてきています。異文化学とは宗教、人種、民族、ジェンダー、歴史等様々な観点から異文化について研究する学問で、比較文化学と呼ばれることもあります。ただ異文化学というコースが海外の大学院で開講されていることは非常に稀で、通常国際関係学や国際開発学、民俗学、人類学、国際教育学等の中で研究するテーマになります。

しかし、経済・社会のグローバル化が進む今日、異文化を知ることは重要になってきていることは周知の事実であり、宗教、風俗、人種の相違等、異文化を研究テーマに選ぶ学生が非常に増えています。

●人類学（Anthropology）

人類学とは一般的に、人類の進化や生物学的側面を研究する自然人類学(Biological Anthropology)と、人類の社会的・文化的側面を研究する文化人類学 (Cultural Anthropology) 及び社会人類学 (Social Anthropology) に大別されます。通常Biological Anthropologyを専攻するためには生物学のバックグラウンドが必要となります。また異文化学（Cross-Cultural Studies）、民俗学（Folklore）では隣接分野として共通の研究テーマを共有することが多いのが特徴です。

●言語学（Linguistics）

言語学は人類が使用する様々な言葉、言語の構造を科学的に解明しようとする学問です。主に音韻論、形態論、統語論、意味論、記号論等言語についてそのメカニズムを科学的アプローチにより研究します。通常海外の大学院で学べる言語は英語だけでなく日本語やスペイン語、ドイツ語と幅広い言語を選ぶことができます。

また言語学の中でも応用言語学といって、社会言語学、認知言語学、心理言語学、神経言語学、比較言語学、言語習得学等、様々な分野で言語学を活かす方法を学ぶ学問もあります。特に海外大学院で知名度が高い学問は、メディアやコミュニケーション学等の分野に活かす社会言語学や、心理分野で活かす認知言語学、心理言語学等です。また日本人留学生に非常に人気の高い英語教授法(TESOL)も応用言語学の一分野として開講されています。その際は第二言語習得学やバイリンガリズムの研究等、言語学を第二言語習得の際どのように活かすことができるのか、ということを研究する学問になります。

●文学（Literature）

文学とは日本でも開講されている通り文学作品を研究、分析、そして批評する学問です。海外の大学院で学べる文学の範囲は非常に広いですが、人気が高いのはイギリスの英文学を研究するコースです。通常コースの目的は文学作品の研究、分析をしてそれぞれの作品の批評を行えるようになることですが、優れた評論文はそれ自体が文学作品として評価され、将来は作家や思想家が文芸評論家として活動する事もできます。通常海外大学院で文学を専攻する場合は文学部を卒業している必要があり、進学しようとする専攻に関してそれなりの専門知識が必要になります。

また文学とはその文学作品や著書に研究の焦点が当たるため、歴史や人類学、文化学といった分野とも隣接しており、大学で文学を学んできたからといって大学院の専攻は本当に文学でいいのか、自身の研究テーマを熟考し、細心の注意を持って決める必要があります。

●ジェンダー学（Gender Studies）

ジェンダー学というと女性学と思われる方が多いですが、実際にはジェンダーとは生物学的性差と区別された、一般社会で構築された文化的性別、そして性差のことを指し、所謂「男/女らしさ」という概念のことを指しています。そしてそれらの概念がどのように社会に影響を与えているのか、ということを研究する学問となります。

このジェンダーを学問として扱うことが、なぜ昨今では多くなってきたかというと、男らしら、女性らしさ、といった社会に存在する決めつけに縛られることなく、多様性社会を構築することが、持続可能な社会の実現に必要と考えられてきたためです。このジェンダーに関する課題を歴史、地域、文化、さらに宗教的な背景から研究し、真のジェンダーにおける平等な社会を構築することがこの学問の目的となります。

海外大学院では、一般的に発展途上国の人権問題や女性のエンパワーメント促進に関する課題にフォーカスし研究することが多いので、分野的には開発学に含まれていることが多いですが、もう少し広く研究対象を広げたい方は、社会学や法学部で開講されているジェンダーを選択することも可能です。

G メディア系の専攻について

日本でメディア学を真剣に学ぼうと思うと、どうしても専門学校という選択肢になってしまい、大学院レベルの高等教育機関で研究を行っている学校は非常に限られています。しかし海外では、多くの大学院で研究テーマとしてメディア学を学ぶことができ、その研究分野もジャーナリズムから映画、テレビ制作、広報活動と非常に幅広いのが特徴です。日本にはない専攻も数多く存在しますので、海外大学院で学ぶ意義が強い学位と言えるでしょう。

●メディア学（Media Studies）

メディア学とは、その名の通り情報伝達等の領域を対象とする研究のことです。その際、情報伝達の様々な媒体が研究テーマとなり、その研究テーマは非常に幅広いのが特徴です。通常メディア学が網羅する研究分野はジャーナリズム、テレビ、ラジオ、フィルム、写真、マガジン、と様々な情報媒体が研究テーマとなります。またメディア学と他の学問と関連付けて学ぶことも多く、地域メディア学、メディア広報学、メディア文化学、メディアジェンダー学、メディア開発学等その幅は広がっています。

また、研究内容もメディアが特定の地域でどのような役割や責任を果すべきなのか、ということを学ぶ学問から、メディアをどのように企業の広報活動（Public Relations）に活かすことができるか、といったビジネスのフィールドで役立つ学問まで幅広く研究することができます。

また昨今では、発展途上国内でのメディアが持つ役割と責任、メディアによってどのような社会影響を及ぼすことができるか、といったアセスメントに関わる学問までその研究テーマは非常に多岐に渡ります。

●ジャーナリズム学（Journalism）

ジャーナリズムとは、重要なニュース・事件・事故等を取材し、記事・番組・本・雑誌等を作成して広く公表・伝達する行為を指します。海外の大学院でジャーナリズムを専攻するということは、このような様々な情報伝達媒体を使用し、どのように効果的に情報を伝えることができるか、というスキルと専門知識を学ぶことになります。

具体的には現在起こっている出来事、事件、事故等を取材し、情報を集め、検証、分析し、レポートする能力を学びます。取材にて蓄積された情報（インタビュー結果や写真、他の情報ソースから集めた情報等全て）をいかに効率よく検証、分析しレポートできるか、という有能なジャーナリストに必ず必要な知識とスキルを学ぶことができます。海外大学院ではその方法を具体的に学びますので、非常にアカデミックな学問になります。

日本国内ではジャーナリズムというと専門学校で学ぶ内容と認識している方も多いですが、海外では大学院レベルで学ぶ非常に専門性の強いアカデミックな内容になることに注意してください。もちろんその分入学難易度も高く、通常ジャーナリストとしての職歴も要求されることになります。

●コミュニケーション学（Communication）

コミュニケーションの研究は、情報伝達等の領域を対象とする研究のことで、非常に研究色の強い専攻です。コミュニケーションというと人間同士のいわゆる意見交換等を想像する方も多いと思いますが、海外大学院でコミュニケーション学を専攻すると、その研究領域は非常に多岐に渡ります。例えばメディア学に含まれるマスコミ、ジャーナリズム、フィルム、テレビ、ラジオ、写真、といった情報伝達の全てが研究対象となります。ただ情報媒体の研究というよりは、情報管理の色が強く、必修科目に統計学や数学を要求してくるコースも数多くあります。そのためメディア学というよりは情報管理学等に近い学問と言えるでしょう。

またコミュニケーション学卒業後も、職業的技術を活かす職場から芸術的制作活動まで広範囲のキャリアに応用することができます。主なキャリアは、演説の原稿執筆、報道（ジャーナリスト）、テレビやラジオの番組や広告制作、映画制作、各種カウンセリング、演劇関連、ウェブ用のコンテンツ開発等幅広く応用が可能な学問と言えます。

●広報学（Public Relations）

広報とは、民間企業に限定されることなく、行政法人や教育法人、学校法人等の非営利団体も含み各種団体の活動内容や商品、サービス等の情報発信を行う業務で、海外大学院では効果的な広報活動の方法と理論を学び研究することになります。日本では広報というと広告と思われる方も多いですが、実際には広告とは新聞や雑誌、テレビ等の広告枠を買って商品、サービスや企業の宣伝を行うことであり、一方広報とは単純に情報を発信することで、新聞や雑誌等の媒体に記事として取り上げてもらったり、従業員や株主、消費者等に自らの活動内容等を理解してもらうことです。

もう少し広報と広告の違いをわかり易く述べると、広報は情報を発信する側がメディア等の広告媒体にお金を支払う必要のない宣伝のことを指し、広告は情報を発信する側が事前に情報媒体の枠を買い、そこで情報発信を行います。そのため広報とは無料で情報発信を行うことであり、広告とは出資が必要となる情報伝達方法です。例えば、企業がWEBページを製作してブランディング活動を行う行為は広報に分類されます。一方、テレビCM等はスポンサーとして放映料を支払いますので広告に分類されることになります。

また広報活動も広告と同様に民間企業では経営戦略の1つとして認識されていることもあり、その場合情報戦、心理戦の一手段として捉える場合もあります。大学院で広報学を専攻する場合は、広告ではなく広報の手法でどのように効果的に情報発信を行っていくか、という手法と理論を学ぶことができます。

H 心理系の専攻について

通常海外の大学院で学ぶ理由は、日本よりその分野の研究が盛んだからである、という方が一番多いと思いますが、心理学の分野はまさしくそんな理由で留学する方が最も多い専攻の1つです。例えば海外ではカウンセリング学という学位が独立して開講されていますが、日本ではまだまだ臨床心理学の一分野という位置づけになっており、心理学を専門研究している学生でもカウンセリングを明確に定義することは難しいのが現状です。日本では学ぶことのできない専攻を選択できることが、海外大学院で学ぶ最も大きな恩恵であるということはいうまでもありません。

●臨床心理学（Clinical Psychology）

臨床心理学は心理学の中でも最もメジャーな学問で、主に精神疾患や心理的問題の治療・解決、あるいは人々の精神的健康の増進に貢献することを目指すことを目的とした学問です。通常、海外の大学院で臨床心理学専攻を希望する場合、心理学学士を要求されます。大学で心理学を専攻していないと一度大学編入をして心理学学士号取得を課されるか、大学院が定める心理学のクラスを大学で履修しないと臨床心理学修士課程に進学することはできません。

また研究対象は脳（および「心」）の機能的・器質的障害によって引き起こされる疾患を対象とし、通常統合失調症や躁うつ病といった重度のものから、パニック障害、適応障害といった中軽度のものまで様々な疾患を含みます。研究対象が多岐に渡るだけでなく、通常精神科や神経科が担当する疾患を扱うことになるので、いわゆるスクールカウンセラー等を目指す方には荷が重い専攻となるでしょう。通常北米では臨床心理学の修士号は博士号と繋がっており、6年程度かけて卒業します。臨床心理学の修士コースのみというのはほとんどありません。常に研究者を目指すための学位と言えるでしょう。

●教育心理学（Educational Psychology）

教育心理学とは教育的視点から心理学を研究し、教育の現場に心理学的要素を活かそうということを目的とした学問です。なお教育心理学においては、乳児期から青年期までの精神、知能の発達、そして人格形成がされるまでの過程を学ぶことになるため、発達心理学と混同する方も多いようですが、心理学的アプローチにより効果的な教育の方法を見つけ出そうとするということに、研究目的が置かれていることが大きな違いとなります。一方、発達心理学は人間の発達の課程により人間の心理はどのように変化し、どのような外的要因が心の成長に影響を与えるのか、ということを解明することを目的としています。昨今では教育心理学は教育現場で現れる問題を一般心理学の観点から解釈し、実際の教育に応用しようとする目的も追加され、昨今の多様化する教育現場の問題を心理学的アプローチで解決しようという流れもあることから、今後さらに注目を集める学問です。

海外大学院で教育心理学専攻を希望する場合も、通常大学で心理学を専攻している必要があり、場合によっては臨床心理の経験も出願条件に課される場合があります。

●認知心理学（Cognitive Psychology）

認知心理学は人間の高次認知機能を研究対象としており、知覚・理解・記憶・思考・学習・推論を研究対象としています。そして脳科学、神経科学、神経心理学、情報科学、言語学、人工知能、計算機科学等の学問を駆使して研究するという特徴から認知科学と呼ばれる事もあります。最近では、意識や感情、感性といった問題にも取り組むようになり、認知心理学による研究成果に基づき、コンピューターによる情報処理のもと人の認知モデルを再検証することも研究テーマとなっています。通常海外の大学院で認知心理学を専攻する場合は、心理学部の1コースとなっていますので、大学時代に心理学を専攻していることが出願条件となります。

●カウンセリング学（Counseling）

カウンセリングとは、専門的な訓練を受けたカウンセラーが、心理的問題を抱えているクライアントに対して言語的手段を用いて援助を行うことを指します。心理学と混同する方も多いのですが、心理学が心理的問題を生物学や情報処理学等の知識を応用することで解明することが目的なのに対し、カウンセリング学はクライアントと対面し、言語的手段を用いて問題を「解明・解決」する手法を学ぶことを目的としており、対象と目的が異なります。ただ、カウンセリングの基盤をなす学問領域にカウンセリング心理学・臨床心理学等多くの心理学的知識を要する為、海外大学院でカウンセリング学専攻を希望する際、大学で心理学を学んでいる必要があります。

カウンセリングに近い概念として心理療法や精神療法がありますが、カウンセリングの主な対象者は発達や人間関係の問題で悩んでいる人であり、心理的問題や精神医学的な障害への治療を主な目的とする心理療法や精神療法とは異なります。ただ日本においては両者を混同して使っている心理学者も多いため、心理療法，精神療法，カウンセリングが明確に区別されている海外の大学院で研究を希望する方が多いのが特徴です。

また昨今注目を集めているコーチングは、クライアントの目的、目標を達成するための手法であるのに対し、カウンセリングは心的な問題を援助することが多いため、コーチングとカウンセリングは大きく異なる学問であることも忘れてはなりません。

I 自然科学系の専攻について

海外の大学院で専攻できる自然科学系学位は非常に幅広く、ここで紹介するにはあまりにも数がありすぎるのですが、ここでは特に日本人大学院留学生に人気の学位をまとめておきます。中でも数学、生物学といった学位はその専門分野も非常に細かく分かれていますので、特に人気の専攻となっています。通常自然科学系の専攻に関しては大学で関連する分野を学んでいることが出願条件となります。

●数学（Mathematics）

数学は通常純粋数学で研究されており、数学への内的な興味のために研究がなされます。それぞれの分野での研究を行うこともできますが、その際進学する大学院はどういった数学領域を専門分野として持っているか、ということを事前に注意深く調べる必要があります。

海外大学院で専攻できる数学領域は非常に多岐に渡り、代数学、幾何学、確率論、統計学、有限数学、応用数学、計算科学等様々なので、出願前に必ず学校担当教官にコンタクトをとり、自らが研究したい内容を研究することができるのか確認をする必要があります。また北米等では数学は修士課程のコースは少なく、通常博士課程のコースになります。出願にはもちろん大学での数学の知識が必要不可欠になります。

●生物学（Biology）

生物学は、広義には医学や農学等応用科学を含みます。生物学の各論には、生物の系統分類と生物学的階層性という大きな2つの軸があります。前者によって分類する場合、代表的な分野は、動物学、植物学、微生物学の3つになります。

それぞれは系統分類にしたがってさらに細分化できます。例えば、動物学の下位には昆虫学や魚類学等があり、これらの分野では、生物の特異性・多様性を重視する流れがあります。一方、対象の大きさ、つまり生物学的階層性を軸にすると、代表的な分野は、分子生物学・生化学、細胞生物学、発生生物学、動物行動学、生態学等があります。また生態学は対象とする場所を重視する場合は森林生態学や海洋生態学等の名称も用いられます。

●物理学（Physics）

物理学とは自然界にある全ての現象には法則があると考え、物質間で働く相互作用をその性質と現象から理解、研究する力学的研究と、全ての物質を基本的な要素を使用し理解しようとする原子論的研究があります。

海外大学院で物理学を学ぶ場合は通常マスターコース（修士課程）とドクターコース（博士課程）がありますが、日本で物理学専攻の学生でも通常修士課程から始めることになります。なお北米等ではマスターコースとドクターコースが結合したコースも存在します。

●化学（Chemistry）

化学は原子及び分子を物質の構成要素と考え、物質の構造、性質、反応を研究する自然科学の一分野です。海外大学院で専攻することのできる主な研究分野は、無機化学 、有機化学 、高分子化学 、生化学 、分析化学 、工業化学等になります。北米等の大学院では通常ドクターコース（博士課程）が多いので、大学在学中にある程度専門分野を決め、研究を進める必要があります。また、物理学と同様にマスターコース（修士課程）とドクターコースが結合しているコースもあります。

J 美術・芸術系の専攻について

美術・芸術系の学位となると、その研究テーマは非常に幅広いものとなります。もちろん皆さんご存知のイラストレーション、写真、ウェブデザイン、情報デザイン、アニメーション等の専攻も存在しますが、ここでは海外大学院ならではという少し特殊な学位を中心にご紹介致します。

●芸術経営学（Art Management）

芸術経営学の基本的な役割は、芸術家が専念してよい作品を創ることができ、それを効果的に社会に公表できるような環境を整えることです。例えば舞台や博物館、美術館等が分かり易い例ですが、芸術家の才能と、それをマーケットに提案するのに必要な資本と組織、そして作品を実際に目にする観客の3つの要素を効果的に繋ぐのが芸術経営の研究目的ということができます。

海外大学院で芸術経営学を学ぶ際は、美術館、博物館、各種舞台等を経営するために必要な具体的な経営知識を学びます。ビジネススクールで開講されている経営学との相違点は、芸術経営学の研究対象はNPO（非営利団体）の経営方法に絞られているということです。民間営利団体とは運営目的が異なる為、運営費用の調達方法や広報活動といった経営活動も大きく異なります。そういったNPOの経営方法を学び、同時に芸術の分野に絞った会計学、広報、マーケティングといった運営に必要なスキルを全て学ぶことができます。

●舞台芸術（Performing Arts）

舞台芸術とは通常、演劇、オペラ、ダンス等、舞台上で実演される様々な芸術の総称ですが、海外大学院で舞台芸術を学ぶ場合は、舞台芸術に関わる全てが研究対象となります。舞台装置に関わる全ての分野から舞台で演じるものへの演技指導、脚本、発声訓練等、その研究分野は非常に多岐に渡ります。またこの分野は演技指導者を育てるための教育学的側面を持っているコースも数多く存在します。そのため進学前に自身の研究希望に沿った内容になっているか細心の注意が必要です。

●建築学（Architecture）

海外大学院で建築学を学ぶ場合、構造や材料等の工学的な側面と、デザインや建築史について研究する芸術的・文化的な側面を持っていることを理解する必要があります。通常日本では、建築学というとこの工学的側面が中心になりますが、海外、特にイギリスを含むヨーロッパの大学院では建築学というと後者の芸術学的側面が中心になります。そのため出願書類にもポートフォリオ（作品集）が求められるのですが、このポートフォリオもただの作品集ではなく非常に芸術的な評価をされることになります。

通常建築学は美術大学や芸術学部で開講されていることが多く、そういった場合は特に工学的側面より芸術的なところが重要視され、履修クラスも環境デザイン、ランドスケープデザイン、都市計画、インテリアデザイン、スペースデザイン等芸術的なクラスを数多く学ぶことになります。北米等ではもちろん工学部で開講されている建築学もありますが、こちらは研究色の強い学位になり、理数学的な知識が問われることになります。

●工業デザイン（Industrial Design）

工業デザインとは、「工業製品のデザイン」として製品の商品性を高めることが目的であり、それ自体が目的である美術・芸術品（fine art）とは区別されることが特徴です。分かり易い例は iPod や iPhone 等のアップル社の製品は全てこの工業デザインのもとに作られ、商品そのものの芸術性より商品性を高めるデザインとして成功した代表例といえます。

芸術を追求するのではなくあくまで売れる商品をデザインすることが特徴です。工業デザインの中でも日常生活物をデザインすることを強調した場合には「プロダクトデザイン」、機械製品のデザイン領域に限る場合には「メカニカルデザイン」とも言われ、海外美術系大学院では研究テーマをさらに絞り込むことが可能です。通常出願にはポートフォリオ（作品集）が要求されますので、ある程度デザインの経験がないと入学は難しいでしょう。

K 医療・福祉系の専攻について

海外大学院で学ぶ日本人留学生にとって医療系学位で最も人気があるのは公衆衛生学で、MPH(Master of Public Health)という名でも知られている専攻になります。日本で公衆衛生学を高等教育レベルで学べる学校が少ないため、海外の大学院を選ぶ方が多いのも特徴です。

●公衆衛生学（Public Health）

国際連合の機関である世界保健機関は、健康を「身体的・精神的・社会的に完全に良好な状態であり、単に病気あるいは虚弱でないことではない」と定義していますが、公衆衛生学とは地域全体の健康への脅威を扱う学問です。また、世界保健機関は公衆衛生を「組織された地域社会の努力を通して、疾病を予防し、生命を延長し、身体的、精神的機能の増進をはかる科学であり技術である」と定義していることからも分かるように、ある地域の組織全体の健康について分析、健康な状態へ導くための方法、政策を学ぶ学問です。海外の大学院ではさらに専門分野を絞り込むことができ、通常疫学、生物統計学、医療制度（政策）等があります。

また臨床医学と異なるところは、通常の臨床医学が個人水準で健康を扱うのに対して、公衆衛生は社会水準で健康を取り扱うところが大きく異なるところです。例えば、生活習慣病対策・伝染病（感染症）予防・公害対策・上水道・下水道・食品衛生等社会保障の基礎となる分野について研究する学問は公衆衛生の研究テーマとなります。

●看護学（Nursing）

昨今では看護学が対象とするテーマは非常に多岐にわたり、基礎看護学、成人看護学、老年看護学、小児看護学、母性看護学、助産学、精神看護学、地域看護学、在宅看護学、看護管理学等といった分野があります。最近ではさらに看護学の学際化が進み、看護栄養学、看護倫理学、看護情報学、看護社会学、看護政策学、看護教育学等といった分野も発展してきています。

さらに、海外大学院で看護学を選択する際に最も注意すべき点は、看護学修士課程を卒業しても現地で看護師として働ける資格を得ることはできないということです。現地で看護師として働くための看護師資格取得を目的とする留学と、海外大学院で看護学を学術的に学ぶ留学は目的が大きく異なるため、その方法も大きく異なります。例えばアメリカではNCLEXという試験を受験する必要があり、オーストラリアでは海外で看護師資格取得者用のコースを大学で開講しています。そのコースに編入学、卒業することで看護師資格を取得することができます。以上のように資格取得を目的とする場合は大学院留学を検討する前に現地での資格に関するシステムを詳しく調べる必要があります。

L 工学系の専攻について

海外大学院で学ぶ際、日本人留学生に人気のある専攻は機械工学や生物工学、環境工学等です。生物工学は非常に専攻が細分化されていますので、希望の研究テーマを見つけることができるでしょう。また環境工学では発展途上国支援等のために水、土壌、大気等の研究を行う方が多いようです。ここでは工学系でも特に日本人留学生に人気の専攻に絞り紹介させて頂きます。

●宇宙工学（Aerospace Engineering）

宇宙工学とは宇宙開発を目的とした工学の一分野で、主な研究対象はロケット、人工衛星、有人宇宙船です。海外大学院で宇宙工学専攻を希望する場合は、工学部出身の学生に限られます。

●機械工学（Mechanical Engineering）

機械工学は工学の1つの分野で、安全な機械の設計をする技術習得を目的とし、熱力学、機械力学、流体力学、材料力学を学びます。また昨今では研究が進み機構学、制御工学、経営工学、材料工学（金属学）等その領域は多岐に渡ります。そして近年のコンピュータ化に対応したハードウェア及びソフトウェアに関する研究も対象としています。海外大学院で機械工学を希望する場合は、通常工学部出身であれば出願が可能です。

●生物工学（Biological Engineering）

生物工学は海外では通常 Biotechnology と称することが多く、通常の Biology の専攻と異なるところは生物学の知識や研究を活かし、実社会に有効な利用法をもたらす技術開発を目的としているところです。例えば遺伝子操作等の分野が挙げられますが、再生医学や薬品開発、農作物の品種改良等様々な研究を対象としています。そのため生物工学は通常農学、薬学、医学、歯学、理学、獣医学、工学等と密接に関連してくるため、生物学専攻の学生でなくても出願可能な場合が多いのも特徴です。

分子生物学や生物化学等の基礎生物学の発展とともに、応用生物学としてのバイオテクノロジーもめざましい発展を遂げており、近年最も注目される人気の専攻の1つです。一昔前は、総合大学の生物学部でも開講していることが少なかった専攻ですが、近年では北米だけでなくオーストラリア、イギリスの大学院でも幅広く開講されている専攻になりました。なお生物学または化学出身者であれば出願することが可能です。

●環境工学（Environmental Engineering）

環境工学とは、現在深刻化している様々な環境問題を解決する専門技術を学ぶ学問です。その際問題を解決する方法だけでなく、環境を向上させるための技術、知識を学ぶ学問でもあると言えます。このようにいうと、地球における自然環境問題に常にフォーカスしていると思われがちですが、昨今では環境工学の研究は非常に多岐にわたり、気象学、熱力学、建築環境工学、室内環境学、音響学、公衆衛生学、衛生工学、環境化学、環境都市工学、環境安全工学、沿岸環境学、構造安全学、風工学、化学物質学、エネルギー工学といった様々な生活向上のための環境問題を多岐に研究できることが特徴です。

通常生物、物理学、環境学、といった自然科学系の学生が出願者となることが多いですが、数学や機械工学といった工学系の学生が出願できるコースもあります。

●コンピューター工学・情報工学（Information Engineering）

情報工学とは「情報」を工学的に管理、分析し、様々な分野で利用することを目的とした学問です。その研究内容は非常に多岐に渡り、通常情報の発生（データマイニング、コンピュータグラフィックス等）、情報の伝達（コンピュータネットワーク等）、情報の収集（コンピュータビジョン、検索エンジン等）、情報の蓄積（データベース、データ圧縮等）、情報の処理（計算機工学、計算機科学、ソフトウェア工学）など全てコンピュータ工学（情報工学）の分野に入ります。

以上のように、情報工学は非常に理数学的な要素の強い学問ですので、単にプログラミングのスキルや技術があるというだけでは入学は困難です。通常理数学系の大学を卒業していることが条件となります。ただ、同じコンピューターのコースでも、コミュニケーション学部で開講されているコースはそれほど出願条件が厳しくありません。

●データ分析/統計学（Data Analytics/Statistics）

ITの急激な進化により、企業や高等教育機関、そして政府機関などに非常に膨大な情報が蓄積されることになりました。これらを総じてビッグデータと呼んでいますが、これらを有効活用し、業務の効率化や新製品やサービスの立ち上げといった点で、企業の競争力を高めるために研究する分野がビジネスアナリティスクの主な領域となります。しかし、データ分析学はこのビジネスにおけるパフォーマンス向上という目的に縛られていない点が大きく異なります。

そのため、データ分析学は様々な領域を網羅することが可能です。共通する目的は、膨大な情報を精査することであるパターンや傾向を明らかにし、仮説を立て未来を予測することで既存の課題を解決する方法を開発したり、将来行う課題を未然に防ぐことを主な目的としています。データ分析学は、ビジネス分析学のように対象の場をビジネスのみに限らず、例えば気候変動や生態系保全といった環境分野、予防医療などを含む公衆衛生学の分野で貢献する疫学等、新薬やオーダーメイド医療の開発といった医療分野での生物統計学、政府主導で行っている学習指導要領の改訂などの指標となる教育統計学の分野等、統計学といってもその活躍の場は様々な分野に応用、活用していくことが可能です。

もちろん出願にはコンピューターサイエンスの基本的なスキルや知識は若干必要となりますが、中にはある程度の数学の知識があれば出願可能な学校もあり、年々様々な学生に門戸を開いています。データアナリストにはなりたいが活躍の分野はまだ決めていない、という方はビジネスアナリティクスよりこちらを選択されることをお勧め致します。

[3] 大学院留学に必要な費用

大学院留学費用は外国為替レートによって変動しますが、特に昨今急激に変化する国際情勢によって外国為替レートの変動は非常に激しく、大学院留学に必要な費用は皆さんの留学する時期によって大きく変動します。また、留学先として人気の高い北米やイギリスなどに比べて、欧州は授業料が非常に経済的なので留学全体の費用を大きく抑えることができるのが特徴です。

A アメリカ大学院留学の費用

アメリカの大学院は私立、州立が混在していますので、大学院にかかる費用も学校によって大きく変わってきます。州立で田舎の安い大学院であれば年間の学費、生活費込で**250万円を切るところもありますが、私立の有名大学院になると年間700万円程度かかる**ところも数多くあります。ただこういった学校による学費の違いも注意しなければいけませんが、最近では為替レートの変動が大きく起こりますので、為替レートと入学する時期によってかかる費用が大幅に違ってくることも注意が必要です。

ここでは1US$＝110円にて計算していますが、皆さんが留学される時期の為替によって留学費用も上下することを覚えておいてください。

●アメリカ私立大学院費用

アメリカの私立大学院にかかる総合費用（学費、滞在費込）は、最低年間300万円は見た方が無難でしょう。私立大学院の利点は、一クラスの学生数の少なさとスタッフのケアの良さです。州立大学院にはないきめ細やかな対応が期待できます。また州立大学の中でも、UC系（カリフォルニア大学郡）のようにトップスクールは、学費の高さも私立のトップスクールとそれほど変わらない学校も数多くありますので注意が必要です。海岸沿いの学校と内陸部の学校を比べると物価の違いも然ることながら、学費、滞在費共に大きな違いが出ることも特徴です。またMBAコースで有名なビジネススクールは、卒業までに1千万円程度かかる学校も数多くあることも特記しておきます。

【アメリカ私立大学院費用概算】

授業料（1年間）	$ 20,000 - 50,000
滞在費（1年間食費込み）	$ 15,000 - 20,000
合計	$ 35,000 - 70,000
円建て	￥3,850,000 - ￥7,700,000

●アメリカ州立大学院費用

アメリカの公立大学院にかかる総合費用（学費、滞在費込）は最低年間200万円は見た方が無難でしょう。私立との差はスタッフのケアが届かないだけで教育水準が落ちることは一切ありません。具体的には1クラスの学生数が増えるだけでなく、留学生が留学生特有の相談（履修科目の相談や学生ビザ、留学生専用学生寮の相談、海外就職について等）を留学生オフィスに相談をしたい場合、事前予約等が必要になる等、教授、スタッフ1人に対しての学生数が私立より多くなるのが特徴です。また校舎やキャンパスも私立の大学院に比べると施設の充実度は少し劣る学校があります。

ただ州立大学の中でもUC系等キャンパスも綺麗で充実した設備の整っている学校もありますので、州立だからといって一概にサポートや設備が私立に劣るわけではありません。

【アメリカ州立大学院費用概算】

授業料（1年間）	$ 15,000 - 25,000
滞在費(1年間食費込み)	$ 8,000 - 10,000
合計	$ 23,000 - 35,000
円建て	￥2,530,000 - ￥3,850,000

●アメリカ大学院その他費用

アメリカ大学院留学でその他にかかる費用としては、航空券、教科書代、海外保険、現地でのおこづかいを含めた雑費になります。ただその他費用に関しては非常に個人差があり、1年間で1千万円使う学生から30万円程度でおさえる学生までいますのであくまで参考程度とお考えください。

【アメリカ大学院留学雑費】

航空券	￥70,000 - ￥120,000
海外保険（1年間）	￥100,000 - ￥150,000
教科書代（1年間）	￥80,000 - ￥100,000
雑費（1年間）	￥300,000 - ￥500,000
合計	￥550,000 - ￥870,000

B イギリス大学院留学の費用

イギリスポンドによる為替レートの不利こそありますが、**全体的にはアメリカより安く修士号が取得できます。**イギリスの大学院は通常1年間（12ヶ月）で終了しますので、期間が短い分留学全体にかかる費用が安く抑えられるためです。ただイギリスはポンドの為替レートによって留学に必要な費用が大きく変動し、前年と比べると50万円以上の差が出ることもあります。そのため、皆さんが留学する時期の為替レートを確認し、留学に必要な費用を算出することが重要となります。また、**費用はロンドン市内と郊外では学費、滞在費共に大きく変わります**ので注意が必要です（今回は1￡＝150円にて計算しています）。

●イギリス国立大学院費用

イギリスの国立大学院の総合費用（授業料、滞在費込）は最低年間300万円は見た方が無難でしょう。ロンドン近郊等では学費、滞在費共にさらに高くなります。特にロンドン大学等のロンドン市内にある大学院は学費だけでなく、滞在費が東京以上にかかることもあるので注意が必要です。通常寮は全て一人部屋で食事は付いていないので、共同キッチンで自炊しますが、大学によって様々な学生寮を整備していますので、どの寮に入寮するかによって大きく費用が変わってきます。またイギリスの学生寮は通常年間契約ですので、契約前にしっかりと契約内容をチェックする必要があります。

【イギリス大学院の費用概算】

授業料（1年間）	￡12,000 - 28,000
滞在費（1年間）	￡ 8,000 - 12,000
合計	￡ 20,000 - 40,000
円建て	￥ 3,000,000 - ￥6,000,000

●イギリス大学院その他費用

イギリス大学院留学でその他にかかる費用としては、航空券、教科書代、海外保険、現地での食費やおこづかいを含めた雑費になります。イギリスの学生寮は学生自ら自炊ができるよう共同キッチン、冷蔵庫等が学生寮に完備されています。そういった設備を利用し、自炊等を行うことができれば雑費（食事代やおこづかい等）は格段に安く済むでしょう。

逆にイギリスの物価を考えると外食中心になると食費だけで1ヶ月20万以上もかかってしまうことも珍しくありません。いずれにしてもその他費用に関しては非常に個人差が出るものなので、以下はあくまで参考程度とお考えください。

【イギリス大学院留学雑費】

航空券	￥120,000 - ￥220,000
海外保険（1年間）	￥100,000 - ￥150,000
教科書代（1年間）	￥150,000 - ￥200,000
雑費（1年間食費）	￥600,000 - ￥1,200,000
合計	￥970,000 - ￥1,770,000

C カナダ大学院留学の費用

カナダの大学院はほとんど州立になり他国の同等レベル校と比べると学費は比較的安く済みます。また州立大学が中心のため学校数が少なく、少数精鋭といった印象です。世界的にも教育水準の高い国として知られていますので留学先としては人気の高い国です。世界的に人気のある留学先ですから、カナダの大学院は費用は安いが難易度が高いということになります。また最近ではカナダドルの為替レートの変動も激しいので、レートによって学費や滞在費も大幅に変わってくることも特記しておきます（今回は1CAD$＝90円にて計算しています）。

●カナダ州立大学院費用

カナダの大学院は州立大学が多いのが特徴です。州立大学の中では、大都市内、近郊にある学校を除きそれほど費用の差は生まれません。寮は通常2人部屋で食事は寮費に含まれ、食事は通常キャンパス内のカフェテリアでとります。相部屋の学生寮に入寮し、食事もキャンパスでとれば費用は大幅におさえることができるでしょう。

【カナダ州立大学院留学の費用概算】

授業料（1年間）	$ 9,000 - 40,000
滞在費(1年間食費込み)	$ 6,000 - 10,000
合計	$ 15,000 - 50,000
円建て	￥1,350,000-4,500,000

●カナダ私立大学院費用

カナダの大学院は州立大学が多いですが、ケベック州にあるモントリオール大学等世界の有名校として名を連ねる私立の大学もあります。私立の大学と州立の大学を比べると学費の差等は若干ありますが、それほど変わらないのが現状です。私立学校の良さはやはり学校内の施設の充実度や学生寮等の選択肢の幅が広いこと等が挙げられます。しかしそれほど費用も変わりませんし、学校数も多くないのでカナダに留学希望の場合は州立、私立隔てなく出願校を候補とされることをお薦めします。

●カナダ大学院その他費用

カナダ大学院留学でその他にかかる費用としては、航空券、教科書代、海外保険、現地でのおこづかいを含めた雑費になります。ただその他費用に関しては個人差があり、1年で1千万円使う学生から30万円でおさえる学生までいますので、あくまで参考程度とお考えください。

航空券	￥70,000 - ￥120,000
海外保険（1年間）	￥100,000 - ￥150,000
教科書代（1年間）	￥80,000 - ￥100,000
雑費（1年間）	￥300,000 - ￥500,000
合計	￥550,000 - ￥870,000

D オーストラリア大学院留学の費用

オーストラリアの大学院も数校以外は全て国立大学のため、各学校によって大きく費用が変わることはありません。通常大学院修士課程は1.5年間で、その前に半年～1年の Postgraduate Diploma や Postgraduate Certificate に行く学生も多いので、その場合は通常修士号取得までに２年程度かかります。年間費用は、アメリカやイギリスなどと比べると安く済むと思われている方も多いですが、実は留学生用の学費は年々上がっており、現在では安く留学できる国というイメージはありません。下記に費用概算を示してありますが、為替レートの変動により大きく変わりますのでご注意ください（今回は1AUS$＝80円にて計算しています）。

●オーストラリア国立大学院費用

オーストラリアは数校以外は全て国立大学なので、各学校間での学費の差は少ないですが、理系やビジネス系は高くなる傾向があります。また**シドニー大学やメルボルン大学等大都市内にある学校は学費、寮費共に上がります。**また通常卒業までの期間は1.5年間のプログラムが多いですが、中には1年間で終わるものや、2年間かかるものもありますので注意が必要です。寮は通常一人部屋で基本的には共同キッチンを使用し自炊することになりますので、学生寮に食事が付いていることは稀です。

【オーストラリア国立大学院費用概算】

授業料（1年間）	$ 25,000 - 48,000
滞在費（1年間）	$ 8,000 - 12,000
合計	$ 33,000 - 60,000
円建て	￥ 2,640,000 - ￥4,800,000

●オーストラリア私立大学院費用

オーストラリアでは私立大学院は非常に稀です。オーストラリアの国立大学はアメリカの州立大学等と比べると非常に綺麗で設備も整っています。ただ、数少ない私立の大学院はそういった国立大学と比べるとさらに設備の整ったキャンパス、少人数制のクラス、また留学生への充実したサポートと国立大学以上の環境やサポート体制を提供しています。滞在先もキャンパス内に充実した学生寮をもち、オフキャンパスに滞在希望者には無料で情報提供等も行っています。

【オーストラリア私立大学院費用概算】

授業料（1年間）	$ 25,000 - 30,000
滞在費（1年間）	$ 10,000 - 15,000
合計	$ 35,000 - 45,000
円建て	￥2,800,000 - ￥3,600,000

●オーストラリア大学院その他費用

オーストラリア大学院留学でその他にかかる費用としては、航空券、教科書代、海外保険、現地での食費やおこづかいを含めた雑費になります。オーストラリアの物価は国内でも地域差があるのが特徴で、留学先や進学校、入寮する学生寮等によってかかる費用は大きく異なることを覚えておきましょう。

【オーストラリア大学院留学雑費】

航空券	￥70,000 - ￥120,000
海外保険（1年間）	￥100,000 - ￥150,000
教科書代（1年間）	￥80,000 - ￥100,000
雑費（1年間食費）	￥600,000 - ￥1,200,000
合計	￥850,000 - ￥1,570,000

E ドイツ大学院留学の費用

ドイツの大学院のほとんどは公立（州立）大学になり、公立大学は各州からの助成金で賄っていますので（留学生も含め）授業料が無料というのが最大の特徴です。しかし数は少ないですが私立の大学では授業はかかりますので注意が必要です。ここでは留学生が入学する主要な大学である公立大学院の費用を解説しています。

【ドイツ公立（州立）大学院費用概算】

授業料（1年間）	€0
滞在費（1年間）	€10,000 – 15,000
合計	€10,000 – 15,000
円建て	￥1,400,000 - ￥2,100,000

F オランダ大学院留学の費用

オランダもそのほとんどが国立大学となり、デルフト工科大学やアムステルダム大学といった留学に非常に人気のある大学院もすべて国立大学です。またライデン大学のように私立大学としてスタートし後公立大学に運営方法が移行されることも他国にはない特徴です。大学院にかかる費用はほとんどが国立大学なので学校によって大きな開きはありません。英語で開講されているコースはほとんどが1年で終了しますが、他の欧州の大学院と比べると学費が高めに設定されています。

【オランダ公立（州立）大学院費用概算】

授業料（1年間）	€ 15,000 – 20,000
滞在費（1年間）	€ 10,000 – 15,000
合計	€ 25,000 – 35,000
円建て	¥3,500,000 - ¥4,900,000

G スイス大学院留学の費用

スイスはその国土も相まって学校数がそれほど多くありません。現在総合大学は12校程度となり、そのすべてが公立大学です。留学生に特に人気のローザンヌ工科大学やチューリッヒ工科大学、ジュネーブ大学などもすべて公立大学です。ただ留学生と現地の学生とで授業料に差があるケースがありますので注意が必要です。今回は留学生を対象とした学費を元に解説しています。

【スイス公立大学院費用概算】

授業料（1年間）	CHF 1,500 – 2,000
滞在費（1年間）	CHF 1,000 – 1,500
合計	CHF 2,500 – 3,500
円建て	¥350,000 - ¥490,000

H 北欧大学院留学の費用（ノルウェイ以外）

北欧の中でも特に留学生に人気の高いフィンランド、スウェーデン、またデンマークについては、そのほとんどが公立大学ですが、留学生には現地の学生とは異なった授業料を設定していたり、学校の立地や工学系コースの学費が高い傾向にあるなど、学校やコースによって授業料の開きが大きいので注意が必要です。またノルウェイの公立大学は現在留学生も対象に授業料無料で多くのコースを開講していますので、下記の限りではありません。また通常北欧はDKK（デンマーク）、SEK（スウェーデン）など独自の通貨を持っていますが、今回は他国と比べやすいようユーロ建てで計算しています。

【北欧公立大学院費用概算】

授業料（1年間）	€ 10,000 – 15,000
滞在費（1年間）	€ 15,000 – 20,000
合計	€ 25,000 – 35,000
円建て	￥350,000 - ￥480,000

[4] 大学院留学に必要な英語力

大学院留学についての現実性を問ううえで、費用と同じくらい大事な要素として英語力を挙げることができます。海外の大学院に進学するということは授業、宿題、クラスメイトとの付き合い、テスト等学園生活で行う全てを英語を使用して生活することはいうまでもないことです。そこで大学院留学の現実性を見定めるうえで**ここでは大学院留学に必要性な英語力、そして必要な英語力を付ける期間について詳しく解説**したいと思います。

英語力は皆さんご存知のTOEFLまたはIELTSというテストのスコアで証明することになります。ただTOEFL及びIELTSの知識がない方のために皆さんに最も馴染みのあるTOEICのスコアで大学院留学に必要な最低スコアを表してみました。

IELTS	TOEFL iBT	TOEIC
7.0	100	960
6.5	91	900
6.0	82	840
5.5	73	785
5.0	64	725

注）上記資料は文部科学省より公表されているCEFR対照表とETSより公表されている換算表を元に作成しております

上記の表を見て頂いて分かるとおり、皆さんが就職活動等で受験されたTOEICに換算すると850点～950点程度のスコアが必要になることが分かります。もちろん条件付合格制度を利用することで入学必要スコアを下げることは可能ですが、それでも最低800点程度のスコアは必ず必要になります。ここでは皆さんが現在お持ちのスコアから海外大学院に入学できるスコア取得までの期間概算を次に記しておきます。

A 現在TOEIC550～650点

目標スコア取得まで：約1年

この方はIELTSのスコアは4.0程度になります。また TOEFL iBT では50点程度のスコアとなります。この時点では残念ながら**IELTS や TOEFLという非常に専門性の高いテストの対策をするための最低英語力が備わっていない**ことになります。そのため IELTS や TOEFL の対策を行ったとしても非常に効率の悪い結果となってしまいます。

テニスやサッカーで考えて頂くと分かり易いと思います。テニスやサッカーの公式試合を IELTS や TOEFL のテスト本番だと考えてみてください。練習試合がテスト対策になります。まだ練習試合をするだけの基礎体力や基礎的技術が備わっていない状態で練習試合に参加したらどうでしょうか？ボールをまともに打ち返すことができない、ボールを止めることができない、まとまった時間走り続ける基礎体力がない、といった状況で練習試合はおろか公式試合に参加したらどうなるでしょうか？ おそらく試合として成り立っておらずケガをしてしまう可能性もあります。

IELTS、TOEFL 対策も同じで、まずは本番のテスト、その前のテスト対策を行うための基礎知識を付ける必要があるということです。

基礎知識　＝　基礎体力
　↓
問題演習　＝　練習試合
　↓
本テスト　＝　公式試合

では IELTS、TOEFL 対策を行うための基礎知識とはなんでしょうか？

- 単語力
- 文法力
- 読解力
- リスニング力

上記スキルに関して全て最低限のレベルに達していることが基礎知識となります。

●必要な単語力について

単語力については必要最低単語力を表記することは難しいですが、IELTS、TOEFL 対策に必要な基礎単語力とはだいたい**3000～4000語レベルの単語力**になります。通常大学受験の際最低限覚えている単語はおそらく2000語レベル程度、難関校で4000～5000語レベルかと思います。そのため大学受験時に皆さんが備えた単語力は2000～5000語レベルの開きがあります。いずれにしても現在 TOEIC 550～650点の方が最初にやらなくてはならないことは単語力を大学受験時（最も英語の勉強をしていたころ）のレベルに早急に戻すことです。そうすれば最低でも2000語レベルの単語力にはなりますので、その後は IELTS、TOEFL にフォーカスした単語帳でアカデミック英語を覚えていきましょう。アカデミック英語に特化した単語力で3000～4000語レベルの力が付けば IELTS、TOEFL 対策を行っても困ることはないと思います。

●必要な文法力について

IELTS、TOEFL 対策を開始するための文法力は大学受験で覚えた程の複雑な文法力は必要ありません。**通常5文型、関係代名詞、不定詞、分詞そして動名詞で十分**です。この5つの文法がしっかり理解できていればまったく問題ありません。もちろん複雑な仮定法や比較といった文法力もある程度必要ですが、IELTS、TOEFL では大学受験のように文法に関する設問はありませんので、上記5つの文法のみしっかり理解していればIELTS、TOEFL 対策を問題なく行うことができます。TOEIC で550～650点のスコアの方の場合、まずは上記5つの文法をしっかり復習し、理解する必要があります。その際、構文集を利用すると効率よく理解することができます。

●必要な読解力について

単語力に多少依存するところもありますが、IELTS、TOEFL対策を始めるには**最低限の英文読解力が必要**になります。どのセクションでも共通して言えることですが、これが備わっていないと設問を読むのに時間がかかってしまい、時間内にテストを終了することができません。最終的にテストでハイスコアを出すためには、アカデミックなフィールドに限定した600〜700文字程度の文章を3〜5つ読み、設問に答える必要がありますので、読解力だけでなくハイレベルな速読力が必要になります。そのため最初は IELTS や TOEFL で出るような専門的な文章を使用するのではなく、まず受験時代の英文読解力に戻すことを目標に勉強を開始して頂ければと思います。そして700〜800文字程度の文章を15〜20分程度で理解することができる英文読解力がついたら IELTS、TOEFL 対策を本格的に行うべきだと思います。

●必要なリスニング力について

こちらは一長一短で身に着くものではありません。英語力を底上げしたい場合、**もっとも時間のかかるセクション**と考えて間違いないでしょう。そのため現在TOEIC550〜650点のスコアの方が効率よくリスニング力を上げるために最も重要なことは勉強の質を考えることです。よく相談に来られる方にリスニング力向上のために行っていることを聞くと、以下のようなことをよく耳にします。

「リスニング向上のために海外のラジオを聞いている」
「リスニング向上のために海外のテレビを見るようにしている」
「リスニング向上のために外国人と接するようにしている」

しかし、現在TOEIC550〜650点の方が上記のような方法をとって本当に効率のよい勉強と言えるでしょうか？

半年〜１年という非常に短期間でIELTS、TOEFLという非常に特殊で難易度の高いテストでハイスコアを取得する必要があるわけですから、上記のような「楽しみながら英語力の底上げ」をしている時間はありません。

今回の目的を考えてみましょう、英語力を上げるためではなく海外の大学院へ進学するために IELTS、TOEFL 対策を行っているのです。であれば IELTS、TOEFL の問題に特化した勉強をすることが重要です。その際重要なことはまず IELTS でも TOEFL でもリスニングセクションは後半に非常に聴き取ることが難しい内容になります。その代わり前半は会話形式が多く、それほどアカデミックな内容に固守していません。そのため現在 TOEIC550～650点の方はまずは前半の会話のセクションをしっかり聴き取れるようプラクティスを行い、その後、後半のレクチャー対策に進むというのが最も効率のよい勉強方法だと思います。

以上のように、

❶ 単語力が、3000語～4000語レベルに達する（最低2000語レベル以上）
❷ 読解力が、700～800語の文章を15～20分程度で理解できる
❸ 文法力が、5文型、関係代名詞、不定詞、分詞そして動名詞をしっかり理解している
❹ リスニング力が、IELTS、TOEFLの前半の会話のセクションは聞き取れるようになる

上記をまずは身につけることが重要です。

B 現在TOEIC650～750点

目標スコア取得まで：約半年～1年

この方のIELTSのスコアは4.5～5.0程度になります。また TOEFL iBT では50～60点程度のスコアとなります。単語はおそらく2000語以上のレベルがあり、読解力、文法力もそれほどレベルは低くないものと思います。ただやはりこのスコアではまだ IELTS、TOEFLといった**難易度の高い専門的なテスト対策を本格的に行うことができる英語力ではない**と思います。

● 基礎英語力をTOEFL/IELTS英語に切り替える

この方の場合、受験勉強やTOEIC対策で使用していたような単語集や文法集を再度やり直す必要はないと思います。

本当に基礎的な英語力である、

英単語（2000語レベル）

文法力（5文型、関係代名詞、不定詞、分詞、動名詞）

は習得できていると思いますので、重要なことはその英語力をIELTS、TOEFL用に切り替えていくことです。といっても IELTS や TOEFL の過去問題やテスト形式の問題を行うのはまだ早いと言えます。英語は大きく分けるとInput（インプット）、Output（アウトプット）の技能に分けることができます。

インプットとはリーディング及びリスニング力であり、アウトプットとはライティング及びスピーキング力のことです。このレベルの方はインプットの技能がアウトプットできるほど備わっていない状態ですので、このレベルの時期に必死に**ライティングやスピーキング対策を行ってもそれは非常に効率の悪い勉強**ということになります。そのため、まずはアウトプットの対策を行うためにインプット中心に対策を開始してください。リーディング及びリスニングがある程度（7割程度の正解率）できるようになった時点でアウトプットセクションの対策、そしてその後過去問題等本格的な対策を始めてください。

C 現在TOEIC750～850点

目標スコア取得まで：3ヶ月～半年

大学院留学を目指す方の中ではこのくらいのスコアをお持ちの方が一番多いのではないでしょうか？

通常TOEICで750～850点程度のスコアをお持ちの方が IELTS、TOEFLでハイスコアを出すためには3ヶ月～半年要すると考えられます。またこの方は一般的に IELTS では5.0～5.5、またTOEFL iBTでは60～70点程度の実力と考えられます。このレベルの英語力をお持ちであればIELTS、TOEFLといった非常に専門色が強く、難易度の高いテストであっても、**テスト対策を行うには十分な英語力が備わっている**と考えて間違いないでしょう。ただ3ヶ月〜半年で大学院留学に必要なスコアを取得しようと考えると、最も効率的な方法で準備を進める必要があります。

その際最も注意しなければいけないことは、現状の英語力の実力を明確に掴むことです。つまり英語力をリーディング、リスニング、ライティング、スピーキングと四技能に分けた場合、あなたの現在の英語力は均等にスキルがついているか、それとも偏りがあるか、といったことです。ここでは分かり易くリーディング、リスニングスキルをインプットセクション、そしてライティング、スピーキングをアウトプットセクションと分けておきます。通常IELTS、TOEFLといった非常に難易度の高いテストでスコアを出す場合は、アウトプット及びインプットセクションの両方のスキルを均等に上げる必要があります。

ただ意外と知られていない重要な事実として、「**インプットされていないものをアウトプットすることはできない**」ということです。能力、知識として習得していないものを使用することはできません。読めない人は書けないし、聞けない人はしゃべれません。そのため英語の勉強、特にIELTSやTOEFLといった非常にアカデミック色の強いテスト対策において、インプット→アウトプット、という概念は最も重要な要素になります。

●インプットセクションがアウトプットセクションよりスコアが高い方

この傾向を持っている方は比較的短期間でスコアアップが狙えます。

通常英語力を四技能に分けた場合、最も時間がかかるセクションがリーディング、そしてほぼ同等の時間がかかるセクションがリスニングです。その2つが他のアウトプットセクションを引っ張るようなスコアを現在お持ちであれば比較的短期間でスコアアップが可能です。このままインプットセクションの対策を行いながらテスト本番に近くなったらアウトプットセクションに比重をおいて勉強することで十分ハイスコアは目指せると思います。

●アウトプットセクションがインプットセクションよりスコアが高い方

この傾向を持っている方はやや長期スパンで英語の勉強を考える必要があります。

弊社にも毎日IELTSやTOEFLの勉強で悩んでいる方がお越しになりますが、多くの方が「リスニングが苦手なんです。」とおっしゃいます。また最近では海外の方とコミュニケーションがとれるネットワーキングサービス、英会話や海外旅行、海外滞在経験者も数多くいらっしゃいますので、「スピーキングやライティングはある程度できるんですが、リーディング、リスニングが苦手なんです。」という方も多くなってきたような気がします。

こういった方は大きな問題を見落としています。先にも述べましたが、インプットしていないものはアウトプットされない、という事実です。実際はリーディング及びリスニングで読めて聞き取れるもののみアウトプットできるわけですから、英語力とはリーディング及びリスニング力に依存しているわけです。

このレベルの方でリーディングやリスニングセクションよりライティング及びスピーキングセクションの方が得意という方は、表現のバリエーションは足りないもののアウトプットの応用力に長けているのでカバーできている状態であることを認識する必要があります。つまり海外旅行や日記作成には問題なく使用できるレベルですが、IELTSやTOEFLといった学術的英語力を問われるテストでハイスコアを出すためには、まずリーディング、リスニングといったインプットセクションに重きをおいて対策を行う必要があるということです。

本当にインプットセクションの能力がついていればアウトプットセクションの対策にそれほど時間はかからないはずです。インプットセクションでハイスコアが出た後アウトプットセクションのテスト対策を行えば通常2～3ヶ月で十分ハイスコアは狙えるでしょう。

以上を踏まえ、現在の英語力を考慮し、IELTS、TOEFLの問題集を効率よく行っていくことが重要です。そこで注意が必要なことは、**問題演習を行える最低限の英語力がついたらできる限り本番のテスト形式に近い問題集を数**

多く解くということです。例えばリーディングであれば本番のテストとほぼ同等の文字数の文章で構成されており、本番の出願形式と同じ形式の問題を行うようにしましょう。

D 現在TOEIC850〜950点

目標スコア取得まで：約3ヶ月

TOEICで850〜950点のスコアをお持ちであれば、通常 IELTS6.0 程度、TOEFL iBT では75点程度の実力があることになります。効率よく勉強を行えば IELTS6.5 以上、TOEFL 88点以上という大学院留学に必要な最低スコアを取得することは3ヶ月もあれば十分だと思います。では効率のよい勉強とはいったいどんなことに注意すればいいのでしょうか？

●TOEICからTOEFL/IELTSへの移行方法

IELTS、TOEFLといった専門性の強いテスト対策を行う場合、ハイスコアを出すのに必要なスキルは大きく分けて3つあると考えられます。

❶ 英語力
❷ 学術英語力
❸ 設問を解く力

の3つです。IELTS も TOEFL も英語力の習得度合いを測るテストに違いはありませんので、まず英語力がないことにはハイスコアは取得できません。そのうえ、単に英語力があるだけでもハイスコアは取得できません。例えば英語を第一言語としているネイティブが IELTS、TOEFL というテストを受けても満点をとることは非常に難しい要因がここにあります。つまり英語力だけあってもハイスコアは取得できないということです。

まず**英語力**に関してですが、これは TOEIC で850〜950点のスコアをお持ちであれば今さら単語集や文法書等を購入して勉強する必要はないと思います。もちろんリーディング、リスニング、ライティング、スピーキング力もある程度のレベルには達していますので、今さらそういった四技能の底上げを目指す必要もないと考えられます。

では次の**学術英語**とはいったいどういったものでしょう。いわゆるAcademic English と呼ばれるものですが、この Academic English に特化したスキルが IELTS、TOEFLでは必須になってくるのです。通常英検やTOIEC といったテストでは General English というフィールドになり、職場やスーパー、家庭内、スポーツジムといった生活する中で出くわす様々な環境から出題されます。出題される英語も学術的なものに偏ったものではなく、通常皆さんが学校で学ぶ英語、生活で使用する英語がメインになります。

一方 IELTS、TOEFLというテストでは出願される分野は学術英語に限られ、フィールドも大学内で出くわす内容に限られてしまいます。例えばリーディングの文章は政治学、文学、心理学、生物学等の大学の教科書で出てくる内容に限定されており、リスニングも教授のレクチャーや大学内での学生同士の会話等、全て学術英語に限られていることが最も大きな特徴です。そのため生物や地理、心理や政治といった分野から専門用語が使用されることも多く、そういった分野の専門用語に長けていると有利に働くのが IELTS、TOEFLの特徴なのです。そういった理由から英検やTOEICで結果を出している方がIELTS、TOEFLでは思うように結果が残せないことがあるわけです。

●3ヶ月で IELTS / TOEFLでハイスコアを出す方法

では TOEIC で850～950点の方が最短時間で IELTS、TOEFLで結果を出すにはどういう対策を行っていけばよいのでしょうか？ TOEICで850～950点をお持ちの方であれば英単語力も3000～4000語レベルはお持ちだと思いますので、今後は学術英語に特化した単語集を始めることをお薦めします。またリーディング教材も自身の興味のある内容や英語の雑誌、小説等を使用し、英語力の底上げをしようとはせずに、IELTS、TOEFLで使用される学術的教材を集中して行うことをお薦めします。そこで生物、政治、地理、経済といった学術的内容に慣れておくことで、専門用語も覚えられますし、学術的文章の特徴である段落構成も把握することができます。

最後に、ある程度英語力がある方が IELTS、TOEFLというテストで結果を残せない要因に、設問に対するアプローチの練習を積んでいない、ということが挙げられます。これが**設問を解く力**です。IELTS、TOEFL は先に述べたように学術英語を使用し、学術的環境の問題が出題されるという大きな特徴がありますが、もう1つ大きな特徴はその設問の独自性です。例えばIELTSはこういったテストには珍しく記述方式を取り入れています。そしてスピーキングは対人方式で英会話の形式をとっているのに対し、TOEFLは全て選択方式、そしてスピーキングはマイクに向かって話し、録音されるという方式をとっています。また TOEFL はコンピューター形式ですので、マウスやキーボードの操作になれていることも重要です。

また出題形式が特徴的なだけではなく、その出題方法も非常に特徴があります。例えば IELTS の記述方式の場合はスペルミスに注意する必要があり、TOEFL の選択方式ではいわゆるひっかけ問題が数多く出願されます。TOEFL のリーディングの問題の種類は約10種類あり、それぞれ対策が必要になります。全ての種類に対して精通していなければ問題の意味を理解するのに時間がかかり、結果として問題を解く時間を大幅にロスしてしまうことになります。

以上のようにハイスコアを出すためには**英語力がある程度あり、学術英語にも精通しており、そして問題の出願形式にも慣れている**必要があるということになります。TOEICで850〜950点のスコアを持っている方が IELTS、TOEFL でハイスコアを出せない理由はこの3つのスキルについて効率よく勉強を行っていないことが理由だと思います。

大学院留学の目的を考える

現状打破、キャリアアップ、海外在住どれも大学院留学の立派な目的

[1] 現状打破という大学院留学の目的

現役大学生、また職歴が比較的浅い新社会人の方を中心に、「現在の状況を変えたい」、「現状に満足していないけど将来やりたいこともない」、「実は現在の職業とは異なった分野にチャレンジしたい」という思いで自分が本当にやりたいことを探すために大学院留学を選ぶという方が増えています。

就職活動を一度は経験したことがある方はお分かりだと思いますが、OB、OG訪問等で数多くの社会人を目の当たりにすることになります。それまでアルバイト経験しかなかった大学生にすると非常に未知の経験でその中からやりたい仕事を探すことの困難さに直面することになります。そこで本当にやりたいことが見つからないまま就職してしまっていいのだろうか、もう少し勉強してから就職してはいけないのだろうか、と考えるようになることが大学院留学を目指す理由の1つだと思います。

また、一度は就職したけれど「本当にやりたいことはこれではない」、「自分は本当にこれがやりたいのか」、という思いを持ちながら仕事を続けてきた社会人の方が、キャリアチェンジのために大学院留学を選ぶという選択も増えてきているようです。

A キャリアゴールを見つけるための大学院留学

日本の大学生活では具体化しなかった将来のキャリアゴールを明確化する、これが新卒の大学院留学 希望者の理由の1つです。

また、もう1つ大きな理由として挙げられるのが、“将来やりたいことが見つからないため”です。つまり一度就職し、社会人になった方が今の職業には満足していないが、かといって転職等を考えた時、どのような職種に就職活動を行っていいか分からない、現状には満足していないが将来やりたいことも決まっていない、ということです。そのため転職することもできず、現状に留まることしかできないわけです。そういった比較的職歴の浅い社会人の方が将来のキャリアゴールを探しに大学院留学を目指すケースも少なくありません。

MBAを例に挙げますと、MBAは数年の職歴があれば入学することができます。MBAとは経営学を学ぶものですが、実は経済学、マーケティング、人材管理学、情報管理学、会計学、財務学等といった経営学の基礎を体系的に学び、その後さらに興味ある分野に特化して副専攻としてさらに深く学ぶことができます。例えば、貿易、証券、投資、国際ビジネス、広告、広報、といった様々なフィールドを対象に学びながら将来のキャリアを絞り込むことができるわけです。入学した時はビジネスに関して基礎知識しかなかった学生が、基礎を学ぶことから始めて卒業するまでに専門分野を絞り込むことができるわけです。

そして最後の理由は、研究職を目指す方が海外大学院進学を目指す場合です。研究留学を目指す方の中にも、ずっと工学部で研究を続けてきた、または生物学を学び幅広い知識を有している、ただこれまでの研究をどのような社会貢献に繋げていいのか分からない、まだその具体的なヴィジョンが見えていない、そういった方も実は多いのではないでしょうか？

海外の理系修士（または博士）コースは日本の大学院と異なり、クラス履修（コースワーク）から開始するのが一般的です。特に修士課程では様々な興味のあるクラスを履修しながら、将来の研究テーマを決めることができます、入学時に研究計画書や研究実績を求められず、入学後じっくり将来の展望を検討することが可能です。

また日本の大学でとは異なり、海外の大学院では自分の支持する教授が他の大学に移ったので自分も大学院は他へ進学する、ということが頻繁に起こりますし、研究内容を変えたいので他の大学院へ転校すると言えば担当教官は推薦状を作成してくれます。こういった日本とは異なるオープンな教育環境が大学生を海外の大学院へと導いているようです。

B キャリアチェンジのための大学院留学

社会人1 ～ 5年目の方がキャリアチェンジのために大学院留学を目指すケースも増えています。例えば金融機関にお勤めの方で、発展途上国向けの金融商品を取り扱ったことで、国際開発の分野でキャリアヴィジョンを再構築されたいと思われるケースや、携帯電話の開発を行っていたら目や指に障害を抱えている方でも自由に使えるスマートグラスの開発に携わりたくなった、といったケースです。

そういった新たに見つかったキャリアゴール実現のために大学院留学を選択される方も少なくありません。現職を続けることは問題ないのだが、このまま現職を続けていてもどうしても新しいキャリアゴールにはチャレンジできない、といった場合です。

ただ一度社会人になると、社会人歴が長ければ長いほど留学には大きな決断が必要になります。現在の仕事は本当にやりたい仕事ではない、本当に働きたい会社はここではない。しかし漠然としか将来のビジョンが見えないため、どのように転職を行っていいか分からない。転職するにもスキルや経験がないため不安が残る。社会人５年程度を経過すると転職を希望する場合でも新しい分野で就職活動というのは難しくなります。結果、やりたい仕事だったか否かはともかくある分野で経験がついたのでその分野で将来キャリアを築いていくことになる。なんて方も少なくないのではないでしょうか？

特に新卒での就職活動は貴重な機会ですので、入社できた一番条件のよい会社で経験を積むという方も少なくないでしょう。ただ忘れてはいけないのは、将来今の会社が倒産したり、やりたくない仕事を任され転職を希望した時、今の会社での経験を活かして転職活動をするしかないということです。つまり社会に出てからの最初1 ～ 5年程度でそれから先のキャリアが決まってしまう可能性が非常に強いのが現状です。しかし一度就職してしまうと簡単に辞めて新しい専門知識をつけよう、またはキャリアチャンジをしようと思ってもなかなか実現できないことも事実です。 一度就職すると拘束された時間と共に大学生や学生の時に味わえなかった充実感も感じるでしょう。また社会人を続けていると会社の中、社会の中で様々な責任がついてくるものです。例えば役職がつき、より責任ある仕事を任せられる、結婚をして家庭を持つ。特に会社の中では、責任がつくと、その責任は今までの自分の頑張りや忍耐、努力の上に成り立っているものですから、簡単に一度捨ててもう一度、というわけにはいかなくなります。

また一度会社を辞めてしまうとまた同じような環境と条件の会社に入社できるのか、という不安も大きいでしょう。社会人になってからの大学院留学は単なる進学ではありませんので、1つの賭けになります。大学院留学をしてさらに自分が求める企業に就職できるかもしれないし、そうでないかもしれない。ただ現在の状況には満足できない……。しかし今の安定や実績を一度捨てる勇気もない。そういった方が現状を打破するために大学院留学を選ばれることも少なくありません。

以上のように職歴が長ければ長いほどキャリアチェンジには勇気と決断力が必要になります。また少しでも関係があればいいのですが、まったく前職と関係のない畑違いの職種にチャレンジする際、アピールする知識、経験、実績がまったくなく、成功する可能性が低いのも事実です。アピールできるのは熱意のみとなってしまい、中途採用枠で採用される可能性も非常に低いでしょう。年齢が若ければ企業も「この若者の教育をしよう」というスタンスで面接をしてくれますが、年齢が25、6歳を超えてくると前職の実績や専門知識、スキルといったことを重要視するようになります。そこで熱意以外にアピールできることを身につけるべく大学院留学を目指す方も増えているというわけです。

つまり現職と将来の職との架け橋として大学院留学を位置づけるということです。現職は嫌ではないが、新たなキャリアゴールにチャレンジするためにはどうしても転職が必要となる、その際の架け橋として大学院留学を使うケースです。ご承知の通り大学院留学は皆さんのキャリアゴールを実現するための途中経過でしかありません。ただ専門分野の変更などにそのブリッジになってくれることも事実です。

そのため、もし現在の仕事に満足していない、目指すキャリアと違う分野で経験を積んでいると思ったら、できるだけ早くキャリアチェンジを志すことは非常に重要なことです。特に昨今の大学院では、大学時代の専攻と異なった専攻に進学したい方専用のブリッジングコースや、指定されたいくつかのクラスを履修することでまったく新しい分野の専攻にチャレンジすることも可能です。しかも昨今では、すべてオンラインでそういった海外の大学で開講しているクラスを履修することでき、日本にいながらキャリアチェンジのための大学院留学準備を進めることも可能な時代です。例えば前述の例でいえば、FinanceからDevelopmentと、EngineeringからProduct Designといった具合に専攻を変更してチャレンジすることが出来ます。そして各大学院で学んだ内容をアピールすることで畑違いへの転職をスムーズに進める、という目的で大学院留学を選ばれる方がいらっしゃいます。

中には現在の仕事に満足していないので大学院留学をする、というのは少々ネガティブな印象をお持ちの方もいらっしゃるかと思いますが、納得していない仕事を毎日続けることほどネガティブなことはありません。残念ながら日本は残業大国であることは事実であり、社会人になると多くの方が自由な時間はほとんど持てないというのが現実です。大学を卒業し、定年退職するまで、もしくは自営業の方は生涯人生のほとんどの時間を費やし働くわけですから、それが納得のいかないもの、満足できないものであればこれほど悲劇的なことはありません。

C 専攻を変えるための大学院留学

特に現在日本の大学/大学院で理系を専攻されている、将来PhD（博士課程）まで進み研究者のキャリアを目指している、または既に日本で大学院を卒業された方が、海外の大学院に進学することも珍しくありません。なぜなら、海外の大学院では今までの専攻とは違う専門分野にもチャレンジできるからです。

日本で大学院まで進学したが、今までとは違う専門分野を学びたくなってしまった、将来の方向性が変わってしまった、という方が海外で再出発を図っているようです。例えば日本で文学部だった方が、コンピューターサイエンスの分野に進むこともできますし、心理学とまったく関連ないことを大学で学んでいたとしても、臨床心理学の道に進むこともできます。

もちろんMBAなどのビジネス関連のコースは大学時代の専攻を問われることはありませんし、会計学などを選んでUSCPAなどの資格取得にチャレンジすることも可能です。ある程度の制限はありますが、日本と比べると非常に専攻チェンジの門戸は広いと言えます。

[2] キャリアアップという大学院留学の目的

ここでは公/社費留学の方と、所属元を離れてご留学を決意された私費留学の方で大学院留学の目的や役割は大きく変わってくると思います。

A 公/社費派遣で実現する大学院留学

まず、公/社費留学の方は言わずもがなにキャリアアップのための留学になると思います。所属元の組織の中で既に選考審査を通り、且つ帰国後に期待されている分野や責任などもある程度定まっているため、約束された留学ということになります。

そのため既に目指す専攻や研究分野が決まっていると思いますが、だからこそ出願校の選定には最新の注意が必要です。例えば公共政策学と一口で言っても、都市開発が非常に有名なところや、環境政策やエネルギー政策で国際的なプロジェクトを遂行している学校もあり、(同じ専攻名でも特徴や強い分野が異なりますので) あくまで卒業後のキャリアを見据えて学校を選ぶ必要があります。

MBAなどもアントレプレナーに力を入れていて、校外コンペにも参加できるようなコースもあれば、デザインマネジメントなど最先端の企画/商品開発の戦略を学べるコースもあります。インターン (企業研修) をコースの必修科目で取り入れているコースなどであれば、海外の就労経験をコース内で積むことができます。

以上のように類似した専攻名でも国や学校によって特色が大きく異なりますので、十分学校をリサーチのうえ出願校を決定することで、派遣留学の目的や意義も大きく異なると思います。

B キャリアアップに必要な専門性を取得するための大学院留学

次に私費留学の場合ですが、こちらは前者と比べると目的や意義も多種多様だと思います。もし現在職歴が3年以上あり、大学院留学を考えられているのであれば職歴を活かした大学院留学を目指すことが可能です。海外の大学院には600を超える専攻が存在しますので、3年以上も会社勤めをしてきたのであれば、必ず今までの経験が活きる大学院留学が実現できるはずです。

ここで言うキャリアアップ留学とは、現在の職種と少なからず関係しているコースへの入学を指します。例えば現在広告代理店に勤務していて、今後さらに広告業界でキャリアアップをしていきたいので、一度広告学やブランディングといった分野で世界をリードしているアメリカの大学院で学び、その後外資系企業も含めさらに転職しキャリアアップを行う、というようなことです。または現在ベンチャー企業に勤めていて、近い将来起業をしたい、そのためにMBAで経営学についてしっかり学び起業をしたい、などもキャリアアップの例だと思います。

もちろん研究職を目指す方も海外大学院で効果的なキャリアアップを図ることが出来ます。例えば日本より海外の方が研究開発が進んでいる場合です。例えば昨今話題となっているChatGPTに代表される対話型AIも、BardやLLaMAといった世界を席巻している企業はすべて海外資本です。またコロナ禍で提供されたワクチンはすべて米/英国の製薬会社ですし、コロナの各種統計は米国のジョーンズホプキンス大学が中心に世界中に発信していた事も記憶に新しいと思います。このように日本より明らかに進んでいる分野に留学することで、日本にいるよりさらに最先端の研究が可能になりますし、世界的に著名な教官について学ぶことができます。

さらに海外大学院で研究を進めることで、英語「で」研究を進めるスキルと知識が付きますので、海外の論文について探求する場合、英語での研究論文が必須の場合、海外の研究者とのミーティング、そして各種海外でのプレゼンテーションやディスカッションに臆することなく挑戦することができます。また、現在日本の各大学は軒並み国際化を図っていますので、英語「で」専門分野を（研究するだけでなく）教えることができると、日本での就職は間違いなく有利に働くと思います。

キャリアアップを目的とした大学院留学実現には、職歴が非常に大きな役割を果たします。例えばビジネスや教育や医療系など実践的なプログラムの多くは、関連する職歴を有することで審査上の大きな強みになります。是非これまでの経験を活かした大学院留学を実現してください。また日本の大学院ではそれほど多くはないかもしれませんが、海外の大学院ではミッドキャリア向け（学位と関連する分野である程度の職歴を持っている方）コースが開講されています。通常こういったコースは入学者の平均職歴も5年以上あり、平均年齢も30歳を超えているコースも少なくありません。

例えば教育学で英語教授法修士課程等は教授経験を3年以上持っている学

生に限るコースもあり、そういったコースは世界各国で英語を実際に教えている教師が毎日白熱した議論を展開しています。また会計学のコースでは公認会計士の資格取得の準備コースが有名ですが、既に公認会計士の資格を有しており、しかも会計監査等である程度の職歴を持っている方用のコースもあります。そういったコースの場合、経営戦略系のコースも数多く入っていますので、経営コンサルタント的立場で会計学を学ぶことができます。比較的学術的要素が強いと思われている国際関係学等のコースでも、ミッドキャリア向けコースは開講しています。既に国際機関に就職されている方用にさらなるキャリアアップを目指すコースが開講しています。

またイギリスを含むヨーロッパ等のビジネススクールで開講しているMBAコースは通常フルタイムの職歴が3年以上必要で、平均年齢も30歳前後というコースがほとんどです。受講生も留学生が70％を超えているコースも多く、そういった場合は様々なバックグラウンドの学生がさらなるキャリアアップを目指して日々議論を重ねているわけです。

加えて昨今ではオンラインのみ、またはオンラインと対面授業を組み合わせたハイブリッド系コースも数多く開講しており、こういったコースを履修することで現在のキャリアを中断することなくキャリアアップを目指すことが出来ます。たとえオンラインのみのコースでも、ズームなどで世界中の学生と議論を行うことが出来ますし、ハイブリッド系コースでは、基本的にはオンラインでコースが進み、夏季や年末年始といった比較的長期休暇が取りやすい時期に2週間～1か月程度まとめて通学することで卒業することが出来ます。いつもオンラインで議論していた学生と対面で定められた時期にプロジェクトを進めることで非常に有意義な時間を過ごすことが出来ると思います。また、まずはオンラインにて大学院で開講している比較的短期コースを履修し、実際に渡航し対面での留学にステップアップするか否かをキャリアを中断することなく決めることも可能な時代です。

もちろん企業派遣という形でない限りある程度キャリアを持った方が留学をされることはリスクがつき物です。留学後思うようにキャリアアップできないかもしれません。私は留学支援を専門に行っており、就職支援やキャリアコンサルタントの経験はありませんので、皆さんのキャリアプランの中での大学院留学の位置づけについて無責任な意見を言うことはできません。ただ海外の大学院では、ある程度キャリアをお持ちの方がさらなるキャリアアップを目指すためのコースが数多く開講されていることを覚えておいて頂ければと思います。

[3] 海外在住/永住という大学院留学の目的

次の目的は単純に海外在住をしてみたい、または海外留学というものが昔からの夢だった、という方、言い換えると「単純に留学という夢を実現させる」という大学院留学の目的という言い方もできるかもしれません。

仕事柄毎日のように大学院留学希望者からのご相談を受けるのですが、社会人の方、特に職歴が3年以上ある方に「大学院留学を目指されたのはいつごろからですか？」とお尋ねすると、通常皆さん大学生の頃からとお答えになります。また共通して言えることは、「大学院留学を一度思い立つとその熱意は就職しても消えることがない」ということです。最近では男性の方が大学院留学のご相談に来られるケースも非常に増えましたが、皆さんキャリアのため、仕事で英語が必要だから、というような一応の理由はあっても、結局は大学院留学という夢を捨てきれない、という方も多いように感じます。

また、最近「海外脱出」、「海外逃亡」といった言葉を聞くことがありますが、ただ海外に行ければ良いかというとそうではないと思います。やりたいことが生活したい環境で実現でき、且つ将来の展望もできるだけ約束された状態で海外に行きたいと思われる方が多いのではないかと思います。例えば米国の大学院ではGRADUATE DIPLOMAという学位を提供していますが、この学位を卒業することで1年間現地で働くことのできる許可を得ることが出来ます。またSTEMと呼ばれる数学や科学技術、そして医療などの分野を卒業することで3年間現地就職の許可証を延長することもできます。

ITであればドイツやアメリカ、国際関係/開発などであればスイスやイギリス、環境問題などはオランダや北欧、といった具合に、日本よりも確実に進んでいる分野で大学院留学を実現させることにより、将来のキャリアヴィジョンを確実にしてくれる学位も海外大学院には揃っています。

そして希望する分野の最先端で研究を続けることで、将来のどのようなキャリアにも通用する本物の英語力を習得できることも、（これから転職やキャリアチェンジの可能性も残る）新社会人の方が大学院留学を目指す大きな意義であると思います。

海外永住を目指されている方は、永住権の獲得条件等は日々更新されますし、変更点も多いので十分注意が必要です。もちろん大学院留学を目指すことは現在までのキャリアを一旦ドロップアウトすることになりますので、無責任なことは言えませんが、大学院留学という思いを一生引きずってキャリアを築くよりは、リスクは覚悟のうえで大学院留学という夢を実現するという目的も十分意義のあるものではないかと思います。

[4]「キャリアゴール実現」に必要な英語力取得という大学院留学の目的

前述の通り特に研究職を目指されている方は、海外大学院で習得できる、英語「で」教えるスキルは間違いなく日本での就職を優位にすると思います。

ただそういった最先端の研究には必ず英語力が必須になってくる方以外にも、将来のキャリアゴール達成のために学位と共に英語力が必ず必要になってくるという方も多いと思います。例えば国際協力を行っているような行政法人、NGO、NPOなどのキャリアを目指している方、または外資系企業なども上司や同僚とのコミュニケーションは英語になるでしょうし、様々な重要書類、プレゼンテーションなどにも英語力は必ず必要になってくると思います。英語講師や通訳・翻訳家、日本語講師なども英語力が必ず必要になってくる職種と言えます。

もちろん日本でも英会話スクールに通うなどして英語の勉強を続けることはできますが、ビジネスレベルで使用できる英語力を付けることは非常に困難なことは周知の事実かと思います。そこで、本物の英語力を身に付けるため大学院留学を選ばれる方も実は少なくありません。こういった方の場合専攻は後回しになりますね。

大学院留学は語学留学と違い、「英語“を”学ぶ」わけではなく、「英語“で”学ぶ」ので、英語で何か専門分野について学ぶことになり、英語は学ぶ為のただのツール（手段）ということになります。私の経験上、英語で英語を学んでいても結局本物の英語力が付きません。英語で何かを学び、英語で情報を取得し、情報を発信するためのコミュニケーションツールとして使用することにより、初めて本物の英語力は付くものだと思います。

大学院留学中はご存知の通りプレゼンテーションやディスカッション、グループワークなど様々な場面で英語をコミュニケーションツールとして効果的に使用しなければならなくなります。もちろん最初は第二言語として英語を使用している私たちにとっては非常に困難なことですが、留学も後半になると第一言語として英語を使用している学生に混じって英語をコミュニケーションツールとして使用できていることに気付くでしょう。

語学留学では英語を第二言語として使用している学生が集まって「英語を英語で」学びますので、本当の英語力が付かないというのが現状です。ただ英語力を付けるために大学院留学を選ぶという事は安易と思う方も多いかと思いますが、実際卒業後の就職活動の際最も分かりやすくアピールできるポイントは英語力になりますし、英語力を必要とする（英語力がないと一定のポジションより上に行けない）企業への入社を希望する際、ビジネスのフィールドで使用できる英語力を付けるには大学院留学が最短、最良の道であることは言うまでもありません。

実際費用の件を考えても語学留学より大学院留学の方が安く済む可能性があることも特記しておきます。

ステップ 3

大学院留学を決定後すべきこと：

出願までの具体的なスケジュールを決める

必ず実現可能なスケジュールを立てること

大学院留学に必要な英語力、費用、そして大学院留学の可能性、意義について熟考してきましたが、その結果大学院留学を決意された方、せっかく悩みに悩んで留学を決意されたのですから、確実に実現できるスケジュールを立てましょう。

よく「大学院留学にはどれくらい準備期間が必要ですか？」という質問を受けますが、回答は皆さん一人一人の現状、留学の希望、そして英語力等によって大きく違うといって過言ではないと思います。ここでは一般的な準備期間に関する解説をするのではなく、具体例を示しながら大学院留学実現までのスケジューリングをどのように効率よく立てていくか、という方法を解説したいと思います。

なお、オンラインコースへの出願予定の方も、基本的には出願書類やその他難易度については通常同様ですので、下記ご参考下さい（出願締切のみ対面コースより大幅に遅いケースがあります）。

[1] 実現可能なスケジュールの組み方

大学院留学を確実に実現するためには、実現可能なスケジュールを立てることが最も重要です。そのためにはまずスケジュールのゴールである出願時期を決めること、そして皆さんの現状の生活スタイルを考慮したうえで無理のないスケジュールを立てることが重要です。

A まずはスケジュールのおしり（出願時期）を決める

まずゴール（出願時期）を決めることが重要なことはいうまでもありませ

ん。

もちろん大学院留学準備の本当のゴールは入学する時です。ただ最初に立てる**スケジュールで入学時期をゴールにすることは得策ではありません。**

なぜかというと、出願後合格が発表されるまでの期間は出願校によって大きく異なります（通常1〜3ヶ月程度）し、進学校を決めた後も入学準備である学生寮の手配方法やビザ申請といった内容は学校及び留学先によって大きく異なります。そしてコースによっては入学時期さえ異なることもあります。そのため**大学院留学準備に関するスケジュールを立てる時のコツは出願時期をゴールに設定しておく**ことです。

出願時期を設定するためには、もちろん出願校を決める必要があります。ここで最も重要なことは、出願締切は各学校ではなく各コースで設定されているということです。例えばある大学院のアドミッションオフィス（入試課）で出願締切が設定されていたとしても、出願するコースが開講されている学部で別途出願締切が設定されていることもあります。出願締切りを確認する場合は必ず学校ではなく、出願するコースが開講されている学部に確認することを忘れないでください。

例えば国をまたいで出願する場合は、**北米やオランダなど欧州の大学院で開講されているコースは出願締切が早く**、入学する前年の11月から締め切るコースもあります。

一方、**イギリスやオーストラリア等では出願締切が設定されていないコースが多く、ローリングベースといって出願された者順に審査を開始**し、合格者定員に達し次第締切るという学校が多いのが特徴です。

またスケジュールのゴールに設定する出願時期に関しては、出願締切ぎりぎりにならないよう注意が必要です。例えば通常海外の大学院は年末も12月15日を過ぎると年末休業に入ってしまう学校も数多くあり、そういった時期に出願書類等を送ると、年明けの混乱で書類を紛失されてしまうケースも少なくありません。そのため年末に出願をすることはできるだけ避けたいところです。

海外留学生の場合は出願書類や出願方法もネイティブの学生とは異なり複雑化していることも多く、出願時に書類や願書の記載不備等がある場合も数多くあります。自分では間違いなく記載したつもりでも願書の記載方法に不備があったり、推薦状が予定通り届かない場合や、願書の記載場所を間違えていた、必要な書類を送り忘れてしまった等、予期せぬ事態になることも数多くあります。もし出願締切ぎりぎりに出願してしまうと、そういった書類や情報等に不備があった場合、修正する時間がありません。よって出願が締切までに認められないといったケースも起きています。そのため出願締切1ヶ月前には出願できるようスケジュールを立てましょう。

イギリス等の出願締切がないケースの場合は、定員が埋まってしまうリスクや進学決定後の入学準備（学生寮の手配や授業登録、ビザ申請等）を考慮し、入学する半年〜10ヶ月程度前には出願することをお薦めします。また出願締切を設定しなくても人気のコースは北米の大学院より早く締め切ってしまうこともありますので注意が必要です。心配な場合は学校担当者にコンタクトをとり例年の締切時期を確認しておくことをお薦めします。

【国やコースによって異なる入学時期を考慮し出願時期を決める】

最後に国をまたいで出願される方は入学する時期も考慮する必要があります。例えばイギリスの入学時期は通常9月ですが、オーストラリアの入学時期は7月（と2月）です。そのためオーストラリアの大学院に入学する場合は遅くても3月（2月入学は前年の11月頃）には進学を決定し、入学準備を開始する必要があります。

もしイギリスとオーストラリアの大学院を併願していた場合は、全ての出願校の合否を確認してから進学校を決めるためにもイギリスの大学院の合否を遅くても3月までにはもらう必要があります。通常、出願後合否発表までには1〜3ヶ月程度かかりますので、おそくても前年の12月には出願が完了している必要があるというわけです。

北米の大学院でも大学の専攻と少し違う専攻で大学院留学を希望する場合は、サマースクールからの入学を義務付けさせられる場合があります。その場合、実際入学する9月の3ヶ月前程度には入学する必要がありますので、2

月頃には進学を決定し、入学準備を開始する必要があります。
また、オランダ、ドイツといった欧州では9月入学だけでなく、1月や4月入学のコースもあるため、併願する際は必ず出願締切と共に入学する時期を確認することを忘れないで下さい。

以上のように昨今では大学院留学は国を跨いで出願するのが一般的ですが、**出願時期は国や学校単体で考えるのではなく、併願校のコースの入学時期から入学準備期間等を考慮し検討する必要がある**ことを忘れてはいけません。

B 現状の生活スタイルをできるだけ崩さないスケジュールを立てる

出願時期というスケジュールのゴールが決まったら、次はどのように大学院留学準備に充てる時間を算出するかです。
その際重要なことは実現可能な大学院留学準備のスケジュールと立てることですが、**最も大事なことは現在の皆さんの生活スタイルを考慮したうえでスケジューリングする**ことです。生活スタイルとは皆さんの現在の「忙しさ」です。もちろんお仕事をしている社会人の方は仕事で毎日夜遅い方もいるでしょうし、アルバイトやサークルといった学生生活で忙しい方もいらっしゃると思います。一方、現在学生で平日かなりの時間をとれる方や、社会人の方でも平日は夕方には帰宅でき、土日休みの方もいらっしゃるかもしれません。そういった現在の生活スタイルに合わせた現実的なスケジュールを立てることが非常に重要です。

大学院留学希望者のコンサルティングをしていると「準備時間は寝ずに作ります！」、「アルバイト時間を減らします！」、「卒論を急いで作成して……」等皆さんおっしゃいます。もちろん遊ぶ時間を沢山とってさらに大学院留学の準備も効率よく……という両立は非常に難しいですが、現状の生活スタイルを大きく崩すスケジュールを立ててしまっても、ほとんどの方が途中で挫折してしまいます。年齢にもよりますがその時その時で大事な時間はあるもので、それはそれぞれその時にしかできないことだと思います。例えば「卒論を真剣に取り組む」、「アルバイトやインターンで就職前に様々な分野の就労経験をできるだけ多く積む」、「友人と飲み歩く」等は大学時代に与えられた特権のようでもありますし、「与えられた仕事を残業をしてでも達成する」、「先輩社員や後輩社員と飲み会やミーティングで交流を深める」といったことも社会人になれた者でしか経験できないことです。そういった大事な経験を捨て大学院留学の準備に充てる、というのは本当にするべきことなのでしょうか？

また「現在非常に忙しいですが寝る時間を削れば」、「朝普段より２時間前に起きて勉強すれば……」という方もいます。もちろんこういった準備が可能な方もいらっしゃるでしょう。ただ私は少数だと思います。また寝る時間を削ることで健康も害しかねません。

では忙しい方がどのように生活スタイルを変えずに準備時間を作ることができるのでしょう？

答えは、「**机に向かって集中して準備できる時間**」と「**待ち時間や移動時間等集中は難しいが作れる時間**」と分けて準備を行うことです。

●机に向かって集中して準備できる時間の利用方法

つまり帰宅後、休日、早朝等まとまった時間がとれ、しかも集中できる環境にある時です。自宅の勉強机でも結構ですし、図書館や自習室等の環境で作れる時間になります。また体調も寝不足や疲労困憊といった状態ではなく、しっかりとまとまった時間勉強できる体調管理ができている時間帯になります。マクドナルド、スターバックス等のカフェで空いた時間に勉強するという時間ではありません。

こういった時間は、特に忙しい社会人や卒論やアルバイトに追われる大学４年生にとって非常に貴重な時間であることはいうまでもありません。しかし、こういった机に向かって集中して準備できる時間を有効活用することを軽視している方が多いことには驚きます。まず集中できる環境で準備できる場合は、その時にしかできない準備を行ってください。例えば過去問題を解くテスト対策やインターネットを使用した学校リサーチ、入学条件のリサーチ、そしてエッセイ作成等です。

●待ち時間や移動時間等集中は難しいが作れる時間の利用方法

日々忙しい皆さんでも意外と机には向かえなくても準備時間をとることは可能なのではないでしょうか？ 例えば電車通勤の方は電車内、友人、同僚との待ち合わせまでの時間、入浴時、寝る前等、貪欲に準備に充てられる時間を探していくと結構時間はあるものです。もちろんこういった時間は多少寝不足や疲労時になることもあるでしょう。ただ普段ネットサーフィンをしている、音楽を聴いている、読書をしている、といった時間を全て準備に充てると準備時間は相当作れることに驚くと思います。

こういった時間は疲労していたり寝不足だったりしますので、集中して勉強や準備を行うことはもちろんできません。そのためそういった万全の状態でない環境、体調でも可能な大学院準備を行うよう心がけることが重要です。例えばテスト対策では過去問題や新しい問題等は行わず、単語の見直しや一度やったリーディング教材の速読訓練、またリスニング教材の復習等を行うことが可能です。また大学院留学準備では新しい学校リサーチや入学条件のリサーチ等は行わず、リサーチ結果をもとに検討したり、エッセイや履歴書といった出願書類のドラフト作成、作成後の読み直し等に時間を充てることが可能です。

以上のように限られた時間で**効率よく大学院留学の準備を行うためには、机に向かって集中できる時間と、集中はできないがとれた時間を常に意識する等、その場面に応じた準備を心がけることが重要**です。このように日々の生活スタイルを大きく壊さず、しかし貪欲に時間を探していくことで大学院留学にかけられる時間は必ず作ることができます。

最初から「寝る時間を割いて」、「早朝２時間早く起きて」、「アルバイトを辞めて」、「会社を退職して」、等の理由で時間を作ることは考えず、まずは現状の生活スタイルを根気よく見直すことで必ず大学院留学準備に必要な時間は作れるはずです。

C 出願書類の作成とテストスコア取得は分けてスケジュールを立てる

大学院留学を確実に実現させるスケジュールを組むことで次に大事なことは、大学院留学準備には大きな3つの柱があることを認識することです。この3つの柱を分けて考えることができず、闇雲に準備を開始してしまうことで効率が悪くなり、準備も滞り、結果、大学院留学を諦めるという結果になる方を数多く見てきました。またその**3つは全てリンクしており準備を開始する順番についても非常に重要**になります。

3つの大きな柱とそれぞれの準備スケジュール、相対関係は次のようになります。

●専攻・出願校選定スケジュール

出願する専攻、学校、そして具体的に出願するコースを絞り込み、出願、合否確認までを行うスケジュールになります。出願用の履歴書、エッセイ、そして推薦状等を作成開始するまでに具体的な出願校は絞り込む必要がありますので、大学院留学の準備は専攻選びからスタートすることになります。

●出願必要書類作成スケジュール

具体的な出願書類である英文履歴書、英文エッセイ、英文推薦状等の完成までのスケジュールになります。通常履歴書以外は出願コースが決まらないと作成を開始することはできませんので、専攻・出願校選定スケジュールの進み具合を意識しながら作成する必要があります

●TOEFL/IELTS・GRE/GMAT 対策スケジュール

出願に必要なテストスコア取得までのスケジュールになります。どのテストが何点必要か、という点については出願コースが決まらないとはっきりしませんので、具体的な対策は出願コースが決まってからということになります。

	専攻・出願校 選定・スケジュール	出願書類 作成スケジュール	TOEFL/IELTS・GRE/ GMAT 対策スケジュール
大学院 留学準備 スタート ↓	**専攻リサーチ：** まずは興味のある分野の専攻を幅広く見ていくことが重要です。ここでは国は特に絞らず様々な国の専攻を見ていきましょう。	**英文履歴書作成：** 出願書類を作成する際、具体的な出願校が決まらないと作成を始めることはできませんが、英文履歴書は学校指定のフォームがなく、しかも学校にコンタクトをする際に必要になるので最初に作成を開始する必要があります。	**英語力のチェック：** まずは現状の英語力を明確に知るためにIELTS、TOEFLの過去問題等を行い、現状のスキルを把握しましょう。
	専攻絞り込み： 具体的に出願しようと思う専攻名(コース名)を絞り込む作業を行います。ここではあくまで出願するコース名を絞るだけで出願校を絞る必要はありません。		**勉強方法と使用教材の確認：** 現状の英語力をもとに勉強方法の確認と使用教材を選定します。使用教材は大学受験時、市販のテスト対策書籍等現状のレベルに合わせて幅広く検討しましょう。
	学校リサーチ： 出願するコース名が決まったら、そのコースを開講している学校リサーチを行います。その際学校のレベル、ロケーション、環境等を確認していくことが重要です。またここでも取りこぼしがないよう興味のある全ての国をまたいで学校リサーチを行いましょう。	**英文エッセイ作成：** 通常出願校が決まった段階でエッセイ課題を調べ、エッセイ課題が決まっている場合はその課題に沿ったエッセイを作成していきます。ただ出願校が決まるのが遅い場合、そういったスケジュールでは間に合わないこともありますので、英文履歴書ができた段階でエッセイのドラフト作成は開始しておいた方がいいでしょう。志望動機やアカデミック及びプロフェッショナルバックグラウンドは必ず聞かれますので、そういった内容を踏まえ、ドラフト作成に入ります。	**日々の勉強方法の確認：** まずは現状の生活スタイルを確認することから始めましょう。またこの時期はまだ必要なテストの種類やスコアが明確ではありませんので、テスト対策を行う際でも、IELTSのリーディング及びリスニングから始めるのが無難でしょう。なおGRE/GMAT対策に関してはIELTS6.0、TOEFL iBT80点以上を取得した段階で始めることをお薦めします。いずれにしても必要テストスコアが明確になる前は単語、リーディング、リスニングを中心に強化することをお薦めします。
	学校へのコンタクト： 学校リサーチを行い、希望の学校が見つかったら学校へコンタクトを開始します。学校へのコンタクトは皆さんの学歴や職歴が出願最低基準を満たしているかを確認する大事な作業です。		
	出願条件リサーチ： 出願校がある程度絞り込まれたら次は具体的な出願書類や必要スコア等出願条件について詳しくリサーチを行います。エッセイや推薦状といった出願書類は通常学校独自のフォームやガイドラインを用意していますので、そういった学校指定の書類に関しては詳しくリサーチしましょう。	**英文推薦状作成：** 入学条件を詳しく調べることで推薦状の提出方法等が分かります。通常推薦状はペーパー提出、またはオンライン提出の2つの方法があり、しかも記載する内容に関してもガイドラインがあります。そのため必ず出願条件を詳しく調べたうえで作成するよう心がけましょう。	**出願必要スコアの確認：** 出願候補校が具体的に決まり出願条件をリサーチする段階になると出願に必要なテストの種類やスコアが判明します。その後IELTSまたはTOEFLの具体的な対策を始めましょう。なおIELTS及びTOEFL両方とも認定するコースに出願予定の場合はIELTSを選ぶことをお薦めします。

<table>
<tr><td rowspan="2">出願校決定
↓</td><td>出願校選定：
調べた入学条件、そして学校とコンタクトをとった回答等をもとに最終出願校を選定しましょう。</td><td rowspan="4">出願書類完成：
具体的に出願校が決まるとエッセイ課題や推薦状の提出方法等明確になりますので、それらを提出用に作成する必要があります。国を跨いで出願する方も多いと思いますが、その際は国によっても出願書類の提出方法等は大きく異なりますので、それぞれ用意しましょう。</td><td>GRE/GMAT対策（必要時）：
特に北米を中心に出願を検討している方はGRE/GMATが必要になるコースが多々ありますので注意が必要です。</td></tr>
<tr><td>出願方法・書類の確認：
出願書類が完成したら出願校別に出願書類及び出願方法の詳細を注意深く確認しましょう。</td><td rowspan="3">必要スコア取得：
通常海外の大学院は正式に出願手続きが完了した後に出願必要スコアを提出することが可能です。ただ学校によっては出願時に必要スコアが全て揃っていなければならない場合もありますので注意が必要です。</td></tr>
<tr><td rowspan="2">出願
↓</td><td>出願実施：
出願方法に沿い出願手続きを行います。</td></tr>
<tr><td>合否確認・入学手続き：
出願後合否確認、進学校の選定、入学手続きを行います。</td></tr>
<tr><td>渡航</td><td colspan="3">入学</td></tr>
</table>

[2] 現状から算出する留学準備期間

以上が出願までに行わなくてはいけない To Do List と、スケジュール感になります。

ただこちらには、それぞれどの程度期間がかかるかという点について記載されていません。**それは先にも書いたように大学院留学の準備にかかる期間は人それぞれ、「通常～程度の時間がかかります」という明確な回答は存在しない**ためです。ただ皆さんの現状の英語力、そして生活スタイルによって準備期間をある程度算出することが可能です。

大学院留学の準備のためにしなければいけないことは上記チャートのように数多くありますが、この中でも最も時間を要するのが「英語力向上」にかける時間です。そのため皆さんの大学院留学にかかる準備期間は皆さんの現状の英語力と、生活スタイルの中でどの程度準備時間をかけることが可能か、という2点に依存することは間違いありません。次頁チャートによって皆さんの大学院留学に必要な期間をある程度算出することが可能です。

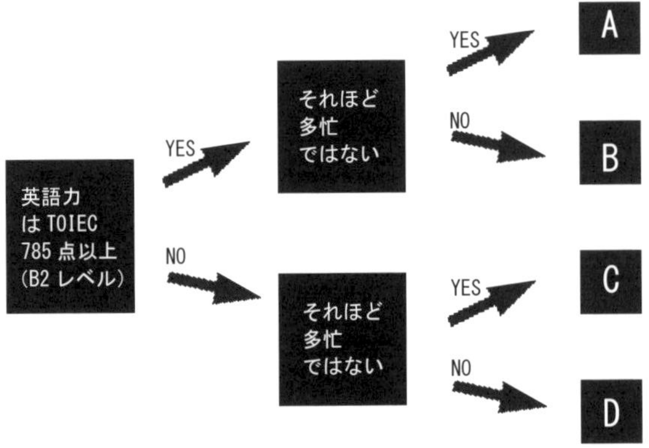

A ケースA：基礎英語力があり準備時間がとれる方

期間概算3～6ヶ月

現在基礎英語力があり、日々の生活の中である程度まとまった時間をとることができる方であれば最短で約3ヶ月程度で出願まで完了することが可能かと思います。ただ北米の大学院も検討する方は学校リサーチや必要テストも多くなるので通常より準備時間がかかります。通常イギリス、オーストラリアのみの検討であれば3ヶ月程度で十分だと思いますが、北米も合わせて検討する場合は最低約半年はみた方が無難かと思います。

B ケースB：基礎英語力はあるが非常に多忙な方

期間概算6ヶ月～12ヶ月

基礎英語力があって多忙な方の場合は、問題は英語の勉強をする時間と学校リサーチの時間をどのように確保するかが問題になります。効率よく準備を行うことで約半年で準備は可能かと思いますが、それでも平日1時間程度、週末にはまとまった時間が必要になると思います。

特に英語力に関しては現在お持ちの基礎英語力を IETLS、TOEFLといった専門性の高いテスト用に変換していく必要があります。そこで重要なのはIELTS、TOEFL どちらのテストを選ぶかということですが、もしどちらも認定している学校であればIELTSを選ぶことをお薦めします。現在 TOEIC

で785点以上のスコアをお持ちの方であればIELTSであればそれほどハイスコア取得に時間がかからないと思いますので、IELTSのみで受験可能な出願校であれば約半年間の準備で十分出願まで達成できると思います。

ただこの英語力の方が**約1年間かかるケースとしては、北米の大学院も希望に入れ、しかもGREまたはGMATのテストを要求される場合**です。もちろん北米の大学院まで入れると学校数も非常に多くなりますので、学校リサーチ及びテスト対策の部分で非常に多大な時間を割くことになるでしょう。

C ケースC：基礎英語力はないが準備時間がとれる方

期間概算12ヶ月程度

現在基礎英語力がない方、しかし時間はある方の場合、最短で12ヶ月程度あれば準備は可能かと思います。この方の場合まずは英語力のみ基礎学力まで急いで上げることが重要です。

ただ大学院留学を希望される方はもれなく大学はご卒業されていると思いますので、まずは大学受験時の英語力（または現在までで英語を一番勉強していた時期の英語力）まで戻すことが重要です。せっかく準備時間はあるわけですから、いきなりIELTS、TOEFLといったテスト対策を行うのではなく、そういった専門性の高いテストの対策を本格的に行えるよう、まずは英語力を戻すことが重要です。英語力を上げようとは考えず、戻すために英語の勉強を再開するわけです。その際もし残っているのであれば受験時代や大学時代に使用していた英語教材（過去にかなりお世話になった教材）を使用することが重要です。最初はIELTS、TOEFLの対策本を購入するのではなく、まずは英語力を戻すのが目的ですので、過去に使用経験のあるものを再利用することが一番効果的です。

英語を基礎学力まで戻すことはIELTS、TOEFLといった専門性の高いテストの対策準備のためだけでなく、海外のホームページ等を読む込むためにも必要になります。現在では言わずと知れたネット社会です。しかも海外の情報を取得しようと思えば必然的に海外の大学院のホームページを隅から隅まで読みこめる英語力が必要になります。

また海外の生きた情報を入手するためには、現地学校担当者とのコミュニケーションも重要になります。基礎英語力が不足している状態で海外の大学院の情報を入手しようと考えると、どうしても偏った情報ばかりになってしまいます。なぜかというと、英語ができない状態で海外大学院の情報を入手しようとするとどうしても日本国内の留学エージェントが作成しているホームページや書籍、または日本人留学生が主観で公表しているブログやソーシャルネットワークコミュニケーションツール等がメインになってしまうからです。企業の利潤や個人の主観によって偏ってしまった情報を避け、できるだけフラットな情報を入手するためにはどうしても海外の学校ホームページを読む込む英語力が必要になりますし、海外の大学ランキング等にも目を通す必要があります。そして必要な場合には、現地学校担当者とのコンタクトも重要になるでしょう。**基礎英語力がない方が大学院留学準備を開始する際、まず基礎英語力を付けること、大学受験時の英語力に戻すことが最優先**なのはこのためです。

D ケースD：基礎英語力がなく非常に多忙な方

期間概算12〜24ヶ月

現状で基礎英語力がなく、しかも非常に忙しく準備時間をとれない方、こういった方は2年程度の準備期間を容認するか、または**留学サポート機関の力を借りて大学院留学を実現させることを検討した方がいい**と思います。

まずどうしても大学院留学をサポートしている企業の力を借りたくない方は、基礎英語力を付けるために約1年間は見た方がいいと思います。おそらくTOEICで785点を下回っている方の場合、限られた準備時間の中でIELTS、TOEFLの対策スクールに行くことは効率のよい準備方法とは言えません。まずはそういった専門性の高いテストの対策を本格的に行うための基礎英語力を約1年かけてつけることをお薦めします。限られた時間の中でも貪欲に空き時間を探し、効率よく勉強を続けることで基礎英語力はついてくると思います。基礎英語力が付いたらIELTS、TOEFL対策を本格的に始めることができるだけでなく、海外大学院のホームページや海外大学院に関する情報ページを英語で読めるようになります。

E 大学院留学サポート機関の利用方法

また、どうしても留学準備期間に2年間程度の時間をかけたくない方は、大学院留学をサポートしている企業に足を運ぶことを検討してみてもいいかもしれません。**大学院留学をサポートしている機関は大きく分けて下記４つに分別**することが可能です。

●IELTS、TOEFL対策等の塾が留学サポートも実施しているケース

このケースはいわゆるテスト対策塾がオプションで学校リサーチやエッセイ作成のサポートを行っている場合です。テスト対策をメインに行っている学習塾は数多くありますが、大規模校、小規模校問わず、留学サポートもある程度行っているところも多いです。その際テスト対策の付属としてサポート行っている場合や、オプションで別途有料サポートを行っている場合もあります。このケースのよい点は学習塾ですので、テスト対策で授業を受けている講師から直接アドバイス等受けられる場合がある点、また、テスト対策塾ですので、通常各種有名大学院の必要スコア等の情報には長けていると言えるでしょう。ただ専攻、学校リサーチ、出願代行、また合格後のサポート等は通常学習塾で行っているサポートではないので他の種類の企業よりは落ちるかもしれません。

●特定の海外大学院の無料サポートを実施しているケース

こちらは特定の留学先（国）の特定の大学院と代理店契約を結ぶことにより、無料サポートを可能にしている形態の企業です。こういった企業の利点は、なんといっても無料ということに尽きると思います。なぜ無料でサポートを行えるかというと、特定の大学院と代理店契約を行っているため、その代理店を通してその大学院へ入学した学生の数に応じてコミッションバックがあります。通常授業料の10～20％程度になると思いますが、通常これをオフィスの運営費としてテナント料や人件費に回すことができますので、無料でサポートが可能になります。

ただ世界中全ての大学院と代理店契約を行っているわけではありませんので、100％全ての学校に対して無料サポートを行っているわけではありませんし、全ての学校を紹介してくれるわけでもありません。そのためこういった企業を利用する場合はご自身で出願校を決めて、その出願希望校と代理店契約をしている企業があれば是非利用して頂ければと思います。また通常無料で出願サポートや出願代行は行ってもらうことはできますが、エッセイや履歴書、推薦状作成等に関しては別途有料のサポートを行っている場合も多いのでご注意ください。

●全ての大学院を対象とし有料サポートを実施しているケース

このケースは有料でサポートを行っていますので、皆さんの現状の準備状況や希望を踏まえ、有料でサポートを依頼する意味がどの程度あるか、ということが重要になります。また無料サポート等を行っている企業とどういったことが主に異なるのか、ということも十分理解しておく必要があります。

まず有料でサポートを依頼する意味がどの程度あるか、という点ですが、有料サポートの最大の利点は世界各国の大学院を全て幅広く紹介してもらうことができる、ということです。特定の学校と代理店契約を行っておりませんので、100％フラットな状態で大学院を紹介することが可能になります。その際クライアントがどの学校に入学しても企業側に利益等は発生しませんので、クライアントの希望に出来る限り沿った大学院を全て見て出願校を決めることができます。またサポートのみで費用がかかりますので、その分専攻、学校リサーチのみでなく出願書類等のサポートも専門スタッフが時間をかけて行うことが可能です。ただ提携校からコミッション等を一切もらっていませんので、留学希望者からサポート費用をもらう形になります。その費用とサポート内容を吟味し検討して頂ければと思います。

●行政法人や大学の留学オフィスが無料サポートを実施しているケース

こちらは日本の政府や留学先の国が運営しているサポート機関になります。もちろん企業のように利潤関係はまったくありませんので、幅広くフラットな情報提供を行っていることが特徴です。ただ基本的には行政機関になりますので、情報提供は幅広く行っていても個人的なサポート等はほとんど行っていません。あくまで情報を閲覧できる場所を提供している、という認識で利用されるのがよろしいかと思います。

また皆さんが通っている大学や出身大学の留学生課が行っている留学サポートに関してですが、もちろんこちらは無料でサポートを受けることは可能ですが、通常大学の提携している海外の大学院の情報しかないことが多いのが現状です。また長年提携校のみとの信頼関係で運営していますので、刻一刻と変化する大学院留学事情について常に最新の情報を持っているか確認することが重要です。もし大学と提携関係のある海外の大学院に興味がある場合は是非利用してください。

[3] 効率のよい準備は出願校を決めることが最優先

今まで大学院留学実現までのスケジュール及び実現までにかかる期間等解説してきましたが、ここでは最も効率よく準備を進めるために重要なことを解説させて頂きます。

効率よく大学院留学準備を進めるためには、できるだけ早く「出願校を決めること」です。出願校を決めるということは、もちろん出願コースを絞り込むことです。ここで絶対誤解して頂きたくないことは、出願校を決めるということは留学先（国）を1つに限定することではありません。

大学院留学準備で「出願校を決めること」を最優先させると、下記のようなことが可能になります。

A IELTSかTOEFLを選ぶことが可能

IELTS と TOEFL の相違点や難易度の違いは「第1部　間違い③：大学院留学を検討したらまずTOEFL対策！という間違い」（26ページ）で詳しく解説していますが、一般的には IELTS のほうが TOEFL より難易度が低いと言われます。

私はいつも驚くのですが、大学院留学を検討されていらっしゃる方は皆さん通常 **IELTS、または TOEFL で出願必要スコアを出すことが非常に重要な**

ことという認識はお持ちなのですが、TOEFL、IELTSどちらを選ぶか、ということに関してはそれほど重要視していらっしゃいません。

IELTS と TOEFL はもちろんどちらも第二言語としての英語をどの程度習得しているか、という英語能力判定テストであることに変わりありません。ただそれはテストの目的であってテストの内容や傾向、難易度が同じものということでは一切ありません。テストの構成がリーディング、リスニング、ライティング、スピーキングと 4 技能を測るテストになっているのでほとんど変わらないテストと思われがちですが、例えばテスト時間やテスト出願形式といったものは大きく異なります。そのため、TOEFLだとハイスコアがとれない方が IELTS だととれるというケースも少なくありません。またTOEFLだと 1 年間かかるスコアが IELTS だと半年で取得できることもあるかもしれません。以上のように皆さんの大学院留学が実現するか否かについて非常に重要な要素である IELTS、TOEFLスコアですが、どちらのテストを選ぶか、という点について軽視される方が多いことには本当に驚きを隠せません。

また一般的に TOEFL は北米の大学院、IELTS はヨーロッパ及びオセアニアの大学院という印象を持っている方も多いですが、これは現在では間違った解釈です。TOEFL は通常全世界の大学院で認定されていますし、IELTS も現在では北米でも幅広く認定されるようになりました。そのため北米を中心に大学院留学を検討している方でも IELTS を検討できるようになりました。ただ世界的に認定され始めている IELTS ですが、それでもまだ認定されていない大学院も世界には稀にありますので、皆さんが出願する大学院が IELTS を認定しているか否かを確認してからテスト対策の勉強を始めることをお薦めします。

B 必要テストスコアを確認でき効率のよいテスト対策が可能

ここまで出願校をできるだけ早く決めることで IELTS or TOEFL を選ぶことができることは解説してきましたが、テストを選択することができることで非効率な準備を避け、最も効率のよい準備を行うことが可能なのです。

●TOEFL・IELTSについて

TOEFL or IELTSの正しい答えを意識せず**「とりあえずTOEFL」と思いTOEFL対策を初めてしまうと、後々出願校が決まりその学校がIELTSを認定している学校だったとしてもいまさらIELTSに変更できない**、という現状が待っています。

一例を挙げると、TOEFLのセクションの中で最も難易度が高いとされている Integrated Task が IELTS には存在しないのです、そのため Integrated Task に集中的に対策を行ってきた方からすると、いまさら IELTS には変更できないわけです。Integrated Task は IELTSにはないので苦労して続けてきた対策が無駄になってしまうわけですから、気持ちもわかります。そのためできるだけ本格的にテスト対策を行う前に、TOEFL or IELTS の回答を出しておくことが重要です。その答えを導きだすためには、出願校を決めることが必要不可欠になります。

なぜかというと海外大学院ではコースによって IELTS、TOEFL 両方のテストを認めているか、どちらか一方のみか、という答えも異なりますし、出願者に要求しているスコアも異なります。そのため TOEFL or IELTS の正しい答えを導き出すためには、できるだけ早く出願校を決め、認めているテストを確認、そして要求スコアも確実に確認する必要があります。

なぜ要求スコアもできるだけ早く確認する必要があるかというと、**IELTS と TOEFL のスコア相関表は現在世界共通のものが存在しない**ためです。両方のテストスコアを認めているコースでも、要求スコアは各コースによって異なります。そのためあるコースでは IELTS を選んだ方がメリットが多く、ある学校では TOEFL の方がメリットが多い、といった現象が起こっているのです。最も効率的な準備を進めるためにも出願コースをできるだけ早く決め、各要求スコアを確認し IELTS or TOEFL の正しい答えを導き出すことが重要です。

IELTS、TOEFL の国際的相関表については「第1部　間違い③：大学院留学を検討したらまずTOEFL対策！という間違い」(30ページ) で詳しく解説しています。

●GRE・GMATについて

また、出願校を決めることでもう1つ重要なことが分かります。それは海外大学院、特に北米の大学院で幅広く要求される GRE または GMAT のテストスコアを要求されるか否かです。

GRE、GMAT というテストと IELTS、TOEFL が大きく違うところは、IELTS、TOEFL が第二言語としての英語力を測る留学生専用のテストなのに対して、GRE、GMAT は主にネイティブの学生が大学院進学をする際に受験するテストだということです。これだけ見ても IELTS、TOEFL とは大きく異なり、また、IELTS 及び TOEFL よりも相当難易度が高いテストだということがおわかり頂けると思います。つまり、**IELTS や TOEFL である程度のスコア（IELTS6.0、TOEFL80点以上程度）を取得していない方が受けるとまずテストとして成り立ちません。**「日本語がほとんどできない方がセンター試験を受験する」ようなもの、と言えばお分かり頂けるかと思います。

GRE、GMAT のテストの内容や対策方法については巻末のテスト解説ページで解説していますのでここでは詳しくは記載しませんが、通常GRE、GMAT 対策には IELTS、TOEFL で目標スコアが取得できてから最低でも3ヶ月～半年はかかると言われています。そのため皆さんが出願予定としている学校が GRE または GMAT が必要か否かで IELTS、TOEFL 終了時からさらに3ヶ月～半年要することになります。

GRE と GMAT 両方課してくる学校はありません。GMAT は Graduate Management Admission Test といって通常ビジネススクール（経営学部）で開講されているコースで要求されています。有名なものだと MBA であったり、MBA でなくてもファイナンス、アカウンティング、マーケティング等、ビジネススクールやマネージメントスクールで開講されているコースにも要求されるケースが多々あります。一方、GRE はそれ以外の学部で開講されているコースと考えれば分かり易いと思います。つまり皆さんがGREまたはGMATを要求されるとしてもどちらか一方を勉強すれば問題ないわけです。

またIELTS、TOEFLと違いGRE、GMATには通常出願必要最低スコアというものが存在しません。つまり、GRE、GMATには通常出願最低スコアが設定されていないので、どのスコアでも出願可能となります。

●GRE・GMATについて

この準備にさらに長期間を要するGRE、GMATのスコアですが、もちろん海外の大学院全ての学校で要求されているわけではありません。通常**北米の大学院では約70%以上のコースで要求されるのに対して、イギリス、オーストラリア及びヨーロッパでは要求してくる大学院はほんの数%程度**になります。しかもGRE、GMATを要求するか否かは学校単位で決まっているのではなくコース単位で決まっていますので、出願コースが明確に決まらないと分からないという難点もあります。つまり皆さんが出願するコースがGREまたGMATを要求するか否かで必要準備期間は大幅に変わってくるにも関わらず、スコアを要求するか否かは出願コースを決めないと分からないというわけです。そのため効率のよい大学院留学準備スケジュールを組むためには必ず出願コースを明確にする必要があります。

【北米及びヨーロッパの大学院を併願する利点】

現在北米大学院留学の準備に1年程度かけようと思っていらっしゃる方は、以下のように考えたのではないでしょうか？

「現状では北米大学院希望しているが具体的にIELTSまたはTOEFL対策等準備を始めてみないとGRE、GMATの勉強をする時間がとれるかどうか分からないな……」

その通りだと思います。これからIELTS、TOEFLの勉強を始めようと考えている皆さんが今後GREまたはGMATの勉強をする時間がとれるかどうかなんて分かるはずはありません。であればどうするか？

進学校のレベルを下げないために、北米とヨーロッパまたはオセアニアの大

学院を併願するのが得策と言えます。北米大学院を希望している方はまずは北米に第一志望の大学院を目指し、出願校を決める。そしてその出願校に合わせて出願までのスケジュールを決めます。ただここで北米のみの大学院しか検討していないと GRE、GMAT の勉強をする時間がないと判明した時にはすでにヨーロッパやオセアニアの大学院を検討する時間は残っていないかもしれません。また同時に検討しておくことで GRE、GMAT 対策まで時間回らなかった時のリスクマネージメントにもなります。

GRE、GMAT 対策ができなかった時に北米で大学院のレベルを下げるよりはヨーロッパやオセアニアで同レベルの大学院に入学しておいたほうがいい、と思う方は是非この方法をとって頂ければと思います。

C エッセイ課題を確認できエッセイ作成が可能

以上までは出願校をできるだけ早く決めることで得られる利点として、テストスコアに関する解説をしてきましたが、出願校を早く決めることで得られる利点はそれだけではありません。

最近では出願方法も多様化してきていますが、それに伴い出願書類の作成方法についても学校独自のガイドラインを設けるようになってきました。例えばエッセイではエッセイ課題や文字数の制限等が学校及びコース別に設定されているケースが多く、それを調べずに、書籍等を参考に作成を開始するとまったく初めから作成しなおす必要が出てきてしまうこともあります。

よくインターネットや留学書籍で大学院留学のエッセイの書き方、大学院留学の出願用エッセイ作成講座、といったものを目にすることがありますが、実際海外大学院に出願する**エッセイの正解は1つではなく、出願するコースによってその正解は変わる**ものだということを忘れてはなりません。例えばそういった書籍や書き方講座では通常キャリアゴールと志望動機、また皆さんのバックグラウンドについてアピールする、という記載がありますが、本当に全てのコースでそういった課題が出ているのでしょうか？

先日アメリカのある大学院で開講されている生物学系のコースについてエッセイ課題を調べていた時のことですが、インターネット上で公開されていなかったので学校に直接問い合わせたところ、「このコースの目標はコース履修を通して生徒にキャリアゴールを提案すること。そのためキャリアゴールについては記載する必要はありません。熱意や今までの経験、実績について記載してください。」ということでした。

またあるイギリスの大学院で国際関係学についてエッセイ課題について問い合わせたところ、「現在母国で起きている最も重要な外交政策とその影響と今後」について書きなさい、ということでした。キャリアゴールについては触れておらず、母国の外交政策についてリサーチが必要なエッセイとなっていました。

以上のように、大学院留学のエッセイに正解は1つではありません。そのためまず出願校を決め、その後エッセイ課題を確認し、エッセイ作成を始める必要があります。つまり出願校を決めてからでないとエッセイ作成は開始できないということです。

D 推薦状ガイドラインを確認でき推薦状作成が可能

エッセイ同様に推薦状に関しても、最近では提出方法やガイドラインが複雑化してきました。例えば書面で提出の学校もあればオンライン上で提出する学校もあります。また**推薦文に関しても現在では学校独自で質問形式にしているところも多く、一般的な推薦文は使用できなくなっています。**そのため推薦状のひな型等はほとんど意味がなくなってきています。

推薦状に関する相談は非常に多い相談内容ですが、理由はテスト対策やエッセイ作成等と異なり、推薦状の作成及び提出には第三者（推薦者）が関係してくるため、自分のスケジュール感で全て進まないということがあります。

大学院留学準備の中でも推薦状作成は唯一第三者が関係してくる作業ですので、少しでも早く終わらせようと出願校を決める前に推薦状の作成を頼んでしまったり、しばらく会う機会がなくなるので今のうちに頼んでしまう、といった理由で出願校を決める前に推薦状を頼んでしまうケースが多いのですが、これは推薦者と揉める原因を作ることに他なりません。というのも推薦者が推薦状を作成した後に出願校を正式に決めると、学校独自のガイドラインが判明することがあります。そうすると再度出願校の推薦状ガイドラインに沿った形で推薦状の再作成を依頼する必要が出てくるため、大学教授等多忙な方は新しい推薦状を書いてくれないケースも出てきます。

また早い時期に推薦状の依頼を行うと推薦者も時間的に余裕のある時期に作成しておきますから、再度お願いしてもすぐ作成してくれるか分かりません。そのため出願締切を考慮し、他の推薦者を探す必要も出てきてしまいます。ただ最初にお願いする推薦者が推薦状作成を一番お願いする必要のあるゼミ担当教官であったり、直属の上司である場合が多いですから、新しい推薦者を探すことは大きな問題となります。最初に決めた推薦者に推薦状を作成してもらえないと、その他書類（エッセイや履歴書等）でアピールした内容も信憑性に欠き、合否に大きな影響を与えかねません。

そのため必ず推薦状は出願校を決め、出願校が設定している推薦状のガイドラインを確認してから推薦者に作成をお願いする必要があります。

E 出願締切から逆算して出願までのスケジューリングが可能

出願校をできるだけ早く決めることで、皆さんが大学院留学準備に使える時間が非常に明確になります。というのも出願校が決まると出願締切が明確になりますので、出願までのスケジュールで一番重要なゴールが決まります。そして、そこから逆算することで出願までの具体的なスケジュールを立てることが可能になります。

通常出願締切までに何をしなければいけないのか、という点について実は学校ごとに違いがあるので、その点を説明します。

●出願締切までに願書のみ提出すればいい学校

この様なスタイルの出願校については、出願締切を明確に設定していても出願者情報をしっかり記入した願書の提出のみしっかり行っておけば、**通常締切を過ぎてもその他の出願書類を追って送ることができ、現地に到着確認がとれた時点で出願が完了**します。最近ではほとんどの学校がオンライン出願という形式をとっていますので、出願締切までにオンライン出願を滞りなく済ませておけば書類は追って提出できるというわけです。この場合はもちろんIELTS、TOEFL、GRE、GMATというようなテストスコアも出願後に追って送ることが可能です。推薦状も出願後に推薦者から届いても問題ないので、余裕を持って依頼することが可能です。もし皆さんが出願予定としている学校が上記のケースの学校であれば出願締切というのはそれほど重要な時期ではなくなります。

●出願締切までに願書及び出願書類全てを提出する必要がある学校

一方出願校の中には**出願締切までに願書の提出はもちろん、出願書類及び必要スコアの提出まで全て終了させなければいけない学校**もあります。こういった学校の場合は出願後、例え出願時のスコアよりハイスコアを出しても出願後のスコア差し替えを行うことはできませんので、あくまで出願時の書類、スコアで合否を審査されることになります。出願締切も通常願書提出期限、書類提出期限、スコア提出期限等それぞれ提出期限がしっかり分かれて設定されていることも多いので注意してください。

こういった学校の場合、最も注意が必要な書類が推薦状です。推薦状はオンライン、ペーパーどちらで提出するにしても推薦者という第三者の意向が含まれますので、推薦状の作成は時間に余裕を持って行う必要がありますし、提出時期に関しては出願締切をしっかり推薦者に伝えておくことが重要です。

以上のように実現させることが難しい大学院留学ですから、準備にかけることのできる期間は明確にし、時間は効率よく使い、実現可能なスケジュールを立てることが最も重要です。そのためには出願校をできるだけ早く決めること、そして国をまたいで出願校を選ぶことが重要だということがお分かり頂けたと思います。

大学院留学で学ぶ内容を考える

国をまたいでできるだけ数多くの専攻（コース）を見ることが重要

[1] 海外の大学院で開講されている学位の種類

海外には現在600程度の専攻があると言われており、勉強したい内容が決まっている方でもその内容がどの専攻に当てはまるのか分からず専攻選びには時間がかかります。

そのためまだ学びたい内容が決まっていないようであれば「単純にご興味ある分野」からのぞいてみるのも悪くないと思います。その際必要な知識として、まずは海外の大学院にはどういった学位が存在し、その難易度と卒業までの目安等を知ることが重要になります。

下記に一般的な学位の種類を解説させて頂きましたが、ほとんどの学位が日本の大学院と違い、リサーチコース（研究中心のコース）とはなっていません。**つまり興味のある研究をしている担当教官を探し、受けいれてもらえるかどうかを打診し、入学できたらその教官について独自にリサーチを進めていく、という日本の大学院のようなスタイルはとっていません。**そのためほとんどのコースは日本の大学4年生のようなコースワークスタイル（授業に出席し、テスト等をパスし進級するスタイルのコース）と変わらないスタイルです。リサーチベースのコースは通常 PhD（博士課程）から始まることになります。そのためマスターレベルのコース（修士課程）で大学時代の研究実績を問われることはほとんどありません。

A Master of ～

通常のマスターコース（修士課程）です。通常 Master of ～として～の部分に専攻名が入ります。Master of Economics、Master of International Relations 等です。北米に多く、通常卒業まで2年間を要するコースが多いのが特徴です。また Master of Literature や Master of Biology 等文系にも理系の学位にも使用しますが、全て修士課程のコースとなります。こういったコースは通常コースワークのスタイルをとっていますので、教授の授業を履修し、定期的にテストを受け、パスすることで進んでいきます。日本の大学院のようにリサーチベースでコースが進むわけではありませんので、そのような研究中心のコースを想像していると大きく異なります。

B Master of Arts (MA)

直訳すると文学修士号、学術修士号となりますが、文学系の学位にのみ使用するわけではありません。通常、北米、イギリス、オセアニア等ほとんど全ての大学院で目にすることになる学位です。直訳すると文学修士号となりますが、**通常は文系学位の総称として使用**されています。そのためMA in ～と～の部分に専攻名が入り、MA in International Relations、MA in Teaching English as Second Language 等ととして使用されています。こちらの学位も上記と同様に通常リサーチベースのコースではありません。教授の開講している授業を受け定期的にテストをパスして進んでいきますが、イギリスの大学院は最後の学期を使って修士論文を作成しますので、その時期は自らリサーチを行い進めていきます。最後のリサーチペーパーが修士課程（マスターレベル）のリサーチと認められないと終了時期が来ても修士号（マスター）は授与されませんので注意が必要です。卒業までの期間はイギリスは通常1年間、北米は2年間のものが多いです。

C Master of Science (MS, MSc)

通常理系の修士課程に与えられる学位の名前になりますが、北米とヨーロッパ及びオセアニアで異なります。北米では略して MS と総称され、Biology や Physics といった主に自然科学系学位の総称となります。通常 MS in Biology や MS in Physics というように MS の後に専攻名が付き、修士課程の学位名となります。また**MSの学位名が付いていると必ず自然科学系の学位かというとそうではなく、心理学やマーケティング学といった統計学や**

数学と関連したクラスを履修する内容であれば文系でも幅広く提供されることになります。卒業までの期間は例外を除き2年で終了するコースが多いのが特徴です。

一方、ヨーロッパやオセアニアではMScと総称されることが多く、こちらは理系中心の学位の総称ではありません。MSc in ManagementやMSc International Businessといった文系の学位にも幅広く提供される学位名で、MScと付いていたからといって特に理系色が強いコースというわけではありません。卒業までの期間は約1年〜1.5年間となります。またヨーロッパ、北米共に共通していえることは、この学位も通常日本の大学院のようにリサーチベースで授業が進むことはありません。コースワークが主体となりますので、クラスを履修することでコースが進んでいきます。

ここまでのMaster of ~、Master of Arts (MA)、Master of Science (MS, MSc)は出願コース検討の際はそれほど意識する必要はありません。上記のように留学先の国によって捉え方と卒業期間は多少異なりますが、今ではほとんど違いがないのが現状です。ただ**これから紹介するコースはコース名だけでなく内容に関しても非常に特徴があるので注意が必要です。**

D Master of Fine Arts (MFA)

こちらは主に北米、ヨーロッパ、オセアニアで幅広く提供されている学位で、主に芸術系学位につけられる名前になります。MFA in Drama、MFA in Art Administration 等**通常MFAの後に芸術系の専攻名が入り、卒業まで3年程度の期間**を要します。また、このコースはArt系の中でもとても実践的なものになりますので、出願の際にポートフォリオ（作品集）等の提出や、美術系大学の学士号、専攻に関連した職歴等を要することが多いのが特徴です。

E Master of Business Administration (MBA)

こちらは大学院留学の中でも一番有名といってもいいくらい、皆さんには馴染みのある学位ではないかと思います。日本語でいうと経営学修士号となり、ビジネスに関することを修士レベルで学ぶことのできる学問です。日本のビジネススクールでも開講している大学院もあります。北米では Business School（ビジネススクール）で開講されていることが多く、イギリス等では Management School（マネージメントスクール）で開講していることが多いのも特徴です。ビジネススクールで開講しているMBAは通常営利団体の民間企業でどのように利益を多く上げるか、ということを目的とした学問になり、マネージメントスクールでは通常営利団体に限らず、NPO、NGO、行政法人、教育法人等様々な団体で応用できる管理学を学べるという点が特徴です。

皆さんの中ではMBAを1つの資格と誤解されていらっしゃる方もいますが、MBAとは Master of Business Administration（経営学修士課程）という修士課程の1コースであることを覚えておいてください。

F Master of Research (MRes)

こちらの学位は通常 Master of Research の後に専攻名が付き、**リサーチ中心（研究中心）の学位**となります。

イギリスを含むヨーロッパで広く開講されている学位で、北米ではほとんど馴染みがありません。この学位はリサーチ中心となりますので、コースワーク（クラス履修）はほとんどありません。いわゆる教授が授業を行い、生徒が授業を受け、理解力を測るために各種期間にテストを行う、というような MA、MS、MSc のようなコーススタイルではないということです。通常担当教官がつき、定期的に教授とミーティングを行い、リサーチの進み具合等に関してアドバイスをもらいながら進んでいきます。日本の大学院のスタイルと似ています。

卒業までの期間は通常1～2年間ですが、終了時に担当教官がマスターレベル終了の修士論文と認めなければ、学位は取得することはできません。リサーチ中心のコースになりますので、出願の際ある程度の研究実績を証明する必要があります。

G Master of Philosophy (MPhil)

通常 MPhil (エムフィル) と呼ばれ、オックスブリッジなど一部の大学を除き、コースはリサーチコース (研究のみのコース) となり、ほとんどコースワーク (クラス履修) はありません。またこの学位の目的はPhDコース (博士課程) への準備コースになります。主にイギリスで開講されており、通常卒業までの期間は1〜2年間となり、終了後PhD コースへと進学します。

H Doctor of Philosophy (PhD)

皆さんにも馴染みある PhD のコースです。日本では博士課程と呼ばれています。こちらは大学院最高学位となり、リサーチ中心のコースになります。ただ北米ではMAやMSのコースとPhDコースが合体しているものもあり、その場合は最初の1〜2年程度は授業履修スタイルで進み、その後リサーチ主体のコースになります。北米だと PhD 終了までは4〜6年程度、またイギリス等ヨーロッパ、オセアニアでは3年程度になります。ただ PhD 取得までの期間は MA や MSc のようにはっきり決まっているわけではなく、博士号が授与された時が卒業となります。それまでは担当教官に付き自らのリサーチを独自に進めていく必要があります。

また PhD の入学には MA や MSc と違い、受け入れてくれる担当教官を事前に探す場合がほとんどなので、まずはリサーチプロポーザル (研究計画者) 等をもとに担当教官を探す必要があります (正式出願後学校の担当者が受け入れ可能な教官を探し合否が出る場合もあります)。

I Postgraduate Diploma (Certificate)

こちらは上記のような学位と違い、皆さんにはほとんど馴染みのない学位だと思います。イギリス、オーストラリア、ニュージーランド等で開講されている学位で、北米ではほとんど開講されていません。北米で開講されていても意味や学位のレベルが異なりますのでご注意ください。イギリス、オーストラリア、ニュージーランドで開講されている Postgraduate Diploma

(Certificate)の学位は通常 Bachelor（学士号）と Master（修士号）の間の学位になり、**Bachelor から専攻が変わるため（またアカデミックバックグラウンドが足りないため）等の理由で直接 Master のコースに入学できない場合に Postgraduate Diploma(Certificate) コースの履修を要求される**ケースがあります。また、このコースには修士論文が課されないので、9ヶ月程度で終了することが可能です。

なおアメリカのExtension、Continuing Education（生涯教育）で開講されている Diploma コースはこのコースとは異なり、通常職歴を積んでいる学生を対象にした実践的な授業内容となります。より即戦力となる知識やスキルを身につけたい方向けのコースになりますので、どちらかというと専門学校という意味合いが強まります。

これらの Diploma、CertificateとMaster、Doctor コースの違いは、Master（修士課程）、Doctor（博士課程）が世界共通の学位ということに対して、Diploma、Certificate は世界共通の学位ではないということです。そのため、Diploma、Certificate の学位を取得しても各国で学術レベルや使用方法が異なるので、国際的に高等教育を修了した学位として証明することが難しいという現状があります。例えば日本の各種専門学校や英会話学校等でもコース終了証明書として Diploma という名前を使っていることも珍しくありません。そのため、Masterコースへの準備コースとして入学する場合は問題ありませんが、Diploma、Certificate のみで終了しようと思っている方は卒業後の学位の使用方法や価値等を検討する必要があります。

J Pre-Master

このコースはイギリス、及びオランダなどのヨーロッパの一部の学校で開講されているコースになります。国よってコースの対象や目的が異なる注意が必要です。まずイギリスのPre-Masterは大学院で開講されているコースではありません。このコースは通常「大学院留学準備コース」と呼ばれ、イギリスの大学付属英語学校で開講されている大学院留学生の準備コースになります。勉強する内容は学術的英語が主になります。大学院を目指す留学生専用のコースとなりますので、生徒は留学生のみになります。また主な目的は大学院入学後に必要な学術的英語力向上となっています。このコースで最も注意しなければいけないことは、通常この Pre-Master コースを卒業しても大学院に入学できる保証はなく、また英語力がある程度備わっている方は大学の授業等一部履修することができますが、**大学院に直接入学することが難しいアカデミックバックグラウンドを補ってくれることはないということです。**

つまり、大学で心理学を専攻していない方がこの Pre-Master に入学しても心理学の大学院に入学できるということはないということです。大学院へ入学するために必要なアカデミックバックグラウンドを補うためには Postgraduate Diploma (またはPostgraduate Certificate) に入学する必要があります。またこのコース終了時に大学院へ入学できる保証があるわけではありませんので、あくまで英語コース＋α程度と考えておいた方が無難です(海外大学院の中には非常に稀ですがこのPre-Master終了を大学院の入学条件に設定している学校もあります)。

つまり英語力が足りないので語学留学をしたいが、ただの語学留学ではなくせっかくだから大学院で使用する英語を中心に学びたい、というような方のためのコースです。TOEFL や IELTS 対策を主に行いたい場合はそういったテスト対策コースの方が向いているかもしれません。

一方オランダなど一部のヨーロッパの大学院で開講されているPre-Masterは、大学院で開講された正規のコースとなり、アカデミックバックグラウンドを補うことが出来ます。Pre-Master終了後にMasterコースに入学が保証されているような、Masterコースの準備コースという位置づけのコースとなります。実際Masterコース出願後にPre-Masterコース修了の条件が付帯した条件付き合格を得られるケースもあります。

K Other Professional Degrees

その他にも専門性の強い学位が数多く開講されています。例えば法科大学院では LLM という様々な法律専門の学位があり、これは通常1年で終了する修士号です。また医療系ではMDは医師資格を意味する Doctor of Medicine になり、その他 MSW (Master of Social Work) 社会福祉学、MPH

(Master of Public Health) 公衆衛生学、Master of Pharmacy 薬学等医療系だけでも様々な専門学位が開講されています。その他、建築学系や臨床心理学系、教育学系でも社会に必要な専門性の高い学位が開講されています。

以上のように皆さんが目指すコースが**どういったスタイルのコース（研究中心？クラス履修中心？）で、卒業までの期間はどの程度なのか、またどのレベルの学位にあたり、世界でどのように認知されているのか**、という点についても詳しく調べる必要があります。

[2] 海外の大学院で開講されているコースの見方

大学院留学を目指している方が最初に行わなければいけない準備は出願するコース（専攻）リサーチになると思います。

将来のキャリアゴールが決まっている方、また海外大学院で学びたい内容が決まっている方、またはこれから海外の大学院で学ぶ内容を決めようと思っている方、様々な方がいらっしゃると思いますが、ここでは海外の大学院で開講されているコースの具体的な見方について解説したいと思います。**ここでの解説をご参考のうえ、各学校のホームページのコース紹介ページを確認してください**。なおここで紹介するコースの見方については一般的な内容となっており、専門性の高いコースやコース内容が特殊なものもあります。

A Overview（コース概要）

まずはコースの Overview と言われるコース概要についてです。通常ここではコースの幅広い解説がされます。例えば卒業までの期間や卒業までの取得単位数、またビジネス系の学位であればコース履修者の平均年齢や平均職歴等も記載されていることがあります。

ここで重要なポイントは2点あります。

1つ目は**「このコースがどういった方のために開講されているのか」という点についてよく読み取ること**です。例えば「関連した職歴等を持っていない、または職歴が3年以下と浅い方のためのコース」、または「関連した職歴を平均3年程度以上持っているミッドキャリアの方向けのコース」、等、このコースの対象者についての記載があります。どのコースも対象を決めずに開講することはありえませんので、コースの対象者についてまずは明確に理解し、ご自身がそれに当てはまるのか、という点について確認する必要があります。例えば新卒の方が会計学に興味を持っていて、非常に魅力的なコースを発見したが、よくコースの内容をみると既に会計系の職歴を3年以上有する方を対象とするコースだった、ということも往々にして起こります。

もう1つの重要なポイントは、「卒業後のキャリア」についてです。**通常海外の大学院のコースは「将来〜のようなキャリアを築くための人材を育てるために〜のコースを開講する」といった具合に卒業後のキャリアを見据えコースを開講**しています。そのため通常コース概要には「このコースは〜のようなキャリアを目指すためのコースです。」または「このコースの卒業者は通常〜のようなキャリアを築いています。」という記述があります。ここで皆さんが例え魅力的なコースを見つけたとしても、そのコース修了者のキャリアと皆さんが目指すキャリアが異なるようであれば出願コースの再検討をする必要があります。

例えば応用言語学を学んで言語教育の現場で活かしたいと希望されている方がいらっしゃったとして、コース概要を見てみると「このコースの卒業者のほとんどは PhD コースに進学し、研究を続けている」、または「このコースは PhD の準備コースとしての役割を果たします」というような記載があった場合、同じ応用言語学の中でも研究色が非常に強く、研究者を育てるコースであり、現場の教師をキャリアアップさせるためのコースではありません。以上のようなコース概要を何気なく確認するのではなく、**そのコースが何のために、誰のために開講されているコースなのか、ということを明確に理解すること**が重要になります。

B Core/Compulsory Class(必修科目)

日本の大学でも馴染みある必修科目、そのコースに入学したら必ず履修しなければならないコースのことです。北米では通常Core Classと呼ばれ、イギリス、オセアニア、ヨーロッパ等ではCompulsory Classと呼ばれることが多いのが特徴です。

必修科目を確認する際重要なことは2つあります。1つ目は「学びたいコースがあるか」、「学びたくない、または学ぶことができそうもないコースはないか」、そして2つ目は「基礎的な科目がどの程度含まれているか」という点について確認するといいと思います。

まずは1つ目の「学びたい内容が含まれているコースがあるか」といった点についてですが、これは当たり前のことですが、必ず確認しましょう。

なぜなら海外の大学院は同じコース名でも学ぶクラスや内容が大きく異なることも多々あるためです。例えば留学生に非常に人気のある TESOL（英語教授法）というコースですが、同じ TESOL という名前でも応用言語学中心のコースと教育学中心のコースがあります。前者は言語学が中心になりますので、統語論や音韻論といった研究色の強いクラスが必修科目で名を連ね、後者の場合はカリキュラム開発、テスト開発、発音矯正法等の現場の教師に役立つ実践的なコースを必修科目で学ぶことになります。以上のように同じコース名でも履修する必修科目等が大きく異なることがありますので、非常に注意が必要です。

次に2つ目「基礎的な科目がどの程度含まれているか」という点についてですが、こちらは皆さんのバックグラウンドによって大きく異なります。もし**皆さんが大学時代の専攻や職務経験と異なる分野のコースに進学を希望される場合、必修科目でその分野の基礎的な科目が多く含まれていないと入学後非常に厳しい**ことになります。例えば国際関係学等の学位は通常、大学時代の学位に制限はありません。つまり大学時代どのような分野を専攻していても入学することが可能です。ただ大学時代にまったく異なった分野（例えば文学や心理学等）を専攻している場合、国際関係を勉強するための基礎知識であるマクロ経済やミクロ経済、国際比較政治、国際関係論といった基礎的なクラスを履修していないケースが多いので、大学院で国際関係学を専攻する際はそういった基礎的なクラスが必修科目に含まれているコースを選ぶのが得策と言えます。通常、選択科目はさらに専門性が含まれるコースになりますので、必修科目で皆さんのアカデミックバックグラウンドに応じて必要な基礎科目を学ぶことができるコースを探す必要があります。

一方、進学する大学院で入学するコースと関連した分野を大学時代専攻していた方、または関連した職務経験をお持ちの方の場合は**逆に基礎的な科目が必修科目に多く入りすぎていないかの確認が必要**です。先にも述べたように海外の大学院で開講されているマスターコース（修士課程）は、ほとんど全てコースワークといって研究をするわけではなく、クラスを履修し、テストをパスすることで進級、卒業するコースになります。そのため日本の大学のような研究ベースのコースとは大きく異なり、コースによっては非常に基礎的な科目からスタートするケースもあります。特に先に述べた国際関係学や開発学、経営学等の大学時代の専攻を問わないコースは特にこの特徴が強くあります。もし皆さんが大学時代と同じ分野の専攻に進学する、または**同じ分野の職歴を3年以上お持ちの場合は必修科目で基礎科目が多く含まれ過ぎないコースを探す必要**があります。

以上のように必修科目はそのコースに入学した際避けては通れないクラスなので、コースリサーチの際は最も重要な項目となります。皆さんのバックグラウンドや目的に合わせ、必修科目については細心の注意を払いリサーチすることをお薦めします。

C Elective/Optional Class（選択科目）

次に選択科目ですが、選択科目は通常コースが開講されている学部内のクラスのみ履修可能な場合と、学部をまたいで他の学部のクラスを選択クラスとして履修できる場合があります。

通常、**イギリスやオセアニアは学部内で開講されているクラスに選択科目を限定していることが多いですが、北米の大学院では学部をまたいで履修できることも多く**、選択科目では他の学部のコースの学生と一緒になることもしばしばあります。選択科目を見るうえで大事なことはこのようにどの程度の幅の選択肢の中から自由に選ぶことができるのか、という点が非常に重要になります。

北米では修士論文やインターンシップも選択科目となっていることもあり、選択しないと修士論文も作成しなくてもいい場合もあります。北米の場合は通常卒業までに履修するクラスの中で必修科目が3分の1程度、イギリス等一年で終了するコース等では必修科目の方が選択科目より多い場合もあります。そのため選択科目として数多くの選択肢があったとしても、履修できるクラス数、単位数等も確認する必要があります。

D Concentration（副専攻）

北米の大学院のコースの特徴として副専攻を選ぶことができるということが挙げられます。通常Concentration、Area of Interest、Specialization等と呼ばれ、主専攻の中でさらに副専攻を選ぶことができます。例えばMBAでは1年目に経済学、財務学、会計学等ビジネスの基礎知識を体系的に学んだ後に、2年目に副専攻としてマーケティング、人材管理学、情報管理学、広告学、スポーツビジネス等副専攻を選びさらに深く学ぶことができます。

副専攻を選べる利点は興味のある分野に関してさらに深く学ぶことができるということもありますが、**入学時に明確に専門分野が絞り切れていない方にも効果的**に働きます。例えば開発学は学びたいが専門分野は開発学を体系的に学んだ後に決めたい方、そういった方の場合まず1年目に開発の歴史や概論、リサーチメソッド等を学び、2年目に経済開発、教育開発、環境開発、衛生開発といった専門分野をさらに深めていくことが可能です。この副専攻は北米の特徴であり、通常イギリス等の一年で終了するコースにはありません。

E Master Thesis（修士論文）

上記でも述べたように通常**イギリス等ヨーロッパの大学院では修士論文の作成は必修科目として課せられることになります。ただ北米の大学院で開講されているマスターコースの多くは卒業までに2年かかるものが多いですが、修士論文を課すコースは少ない**のが現状です。通常修士論文が選択方式になっている場合は、修士論文作成の代わりにその分の単位数のクラスを履修し、卒業することができます。

各国の大学院の特徴でも述べましたが、海外の大学院で開講されているマスターコースは日本の大学院のように担当教官について独自にリサーチを進めていくというリサーチベース（研究中心）のコースではありません。ただ、修士論文を課すコースはコース終了時に修士レベルの論文の提出を義務付けていますので、コースの終盤はリサーチベースのコースになります。以上のように修士論文を課すか否かはコースの特徴を知るうえで非常に重要な項目になります。そのため専攻リサーチの際は非常に注意が必要となります。

また修士論文の有り無しといった問題も重要ですが、修士論文を作成する際のテーマや過去の作品、そして修士論文のガイドライン等も確認しておくといいと思います。過去の卒業生が作成した作品や、修士論文として選べるテーマ、そして必要枚数や文字数といったことは通常コース内容を確認すると分かりますので、出願コースを決める際は是非参考にしてください。

F Internship（インターンシップ）

出願するコース（専攻）のリサーチを行う際、インターンシップの有無を重要視される方も最近は増えてきました。インターンシップに関しては、コースによって①**「必修科目に組み込まれている場合」**、②**「選択科目として組み込まれている場合」**、③**「夏学期等に希望をすればインターン先等紹介してくれる場合」**、④**「コース期間中にはインターンシップができない場合」**、と4種類あります。

まず①**「必修科目に組み込まれている場合」**ですが、このケースは必修科目に組み込まれているので、インターンシップを希望するか否かに関わらず、卒業の条件としてインターンシップを経験する必要があります。その際通常インターンシップ先は学校が探してくれることになります。期間はコースによってまちまちで、2週間程度から3ヶ月程度になります。インターンシップが必修科目に組み込まれているコースは通常北米の大学院でよく見られる傾向です。

次に②**「選択科目に組み込まれている場合」**ですが、このケースは選択科目として選択し、インターンシップを行うこともできますし、インターンシップを選択せず、コースを修了することも可能です。このケースのインターン先も通常学校が紹介してくれます。

続いて③**「夏学期等に希望をすればインターンシップができる場合」**ですが、こちらは基本的にコースの必修科目及び選択科目にインターンシップは含まれておりません。そのためアカデミックアドバイザーやキャリアオフィス(就職課)等に相談し、インターンシップ先を紹介してもらう必要があります。またはインターンシップ先もインターネットや求人募集等を使ってご自身で探す必要があります。いずれにしてもこの場合はインターンシップをしても卒業に必要な単位数としてカウントされるわけではありませんので、あくまでエクストラクラスとして行うことになります。通常こういったケースは夏学期等に長期の休みが入る北米の大学院のみ可能となり、イギリス、ヨーロッパ等の大学院では事実上難しいのが現状です。

最後に④**「コース期間中にインターンシップができない場合」**です。これはイギリスの大学院等1年で終了するコースの場合に多いのが特徴です。1年で終了するコースはコース期間中に長期休みがほとんどないので、インターンシップがコースに必修科目として組み込まれている場合を除き、事実上インターンシップを行う期間がないのでできません。コース期間中にインターンシップを希望される場合は注意が必要です。

さて、そもそも**インターンシップが必要か否かという点**ですが、通常インターンシップが必要な方は、「新卒で大学院留学をしたので職歴がない」、「キャリアチェンジのために留学したので希望する分野での職歴がない」といった方だと思います。特に新卒で大学院留学をした場合は、卒業後に新卒で就職活動ができれば問題ないのですが、中途採用で就職活動をされる場合は少しでもフルタイムの職歴を持っていた方が有利と言えます。

また現在まで一定の職歴をお持ちだったとしても、今回の大学院留学がキャリアチェンジのための留学で、希望する分野の職歴をお持ちではない方の場合は少しでも将来就職したい分野のフルタイムの職歴を付けておいた方がいいと思います。

一方、現在職歴をお持ちで、今回の大学院留学もキャリアアップのための留学なので、前職と関連した専攻のコースに入学した、卒業後は同業に就職、または入学前に勤めていた会社に戻る、といった方は特に希望する場合を除きインターンシップの必要性は少ないと思います。

G Faculty（教授陣）

出願するコースリサーチの最後は教授陣の確認です。通常 Faculty または Academic Staffs 等の表現で学部のホームページに一覧が記載されています。確認できる内容としては、教授の数、各教授の専門分野、過去の論文また担当しているクラスが確認できます。通常連絡先としてメールアドレスも記載されていますので、質問や確認したいことがある場合は直接Eメールでコンタクトをとることも可能です。

先にもお伝えしたことですが、海外の大学院で開講されているマスターコースは通常研究主体のコースではありません。そのため出願コースより特に指示がない場合は、**事前に担当教官を探す必要もなく、特に事前に教授にコンタクトをとる必要はありません。**

学校のホームページを確認している中で分からないことや確認したいことがあった場合に直接コンタクトをとることはできますが、入学後の担当教官を探す必要はありません。ただイギリス等はコース終盤に修士論文を課せられるため、教授一覧を確認することで修士論文のテーマで選べる内容は確認できると思います。

また海外の大学院では教授の移動が頻繁に起こるため、非常に魅力的な教授が在籍していたとしても入学する時にはいなくなっている可能性もあります。そのため**日本の大学院のようにマスターコース入学希望の方は、教授ベースで出願するコースを決めることはリスクがある**かもしれません。

[3] 海外大学院の出願コースの選び方

今まで海外大学院で開講されているコースの種類、コース内容の見方について解説してきました。いよいよここからはどのようにして出願するコースを探すのか、という点について話を進めていきたいと思います。

出願するコースの選び方はいろいろありますが、大きく分けると**「大学の研究を継続するためのコース」**、また**「将来のキャリアアップ（キャリアチェンジ）のためのコース」**があると思います。ここではそれぞれの出願コースの探し方について解説します。

A 大学の研究を継続するためのコースの選び方

大学の研究を続けたい、大学の研究をさらに深めたい、大学の研究をさらに違うアプローチから研究したい、といった理由で留学される方のためのコースの選び方を考えてみましょう。普通に考えれば大学時代の研究を続けるうえで最も効果的なコースを大学のホームページで探すだけなのですが、海外の大学院には600を超える専攻が存在すると言われ、なかなか勉強したいコースを探すのは難しいのが現状です。そのため、**海外の大学院で最も興味ある専攻を探す一番確かな方法は、興味のある学部から探していくこと**です。先にも述べましたが、海外の大学院は同じコース名でも内容が異なったり、開講している学部によって専門性や出願条件等が大幅に変わります。そのため、まずは興味のある学部から探すのが一番確実ではないかと思います。

興味あるコースを多く開講している学部が見つかったら、その後はできるだけ興味のありそうなコース（専攻）を国や学校、公立、私立等こだわらずにまずはできるだけ数多く見ていくことが重要です。そうすると興味のありそうなコース内容であっても国によって、学校によって、学部によってコース名が異なっていたり、例えコース名が同じでも卒業までの期間、学ぶ内容、専門性等が大きく異なることが分かると思います。そしてそれから注意深くリサーチを続け、一番興味のあるコース（専攻）を見つけていくことになります。その後はそのコース（専攻）が開講されている学校を国をまたいでリサーチする作業に移ります。

一般的にはアメリカやイギリス、オーストラリアなどは大学院で大学と専攻を変えることには寛容ですが、特にドイツやオランダ、スイスといった欧州の大学院は、基本的に大学院では引き続き大学で学んだ（での研究）内容をより専門的に深めていくことが目的となっています。そのため、大学での専攻と同様の専門分野を引き続き学ぶことをご希望されている方は、欧州の大学院ですとロケーションや費用など多くの選択肢からご検討頂く事が可能です。

B キャリアアップに貢献するコースの選び方

キャリアアップのために大学院留学を目指す方の専攻選びは、さらに細心の注意が必要になると思います。

キャリアアップのための出願コース（専攻）選びは現在まで行ってきたキャリアバックグラウンドが最も活きる専攻を選ぶべきですが、その際注意しなければならないのが、大学時代の専攻や成績です。**既にキャリアをお持ちの方が大学院留学を目指す場合、仮に10年以上の職歴をお持ちでも大学時代の専攻や成績は問われる**ものです。もちろんある程度の職歴があるため学術的な出願条件を免除してくれるケースもありますが、通常大学時代の専攻や成績によって入学できない専攻があることは意外と知られていません。

例えば日本で心理学出身者ではない方が心理的ケアの業務を長年経験されていて、臨床心理学で大学院留学を目指す場合、例え関連する職歴をある程度の年数お持ちでも入学は難しいのが現状です。

しかし一方で、Executive Masterなど専攻と関連する職歴を4～7年以上有していないと出願自体ができないミッドキャリア専門のコースや、関連職歴を1～3年以上持っているとGPAを補ってくれたり、GRE/GMATが免除になったりと審査に有利に働くケースもあります。

また海外の大学院で開講されているコースは同じコース名でも平均年齢が24歳程度から30歳以上まで開きがありますので、出願校選定には注意が必要です。

加えて昨今では海外大学院ではオンラインコースの充実が目覚ましく、

キャリアを中断することなく学費取得を目指すことも可能です。オンラインコースといってもクラスメイトとの議論やグループワーク、夏季の期間を利用したスクーリングなど充実しており、職務上大きなキャリアの中断が出来ないが将来のために海外の大学院で学びたい、と考えている方にご検討頂ける選択肢だと思います。

C キャリアチェンジに貢献するコースの選び方

一方、キャリアチェンジのために大学院留学される方は、キャリアチェンジをしたい分野と、大学時の専攻が関連しているか否かで可能性が大きく変わります。つまり、大学時代の専攻もキャリアチェンジしたい内容と関係がない場合、「関連する職歴もなく、関連する学士号も持っていない状態」で出願をすることになりますので、この場合は可能性が非常に限られてくるのが現状です。一方もし関連する学士号を持っていれば、「関連する職歴はないが大学時代の専攻は関連している状態」となりますので、門戸は十分開けているといえるでしょう。

しかし昨今では、海外の大学院ではキャリアチェンジを希望する方のために**ブリッジングコース**などが開講されており、こういったコースを活用することで、**「関連する職歴もなく、関連する学士号も持っていない状態」状態でも異なった分野にチャレンジすることが可能**な時代になりました。例えば昨今ではコンピュータサイエンスや、心理学を中心に、会計学に国際関係学や経済学といった幅広い分野でこういった準備コースが開講されています。もちろんこういったコースも数多くオンラインで開講されています。ただいずれの場合も関連職歴は問われませんが、(異なった専攻であっても)大学時代の成績は厳しく問われますので注意が必要です。

以上のようにキャリアアップのための留学であっても、キャリアチェンジのために留学であっても、大学時代の専攻や成績といった内容は問われますので、まずそこから出願コースを検討することをお薦めします。

D キャリアアップ、キャリアチェンジに有効なコース紹介

今回は下記にてキャリアアップ、またはキャリアチェンジのために選ばれることの多い代表的な専攻をまとめてみました。出願コース（専攻）リサーチの際のご参考にして頂ければと思います。

●経営学系

MBA (Master of Business Administration)

MBAコース出願には、通常**大学での専攻や経験は問われません（ヨーロッパの一部地域を除く）。**極端な例ですが、文学部や理科系学部出身者等でも問題なく出願することができます。ただイギリスのMBAコースはフルタイムの職歴を3年以上必ず持っていなければなりません。北米を中心としてMBAコースは、特にそういった条件は持っていないコースが多いのが特徴です。また、学ぶ内容も通常経営学の基礎科目から副専攻を選ぶ形のコースが多いので、経済学や経営学といったバックグラウンドがなくても出願可能です。職歴も分野や内容についても通常特に限定されていませんので、どのような職歴、ポジションの方でも出願が可能です。またヨーロッパ等の一部の学校では大学卒業資格（学士号）がなくても短大を卒業していて、ある程度の職歴があれば出願可能な学校もあります。

以上の理由からMBAでキャリアアップを目指す場合は職歴さえあれば、どんな国のMBAでもチャレンジすることが可能です。ただフルタイムの職歴が2年以内の方はイギリス、ヨーロッパのMBAは難しいと思いますので、北米を中心に探す必要があります。

また、MBAはキャリアチェンジを目的とされる方にも非常に有効な専攻と言えます。というのも、上記に述べたように**大学時代の専攻や職歴の分野、内容等を出願基準に課していませんので、キャリアチェンジしたい内容が副専攻等で選べる場合には非常に有効な専攻**と言えます。例えば現在学校教師や公務員の方が国際ビジネスやファイナンス等の分野にキャリアチェンジしたい場合、フルタイムの職歴が認められれば出願は可能なので、志望動機等をうまく書くことができれば十分可能性があります。その際副専攻を選べるMBAコースに入学し、副専攻で国際ビジネスやファイナンスといった分野

を選べばキャリアチェンジのために将来に活きる留学を実現することが可能です。

以上のように、MBAコースは職歴の分野や学歴等を深く問いませんので、キャリアアップが目的の方、キャリアチェンジが目的の方どちらでも活きてくるコースということが言えると思います。

Master of Information Management (Business Analytics)

この専攻は最近非常に多岐に渡るようになりました。Business、Management学部で開講していることもありますし、Communication、Engineering学部等比較的理科系の学部で開講されていることもあります。

そのため**キャリアアップのために情報管理系の学位を選ぶ場合はその専攻がどの学部で開講されているかを注意深く調べる必要**があります。通常、経営学部で開講されているものはそこまでプログラミングや数学、統計学等の知識は必要ないことが多いので、大学時代の専攻や職歴の内容等を問われることはありません。そのため比較的キャリアチェンジとしての留学でも可能性があると思います。

しかし、工学部等で開講されているものはシステム開発やソフト開発、電気通信等専門性の高いコースが多いので、大学時代の学位や職歴を問われることが多いのが特徴です。そのためご自身のキャリアアップのためにどの学部で開講されている専攻がベストなのか注意深く検討することが重要です。

Master of Accounting

海外の大学院で開講されている**会計学のコースは、通常学生の対象を「会計学経験者」、「これから会計学の分野にチャレンジする会計学未経験者」に分けています**。そのため、既に会計学の知識や経験をお持ちの方でキャリアアップを目指す場合は会計学経験者、会計系の職務経験をお持ちの方を対象としたコースに入学する必要があります。

一方、会計学未経験者のためのコースに入学すると会計学の基礎から学び、会計系の資格取得の準備コースになっている場合もあります。そのため、既に公認会計士資格等を取得済みの方が入学すると消化不良のまま卒業することになります。

ただ、以上のような会計学関係のバックグラウンドがまったくなくても入学できるコースもありますので、これから会計系へのキャリアチェンジを検討されている方には海外の大学院で学びなおすという選択肢を選ぶ方は多いようです。

以上、簡単に解説させて頂きましたが、ここで紹介させて頂きましたビジネス系学位はごく一部です。この他にもキャリアアップ、またはキャリアチェンジを目指すためのコースが海外の大学院では数多く開講されています。そのため皆さんの現在までのご経験を踏まえ、どのコース（専攻）が最も皆さんのキャリアアップ（キャリアチェンジ）に貢献するか、慎重にリサーチを進めていく必要があります。

●医療系

MPH (Master of Public Health)

公衆衛生学は、通常出願者に医療系の学士号を要求します。例えば医学、薬学、看護学等が代表例ですが、通常こうった分野を大学で専攻していないと出願することができません。

ただ海外の大学院で開講されている MPH は、職歴を要求するコースはそれほど多くありませんので、**現在までの職歴の関連性がない分野でも上記のような学部の大学を卒業していれば十分出願、合格できる可能性があります。**そのため大学で医療系学位を取得されていれば十分キャリアチェンジの目的で公衆衛生学を選び留学を達成することができますし、もし公衆衛生系の職歴を既に持っていらっしゃる方は国際公衆衛生学、疫学、生物情報学、プライマリーケア等公衆衛生学の中でもより専門性の強い学問を学ぶことが可能です。公衆衛生学は昨今非常に人気の高い学問で、薬学、看護学等のバックグラウンドをお持ちの方を中心にキャリアアップ、またはキャリアチャンジの目的で留学される方が多いのが特徴です。

Master of Nursing

看護学留学をされる方は最近増えていますが、その理由は大きく分けると

「現地で看護師として働きたい」、「看護学関連でより専門性の強い専攻学び研究を深めたい」という2つになります。

まず「現地で看護師として働きたい場合」は、通常現地での看護師資格取得システムを詳しく調べる必要があります。例えば現在ですとアメリカではNCLEXという現地で看護師として働く資格取得のテストがありますし、オーストラリアでは日本で看護師資格があり、また看護師としての経験をお持ちの方は現地大学の看護学部に編入する形で現地の看護師資格が取得できるコースが開講しています。

以上のように現地で看護師として働く希望をお持ちの方は看護学で大学院留学をすることが適当かどうか非常に難しいところです。また資格システムは法律が絡む問題ですし、頻繁に更新、変更されることが多いので専門家に相談することをお薦め致します。

一方、大学院留学をして看護学を学び、キャリアアップを図られる方は、看護学の分野でも幅広い研究テーマから将来のキャリアプランに沿ったコースを選ぶことができます。海外の看護学のコースは非常に専門性の高いコースを開講しており、通常副専攻が選べることが多いのが特徴です。例えば患者の情報や病室についての管理業務を専門的に学ぶマネージメント系の専攻もありますし、メンタルケア、キャンサー、救急治療といった患者の対象を絞った専攻、または病気のご家族を持った方の家族に対するケアや、新人看護師の教育プログラムの開発等、非常に多岐に渡る専門性の強いコースが開講されています。キャリアアップのためにそういった専攻を選ぶことはとても有意義なことだと思いますが、注意しなければいけないのは**看護学修士号を取得したからといって現地で看護師として働くことのできる資格取得ができるわけではない**、ということです。ただもちろん現地の看護師としての資格取得のコースに通いながら、または資格テストの勉強をしながら看護学大学院に通いキャリアアップのために専門知識を学んでいる方もいらっしゃいます。以上のように海外大学院で看護学を学ぶ場合は、その目的が「**現地の看護師資格取得**」なのか、「**特定の専門知識をより深く学ぶこと**」なのか、注意深く検討することが重要です。

以上はあくまで日本で看護師資格を取得されていて、なおかつある程度の業務経験もお持ちの方を対象に解説致しましたが、完全なキャリアチェンジのために看護学留学を検討されていらっしゃる方の場合は大きく異なります。まず看護学大学院へ入学しようと思うと大学で看護学を専攻していないと難しい場合がほとんどで、またある程度の実務経験を要求されます。もしあなたが現地で一から看護師を目指すのであれば直接大学院入学は難しいので、大学からやり直すか現地の資格システムをしっかりリサーチすることが重要です。

●教育学系

TESOL (Teaching English to Speakers of Other Language)

TESOLは第二言語英語教授法といって、第二言語として英語を習得しようとしている方に英語を教える際の効果的な教授方法を専門に学ぶ専攻になります。そのため英語教師が専攻するという印象が非常に強いですが、**出願基準として英語教師の資格や英語教授経験を求めるコースは半数**です。

特にイギリス、オーストラリア等は英語教授経験をある程度の期間出願基準として課すコースも多いですが、アメリカを中心とした北米のコースは教授経験を要求しない学校も多数存在します。そのためTESOLを専攻される方はキャリアアップ、キャリアチェンジ両方の目的を選ぶことが可能です。

ただここでも注意しなければならないのは、TESOLは英語教師の資格ではないということです。あくまで専門スキルを学ぶ為のコースということを覚えておく必要があります。

またTESOLは開講している学部で学ぶ内容が大幅に変わることがあるので注意が必要です。通常教育学系と言語学系に分ける事ができますが、教育学系の学部で開講されているコースは通常現場の教師向けに開講されているコースが多く、コース内容もカリキュラム開発、テスト開発、発音矯正方法等、現場で実際に教鞭をふるっている教師向けのコース内容となります。

もう1つは言語学系で開講されているTESOLコースですが、こちらは対照的に応用言語学という部類に入るTESOLで、言語学を英語教授の現場に応用するための方法を専門に学ぶことになります。そのため教育学系のコースに比べると研究色が非常に強く、コース内容も社会言語学、音韻論学、統語論、心理言語学等現場の教師向けというよりは第二言語習得学を研究している研究者向けのコースになります。以上のように開講している学部で学ぶ事が大きく異なる可能性もあるので注意が必要です。

TESOLは第二言語としての英語教授方法を学ぶ非常に専門性の高いコースになりますが、大学の専攻や教員免許等は問われる事がないのでキャリアチェンジを目的とされる方に非常に門戸が開かれていると言えます。

また期間も1年間のものも多いので休職してキャリアアップのために留学される方も数多くいらっしゃいます。現在 TESOL は大学院留学でもっとも人気のある専攻の1つですが、理由はこのコースのフレキシブルさなのかもしれません。

Master of Counseling

カウンセリング学は日本ではほとんど馴染みのない専攻ですが、日本ではほとんど開講されていない専攻だからこそ海外留学をして学ぼうという方が非常に多いようです。

皆さんご存知の心理学は入学のためには通常心理学部を卒業している必要があり、心理学学士号が出願条件となります。一方、**カウンセリング学は心理系の大学を卒業していなくて入学することができるコースも数多く開講**されています。またスクールカウンセリング、キャリアカウンセリング、マリッジ・ファミリーカウンセリング等カウンセリング学の中でも専門分野が分かれており、皆さんのご希望に沿い、専攻を選ぶことが可能です。

まずキャリアアップを目指される方の場合ですが、現在スクールカウンセラー、コミュニティカウンセラー、キャリアカウンセラーとして働かれている方はご自身の専門分野に応じて専攻を選ぶことが可能です。ただ大学の時に心理学系の専攻を選んでいた方に出願者を限定している場合は、通常関連する職歴を長く持っていても出願が難しいのが現状です。そのためもし大学の専攻が心理学系でない場合は、大学時の専攻を問わないコースを選ぶことが重要です。またキャリアアップの目的で留学される方は関連する職歴をある程度お持ちのミッドキャリア向けコースをご検討されることをお薦め致します。通常カウンセリング学は関連する職歴（カウンセリング関連業務）を出願者に課すことが多いので、キャリアアップ向けコースが多いのが特徴です。

一方、キャリアチェンジのための留学でカウンセリング学を選ぶ方は、カウンセリング関連の職歴を要求しないコースを探すことが重要となります。先にも述べたようにカウンセリング学系の学位は関連する職歴を要求することが多いため、根気よくコース（専攻）リサーチを行う必要があります。

また、キャリアチェンジのための留学の場合、注意しなければならないことがもう1つあります。カウンセリング学は一部を除き卒業と当時に資格が取得できるということはありません。また日本では心理カウンセラー業務の分野では臨床心理士資格が有名ですが、臨床心理士資格取得を目指されている方は臨床心理士受験資格として海外大学院のカウンセリング学が認められるかどうか確認する必要があります。

現在では海外大学院の心理学卒業者は心理臨床経験を2年以上すれば臨床心理士試験を受験する資格を得ることができます（コース内容によりますので詳しくは日本臨床心理資格認定協会にてご確認ください）が、カウンセリング学と心理学では学ぶ内容が異なりますので、認められない可能性もあります。臨床心理士として日本でのキャリアチェンジを考えていらっしゃる方は留学前に必ずご確認ください。

●工学系

コンピューターサイエンス（Computer Science）

コンピューターサイエンス関連の人材は世界的に不足しているとあって、現在各国で多様なコースを開講しています。例えばコンピューターサイエンスや数学、プログラミングの経験を一切有していない方向けに開講されているコースもあり、非常に昨今キャリアチェンジに向いた専攻といえると思います。もちろんこういったコースでも、基礎的なクラス履修後に、AI（人工知能）、ウェブ制作、ネットワーク、セキュリティ、ソフト開発、ロボティスクなど、さらに専門的に学ぶことができる充実したコースも開講しています。

データアナリティクス（Data Analytics）

データ分析学がカバーする分野は非常に広く、単にビジネス上のビッグデータ解析だけではありません。例えば医療系であれば新薬開発や疫学を含むプライマリーケアに必要なデータ分析を行うバイオ統計学、また交通渋滞や交通事故などを減らすための通行量や交通量などを分析する交通工学の分野、自然災害に関するリスクを予測し適切な避難経路などを予測する災害統計学といった分野まで、その範囲は無限に広がります。そのためキャリアチェンジには非常に有意義な選択肢ではないかと思います。また、このデータアナリティクスも実はコンピューター系のバックグラウンドを有していなくても適切な数学スキルを有していれば入学可能、または必要なプログラミングスキルと数学知識をオンラインクラスで履修することで入学可能になるコースも存在します。

E キャリアブレイクをしないコースの選び方

特に現在社会人の方は、「海外大学院では学んでみたいが将来の展望を考えると長期間のキャリアの中断は出来ない」、と断念される方も多いのではないでしょうか？

そういった方は**オンラインコース**がご検討できると思います。昨今のオンラインコースはZoomやTeamsといったオンラインのコミュニケーションツールが発達したことにより、**単位数やカリキュラムなど対面コースと同等のクオリティで提供**されています。

特に現在のニーズに合わせて政治、国際関係等の文系コースだけでなく、Computer ScienceやData Analyticsといった工学系コースの充実が目覚ましいのが特徴です。また生物や環境科学といった自然科学系も数は多くありませんが開講されています。

国としてはやはりアメリカやイギリスで多く開講していますが、欧州でもオランダなど一部の国では広がってきています。

[4] 大学の専攻と関連していなくても入学ができる専攻

海外の大学院ではそれぞれのコースの出願基準は各学校によって違うのではなく各コースによって異なるため、ここでは大学の専攻と関連していなくても入学できる代表的なコースを紹介します。

A 政治科学系

政治科学系とは、経済学を専門的に勉強しない政治学から派生した学位のことです。例えば国際関係学、国際開発学、公共政策学、環境政策学等です。**通常こういった学位は海外では大学院で初めて学ぶ方も多く、非常に幅広いバックグラウンドの学生が集まってくることが特徴です**。そのため通常出願者に特定の学士号を要求することはありません。

文学部卒の学生が国際開発学を学ぶこともできますし、心理学部卒の方が公共政策を学ぶこともできます。入学している生徒のバックグランドも多種多様ですので、入学後その専攻の基礎的な知識から学ぶことができます。例えば国際開発学等であれば最初に開発学の歴史や概論、そして開発学の中でもどの分野の開発を行いたいか（例えば教育開発、環境開発、衛生開発等）を選び、またどの地域の開発を学びたいか、ということを副専攻等で選択できます。最初に開発学の概論や歴史といった基礎を勉強できますので、開発学のバックグランドがなくても授業についていくことが可能です。

B 経営学系

皆さんご存知の経営学修士号（MBA）も、アカデミックバックグラウンドを通常問われることはありません（ヨーロッパ一部地域を除く）。コースによっては経営学部卒以外の学生に準備コースとしてビジネスの基礎コースを数クラス追加履修させることもありますが、入学できないことはありません。もちろん経済学や統計学等を学んでいると有利という点はありますが、**どのMBAコースでも通常様々バックグランドから学生が集まってきますので、コースは経営学の非常に基礎的なところから始まります。**

例えばMBAでは最初に経営学に必要な基礎学力を付けさせるために、経済学、情報管理学、マーケティング学、人材管理学、会計学、財務学等を幅広く学ぶことになります。その後、専門性を付けるためにマーケティングや国際ビジネス、サプライチェインマネージメント、人材開発等の副専攻を選びさらに専門性を深めるコースもあります。

また会計学やマーケティング学等の学位もビジネススクールでは幅広く開講していますが、通常こういった学位は大学で既に学んでいる学生用と大学院で初めて学ぶ学生用のコースに分かれています。これはコースの出願基準等を確認することで明確にすることができます。

これまで説明した学位は一般的にアカデミックバックグラウンドを要求しないとうだけであって、コースによっては関連した職歴をある程度の期間(通常1～3年程度) 要求されることもあるので注意が必要です。

以上のように、政治科学系の学位や経営学系の学位は通常大学の専攻を限定していませんが、もちろん**その他にも大学の専攻と関連していなくても入学できる専攻は数多く存在します**。上記は一例ですので、是非皆さんがチャンレンジしたいと思っているコース (専攻) の出願条件をリサーチすることにより大学院留学の可能性を広げてください。

[5] 大学の専攻 (または職歴) が関連していないと入学できない専攻

次に大学での専攻を限定していたり、関連する職歴をある程度有する者に出願者を限定している専攻について説明します。そういった出願最低基準に関しては学校ホームページ等では曖昧な記載になっていたり、明確な記載がない場合が多いのが現状です。下記に出願者に関連したバックグラウンドを要求するコース (専攻) の代表例を記しておきますのでご参考ください。

A 自然科学・工学・医療学系

まず自然科学系の学位は、全般的に大学で関連する専攻を学んでいる必要があります。数学、生物学、化学、物理学等は全て関連するアカデミックバックグラウンドがない状態で大学院留学をすることはできません。

ただ環境科学（環境工学）は少し特殊な分野で、大学で農学、薬学、科学等の自然科学系または医療系学位を取得している学生に出願者を限定している場合と、大学時代の専攻をまったく限定していない文科系の学生でも入学できるコースが存在します。例えば環境政策、環境管理学等の管理系のコースは大学時代の専攻を限定していません。そのため理系出身者でなくても環境学を学ぶチャンスは海外の大学院には数多く存在します。

その他工学・医療系専攻は通常関連する学士号を有していないと出願することができません。薬学、看護学、公衆衛生学、臨床心理学、機械工学、宇宙工学、生物工学等全て大学で関連した専攻を学んでいる必要があるので、まったく関連しない大学を卒業された方は通常大学からやり直す必要があります。ただ昨今コンピュータサイエンスなど社会的ニーズが強いものに関してはブリッジやコンバージョンコースなども提供されており、そういった準備コースを介して入学することも可能です。

B 経済学系

海外大学院で経済学を専門的に学びたい場合、大学時代に経済学を専攻している必要があることは意外と知られていません。通常経済学部で開講している経済学関連のコースは経済学の学術的バックグラウンドを要求されます。通常経済学学士号取得者に限定している場合もありますし、指定された経済学関連のクラスを履修していれば入学できる場合もあり、確認が必要です。

ただ**経済学部以外で開講されている経済学関連のコースは経済学の学士号や経済学関連の学術的バックグラウンドを求められない場合があります**。国際関係学部で開講されている国際経済学、開発学部で開講されている開発経済学、経営学部で開講されている経営学の副専攻と開講されている経済学が一例です。そのため大学で経済学を専攻していなくても経済学部以外の学部で開講されているコースであれば大学院で経済学を学ぶことが可能です。

C ジャーナリズム・教育学系

ここまでは大学時代の専攻によって出願できないコース（専攻）があることについて解説致しましたが、海外大学院のコースには関連する職歴を出願者に課すコースもあります。代表例としてジャーナリズム学が挙げられると思いますが、こちらは関連する職歴だけでなく作品集の提出も求められることもあります。特に北米（イギリス等は職歴や作品集を求められないコースも多々あります）のジャーナリズムは実践的な授業が多く、ある程度の職歴がないと授業についていくことは難しいと思います。また日本ではジャーナリズムについて大学院レベルで学ぶということ自体馴染みがないと思いますが、海外大学院で開講されているジャーナリズム学はアカデミックレベルが非常に高く、入学難易度も非常に高いのが現状です。そのため関連する職歴と同時に実績として作品等の提出、北米であれば GRE のスコア、アドミッションインタビュー等が課されることも珍しくありません。

また教育系の学位も関連する職歴が問われることが多い分野になります。有名な TESOL（英語教授法）もそうですし、各種カウンセリング学も同様にある程度の教授経験、臨床経験を要求されるケースがあります。国際教育学や開発教育学等対象や分野を限定した教育学でも職歴を要求してくるコースがあります。

以上のように海外の大学院では関連する学士号やある程度のアカデミックバックグラウンド、そして関連する職歴を出願者に要求するコースが多々あります。**ただ「このコースは必ずこれを要求する」という明確な回答はなく、実際は留学先の国や各学校によって大きく異なります**。そのため明確な回答を得るためには皆さんの英文履歴書や英文成績証明書を現地コース担当者に送り、判断を仰ぐことをお薦めします。

学校リサーチを開始する

学校リサーチはプライオリティー（優先順位）を決めることから始める

学校リサーチを行う際、特別にロケーションを限定する必要がない場合は国をまたいでリサーチを行う必要があることは先に述べましたが、そうは言ってもアメリカ、イギリス、オーストラリア、カナダ等の英語圏だけでも1万校以上の学校が存在します。ではその数限りない学校の中からどのようにして出願校を絞りこんでいくのでしょうか？ **数限りない選択肢の中から意中のものを選ぶ時は、ご自身の希望に関してプライオリティーを決めることが重要**と考えます。特に学校リサーチの際は下記のようなリサーチ条件が存在します。

❶ コース内容：学びたいコースを提供している学校に入学したい！
❷ ランキング：有名校に入学したい！
❸ ロケーション：住みたい場所にある学校に入学したい！
❹ 生活環境：好みの生活環境を提供する学校に入学したい！

ではこの条件の中で皆さんが考える学校リサーチのプライオリティーを考えてみましょう。

[1] コース内容から学校リサーチ

この条件は学びたい内容が非常に特殊な場合を除き、それほど出願校絞り込みの条件としては役に立ちません。といいますのも、例えばMBAコースを希望した場合、北米、ヨーロッパ、オセアニア等MBAコースを提供する学校を対象にリサーチをすると何千校という学校が対象となってしまい、コース名で出願校の絞り込みができないのが現状です。ただ例えばMBAコースの中でもArt AdministrationやSports Business等の副専攻が選べるコースとなれば、非常に特殊なケースとなりますので、学校リサーチは楽に進むのではないかと思います。

もしコース内容がそれほど限定されているものではなく、世界各国数多くの学校で開講されている場合、まずはその専攻を開講している学校をピックアップし、その後下記の学校リサーチ条件を加味し、出願校の絞り込みを行ってください。

[2] ランキングから学校リサーチ

ランキングから学校リサーチをする方は一番多いのではないでしょうか？ せっかくお金と時間、そして労力とリスクを賭けて大学院留学を実行するわけですから、できるだけ世界で認められている、国際的に名が通っている学校に入学したいと思うのは当然のことです。

しかも卒業後博士課程等に進学する予定のない方は最終学歴となりますので、日本の名門大学を卒業されている方は学歴を落とさず留学することも非常に重要になります。せっかく日本の名門大学を卒業されていても海外の大学院が無名だと最終学歴で学歴を落としてしまうことになり、履歴書にも書きたくなくなってしまいます。

また海外就職を目指す方は日本で有名な大学より、国際的に有名な大学院を卒業することにより、就職活動がより有利に働くでしょう。また国際的に名門大学院で学んでいるという自負は留学中つらいことがあった時に必ず乗り越える原動力となってくれるに違いありません。

では国際的に有名な学校は、どのように探せばいいのでしょうか？ その際有効活用できるのが世界的に知名度のあるランキングです。世界的に知名度のあるランキングは大企業の人事部でも参考に使用されていますし、もし就職面接の際審査官が海外の学校について知識がなく、皆さんの卒業校のことを知らなかったとしてもそのランキングを持参することによって卒業校の客観的な評価を提示することができます。そのため出願校選びでは国際的な知名度のあるランキングを参考にすることをお薦めします。決して根拠のない無責任な「お薦めの大学院」等の記事やアドバイスには惑わされないでください。

A 国際的に認知度の高いランキング紹介

ただランキングといっても使い方は多種多様で、まず国別ランキング、これはある特定の国にある大学院に限定したランキングです。次にワールドランキング、これは国別ランキングと異なり世界各国全ての大学院を対象としたランキングです。もちろん東京大学や京都大学といった日本の大学も入っています。最後に分野別ランキング、これはビジネス、心理、生物、コミュニケーション学といった具合に分野別にランキングされています。

以上のようなランキングを使用し、学校リサーチに役立ててください。ここではその代表例を下記紹介したいと思います。

● The US News（アメリカ）

US News は、USニューズ&ワールド・レポート社によって発行されるアメリカの日刊紙としては3番目の発行部数を誇ります。また1983年から開始された大学ランキングは全米の大学を分野別に上位40校の一覧を発表します。主な審査基準は、1）ビジネススクールが他校のプログラムを評価、2）企業採用担当者（人事部）の評価、3）卒業生の給与やボーナス、4）卒業生の内定率、5）MBAコース入学者の GMAT 及び GPA の平均値等で毎年審査が行われランク付けされます。特にアメリカの大学院に関するレベル、知名度を計るランキングとしては最も有名なランキングと言えるでしょう。

● Financial Times（アメリカ）

Financial Timesは、AACSB（The Association to Advance Collegiate School of Busines）が認定するビジネススクールを対象としています。ランキングは現在アメリカ国内、ヨーロッパ内、アジア内、カナダ国内別にMBAコースのランキングを発表しています。ランキングの審査は、主に1）卒業生の給与、2）卒業前との昇給率が主な基準で、その他3）卒業後のキャリアゴールの達成度や昇進、昇給率、4）卒業後3ヶ月以内の内定率等MBAコースが及ぼすキャリアへの貢献度を主に審査基準としています。

上記のように主に卒業生に行うアンケートや独自の調査等でデータ化し、ランキングを発表します。キャリアへの貢献度を主に審査対象としていますので、MBAコースのキャリアへの投資効果を計るなら最適のランキングと言えます。

●The Sunday Times, Good University Guide（イギリス）

1966年創業の、毎週日曜日に発行される英国国内の週間新聞です。同じニューズコーポレーションの傘下である日刊Timesと混同されることが多いですが、Times とは異なった基準で大学のランキングを公表しています。Times がワールドランキングを発表するのに対し、The Sunday Times はイギリス国内の全大学を対象に法律、ビジネス等分野別に細かくランキングしているのが特徴です。The Sunday Times のランキングは、「学生満足度」、「教育の質」、「研究の質」、「入学試験のポイント」、「就職状況」、「卒業時の成績」、「学生と教員の割合」、「退学の割合」を指標として調査しています。

●Times Higher Education,　World University Ranking（ワールド）

イギリスのタイムズ（Times）が、新聞の付録冊子として毎年秋頃に発行している高等教育情報誌に関する専門冊子です。The Times Higher Education Supplement（The Times Higher）が2004年から始めたWorld University Rankings（世界の大学ランキング）は毎年発表される数少ない世界の大学ランキング（もちろん日本の大学も含む）なので毎年非常に話題になります。また審査方法は研究者の評価、教員一人当たりの被論文引用数、就職力、国際性（外国人教員比率、外国人学生比率）、教員数と学生数の比率で評価しています。現在大学院の総合的な知名度を知るための指標としては最も有効なランキングだと思います。

●Quacquarelli Symonds :QS World University Ranking（ワールド）

イギリスの大学評価機関であるクアクアレリ・シモンズ社が、毎年夏頃に公開している世界の大学ランキングです。もともと上記Times Higher Educationの世界大学ランキングに疑問を持ったグループが発足したランキングとなるため、Times Higher Educationとは審査基準が異なる点が特徴です。また、こちらは特に人文学、社会学、工学、自然科学、医学といった分野から、さらに言語学や建築学、文学、経営学、経済学、生物学、心理学、化学、環境学といった約45の分野のランキングを細かく公表しているので、世界の一般的な総合大学としての知名度やランキングを知りたい場合は上記Times Higher Education、総合大学としてのランキングではなく、専門分野のランキングを詳しく知りたい方はこちらのQuacquarelli Symonds（QS）のランキング、といった使用方法が可能だと思います。

●ARWU: Academic Ranking of World Universities（ワールド）

上海交通大学の高等教育研究所が、毎年発表する世界の大学ランキングです。中国の大学が世界の大学と比べてどのくらいのギャップがあるのかを示すため、同大が2003年から毎年行っています。ノーベル賞等の受賞者数、「ネイチャー」や「サイエンス」といった学術誌に引用された論文数等で順位を決定しています。全世界の大学を対象とした大学ランキングが非常に珍しいので毎年話題になります。

また総合ランキング以外に法律、科学等分野別にワールドランキングを発表している唯一の大学ランキングになりますので、分野別に世界の大学院の知名度やランクを知りたい時は最も参考になるランキングと言えます。

●Maclean's Universities Ranking（カナダ）

Maclean'sとは、1905年創刊のカナダで発行されている週刊誌です。北米でもアメリカに比べると大学ランキングが非常に少ないカナダにあって信憑性のある非常に貴重なランキングと言えると思います。ランキングの他にもMaclean's Guide to Canadian Universities というカナダの大学情報誌を毎年発行しており、Maclean's University Ranking はカナダ国内で唯一信用できる大学院ランキングになります。ランキングは学部（大学）、大学院（研究機関）に分かれて発表されているので、特に大学院進学を目指す方には有意義な情報となります。調査方法は大学のクラスサイズ、大学教授の博士号保持率、大学予算、図書館の蔵書数や利便性、地域の評価等様々な視点で順位が決定されています。

B 国際的に認知度の高い名門大学連合紹介

以上が世界的に知名度のあるランキングになりますが、学校リサーチの際、ランキング以外に名門大学連合を参考にする方法もあります。日本でも東京6大学等が有名ですが、世界の大学院でも国際的に広く知られている名門大学連合が存在します。名門大学連合では大学間でスポーツを含む学生同士の様々な交流が盛んに行われるので、学校リサーチの際は是非参考にして頂ければと思います。次に代表的な名門大学連合を解説しておきます。

● Ivy League・アイビーリーグ（アメリカ）

アイビー・リーグ（Ivy League）は、アメリカ東部の名門私立大学8校からなる大学連盟です。アイビー・リーグ大学連盟参加校は全て入学も最難関であり、世界中から優秀な学生が集まってきます。また入学難易度が非常に高いだけでなく、学費、滞在費（学生寮費）等も世界トップクラスを誇ります。学費、学生寮費だけで年間700～800万円程度かかるため、学費の面でも入学が非常に困難ですが、合格した場合、家庭の収入に応じて奨学金を授与されるため、全ての学生に平等に門戸が開かれています。

またアイビー・リーグ大学連盟の卒業生はアイビー・リーガーと呼ばれ、世界各国広がった人脈で結ばれることができます。

加盟校：ブラウン大学、コロンビア大学、コーネル大学、ダートマス大学、ハーバード大学、プリンストン大学、ペンシルベニア大学、イエール大学

また日本ではそれほど馴染みがありませんが、アイビーリーグが私立校の大学連盟なのに対し、パブリックアイビーという公立校のアイビーリーグも存在します。ただアイビーリーグと異なり、パブリックアイビーとして示される学校の範囲はいくつか解釈があり、1つに定まっていません。現在では最大30校がパブリックアイビーとして示されていますが、いずれにしても全てが北米が誇る大規模校であり名門スクールなので、学費等が心配な方は是非そちらも学校リサーチの際のご参考にして頂ければと思います。

●University of London・ロンドン大学連合（イギリス）

1836年に創立したロンドン大学は、現在では様々な専門分野を持ったカレッジで構成されています。現在では19のカレッジと12の高等研究機関で構成されており、各カレッジはそれぞれ入学審査や学校運営を行っていることから、個別の独立した大学として扱われています。そうしたロンドン大学所属カレッジ群を総称してロンドン大学連合と呼ばれます。特にロンドン大学連盟所属カレッジで最も歴史のあるUniversity of College London(UCL)とKing's College Londonは有名ですが、その他のカレッジもそれぞれの専門分野で全てトップスクールにランクされています。イギリス大学院留学を目指すなら、オックスフォード大学、ケンブリッジ大学、ロンドン大学連合は外すことができない選択肢と言えるでしょう。

> ロンドン大学連合：バークベックカレッジ、セントラル・スクール・オブ・スピーチ・アンド・ドラマ・コートールド美術研究所、ゴールドスミス・カレッジ、ヘイスロップ・カレッジ、ロンドン大学癌研究所、インスティテュート・オブ・エデュケーション、キングス・カレッジ・ロンドン、ロンドン・ビジネス・スクール、ロンドン・スクール・オブ・エコノミクス、ロンドン衛生熱帯医学大学院、クイーン・メアリー・カレッジ、王立音楽アカデミー、ロイヤル・ホロウェイ、王立獣医大学、東洋アフリカ研究学院、ロンドン大学薬学校、セント・ジョージ医学校、ユニヴァーシティ・カレッジ・ロンドン、ロンドン大学通信課程

●Russell Group・ラッセル・グループ（イギリス）

ラッセル・グループとは、イギリスの名門高等研究機関で構成される大学連盟です。20校のイギリス国内の研究志向が非常に強い大学で構成され、イギリス国内の研究費の大半をこの20校で占めていると言われるほど、イギリス国内での影響力は強いと言えます。

また、ラッセル・グループ内で更に下記５校は最も研究志向が強い大学として有名です。イギリスで研究志向の強い大学院留学を希望している方はラッセル・グループ所属の大学院は是非検討してください。

加盟校：オックスフォード大学、ケンブリッジ大学、ロンドン・スクール・オブ・エコノミクス (LSE) 、インペリアル・カレッジ、ロンドン ユニバーシティ・カレッジ・ロンドン (UCL)

●The Group of Eight・グループ8（オーストラリア）

オーストラリア8大学は、オーストラリアの名門大学8校からなる大学連盟です。1999年に結成後学生の相互交流、合同シンポジウムの開催、政府への政策提言を行っています。

また8大学の中でもオーストラリアで最古の大学であるシドニー大学、2番目に古いメルボルン大学、またオーストラリアの首都キャンベラの中心地に位置するオーストラリア国立大学は特に有名です。オーストラリア大学院留学を目指す場合は、まずこのグループエイト所属の8大学を目指すべきでしょう。

加盟校：アデレード大学、オーストラリア国立大学、メルボルン大学、モナシュ大学、ニューサウスウェールズ大学、クイーンズランド大学、シドニー大学、西オーストラリア大学

●League of European Research Universities：ヨーロッパ研究大学連盟

加盟大学21校、主に学術研究分野において優れていると認定される大学のみ加盟出来ます。ヨーロッパ全土で21校と非常に加盟校が少ないため、審査基準も厳しく、加盟校になることは研究大学院にとって一つのステータスとなります。

ケンブリッジ大学、エディンバラ大学、インペリアルカレッジ（イギリス）、アムステルダム大学、ライデン大学（オランダ）、ジュネーブ大学（スイス）、バルセロナ大学（スペイン）、ヘルシンキ大学（フィンランド）、ルンド大学（スウェーデン）など21校

●Coimbra Group：コインブラ・グループ

最も歴史のあるヨーロッパの大学連盟の1つです。加盟校39校、全て総合大学で長い歴史を持つ大学群で、各校で情報共有や共同研究など学術協力など盛んに行われています。また学術面だけでなく文化的交流も盛んに行われています。

ブリストル大学、エディンバラ大学、ダラム大学（イギリス）、トリニティカレッジ（アイルランド）、ボローニャ大学（イタリア）、フローニンゲン大学、ライデン大学（オランダ）、ジュネーブ大学（スイス）、バルセロナ大学（スペイン）など39校

以上のようにランキングだけでなく、国際的に知名度のある名門大学群に含まれている大学院は卒業校としてアピールできるだけでなく、教育レベルも申し分ないので出願校検討の際は是非ご参考ください。

ここまで進学校を選ぶ基準として国際的に認知度の高いランキング、また名門大学連合について解説してきました。ただ絶対に誤解しないで頂きたいのは、**ランキング上位校や名門大学連合に加盟している大学院に入学することが全てではない**ということです。大学院留学を目指す皆さんにはそれぞれの希望があり、実現させたい大学院留学の形があると思います。それは希望する地域でできるだけ経済的に留学を実現することかもしれません、または学びたい内容がしっかり学べればランクやロケーション等もこだわらない方もいらっしゃるでしょう、各種ランキングや名門大学連合はあくまで皆さんの出願校を決める1つの目安としてご利用頂ければと思います。

[3] ロケーションから学校リサーチ

次に、留学したいロケーションから学校リサーチを行う方法です。せっかく海外留学をするのですから行きたい場所、住んでみたい場所に留学したいと思うのは当然のことだと思います。もちろん特定の都市へのあこがれといったものから気候等の生活環境、学校規模や学生寮の有無等学園生活における希望まで様々です。ここでは生活環境及び学生生活から出願校を選ぶ方法についての考え方について解説したいと思います。

A 生活環境について

皆さんの**留学中の生活環境は、留学するロケーションによって大きく異なります**。これは非常に重要なことで、短くても1年間、長い方だと2〜3年間は生活する場所ですから、理想の場所ではなかったとしても最低限モチベーションをもって勉強できる環境を選ぶ必要があります。その際最も気をける必要があるのは、都市部か田舎部か、そして気候についてです。

●都市部・田舎部の環境の違い

まず考えなければならないのが都市部、田舎部といった問題です。

これは**特にアメリカ等の北米の大学院へ留学を検討されている方には非常に深刻な問題**で、特にアメリカの田舎は日本では想像できないような環境が存在します。都市部に出るのに飛行機に乗る必要があったり、学校構内以外はほとんど外出先が存在せず、生活には必ず車が必要といった環境です。こういった環境でも高校生や大学生といった比較的年齢が若い方であれば問題ないと思いますが、20代後半以降に大学院留学を目指す方で、将来のために学園生活以外にも様々な経験をしたい、といった希望を持っている方にとっては非常に消化不良の留学生活になってしまう可能性があります。特に日本国内でも都市部近郊で生活されていた方にとってはアメリカの田舎部に留学してしまうとどこにも行けない閉塞感により、精神不安定になる方もいらっしゃいます。

以前日本人留学生がほとんどいない田舎部の大学院へ留学された女性がい

らっしゃいましたが、その方が留学したのがペンシルバニア州の内部にある小都市でした。小都市といっても都市と呼ぶには滑稽なほどビルや建物もなく、ピッツバーグに出るには電車ではなく飛行機に乗る必要があり、学生寮が学校構内に位置していましたのでほとんど学校を出ることすらなくなるほどです。学校を出ても車で15分程度のところにあるショッピングモール1つという環境です。もちろんこういった環境を好まれて留学される方もいらっしゃると思いますが、その女性はずっと都会に住んでいらしたので、その生活のギャップによるストレスで結局卒業前に帰国することになってしまいました。

また広く知られていることですが、北米に留学するとほとんどのロケーションで車が生活の必需品となります。車がなくてもバスや友人の車に乗せてもらう等方法がないことはありませんが、やはり学生生活をマイペースに自由に進めるためには車は必需品となるでしょう。例えばサンフランシスコ、ニューヨークマンハッタン、ボストンダウンタウン等は車がなくても生活に困ることはほとんどありませんが、その他の都市では通常車が必要になります。そのためアメリカの田舎部に留学予定の方は車の運転を覚悟する必要があります。このようにアメリカの田舎部と都市部では生活環境が非常に異なるため、事前に十分リサーチが必要になります。

以上のように「都市部 or 田舎部？」という問題に関して、特にアメリカは注意しなければいけませんが、もちろんイギリスやオーストラリア、カナダといった留学先でも同じことが言えます。常に皆さんが希望する留学中の生活環境を想像し学校リサーチを行ってください。

●気候による環境の違い

次に生活環境で検討しなければならない条件は、気候です。気候は学校リサーチの際に軽視してしまいがちですが、私は最も重要な条件の1つと考えています。なぜかというと、留学におけるストレスはほとんどが生活環境が原因ですが、特に気候に関係したストレスが問題になることが多いからです。弊社でサポートさせて頂いた方でも、気候からくるストレスを理由に卒業前に帰国されるケースが毎年起こっています。

では気候とは具体的にどういったことでしょうか？ 例えば同じアメリカでも南カリフォルニアとミシガンを比べてみてください。南カリフォルニアの気候は年間を通して雨季の１ヶ月程度の期間を除き、ほとんど晴れています。気温も年間を通して20度を下回ることはありません。雨量も雨季の１ヶ月にほとんど集中していますので、その期間を除けばほとんど降ることはありません。

一方ミシガンはどうでしょうか？ 冬季にはマイナス10度になることも珍しくなく、雨量に関しても南カリフォルニアの雨季にあたる時期と同等の雨が通年降ることになります。もちろん留学先として南カリフォルニアがお薦めでミシガンはお薦めできない、ということを言っているのではなく、同じ国でもこれだけ環境が異なるという認識を持つことが重要なのです。もちろんイギリスは雨天が多いことや日照時間が少ない都市が多いことは有名な話です。

過去にミシガン州立大学という名門大学に合格された方が、寒いのが非常に苦手だという認識を持ちながらもせっかく名門大学に合格したのだからと入学されたのですが結局、その３ヶ月後にひどい頭痛に悩まされ、なんとかカリフォルニア等の学校に転校できないかとご依頼を頂いたことがありました。残念ながら大学院間の転校は大学のように簡単でなく、入学をし直す必要がある場合も多いのが現状です。

もし**皆さんが天候によって気分が非常に影響される、悪天候や温度差によって体調を崩し易い等ありましたら、**学校リサーチの際、是非気候等を含めた生活環境を重要条件項目として検討されることをお薦めします。

B 学生生活について

意外と知られていないことですが、入学する学校によって学生生活のスタイルは大きく異なります。その要因はまず学校によってキャンパス、校舎のあり方が大きく違うこと、そして2つ目は皆さんが実際に留学後寝泊まりする学生寮の環境も学校によって大きく異なるためです。

●キャンパスにより異なる学生生活

例えば海外大学院留学といって皆さんが想像されるのは「広大なキャンパスに芝生が敷いてあり、休憩時間は芝生に寝転んで読書をする」というイメージが多いと思いますが、実際に海外の大学院が全てそういった生活環境を提供してくれるかということそういったことはありません。

例えばロンドン市内に位置するロンドン大学のカレッジは校舎が街中にあるため、皆さんが想像されるようなキャンパスといったものがありません。

市街中心地にある**ビル自体が学校なので、知らずに通り過ぎると銀行やオフィスビルと間違って気づかないかもしれません。**

また北米やオーストラリア、ヨーロッパには稀ですが市街中心地のオフィスビルのフロアーに学校が入っていることもあります。オフィスビルの2フロアーが学校になっているということもあり、その場合は通り過ぎても学校と気づくことはありません(総合大学の一学部がサテライトオフィスとして市街中心地のオフィスビルに学校を構えていることもあります)。

通常こういった学校に通学する場合は都市部の刺激や好奇心を多分に満たすことができ魅力的な一方で、学校はキャンパス自体がありませんので、ビル内に食堂や図書館等はあることが多いですが、学生寮が学校敷地内(ビル内)にあるということはありません。学校は通常学生寮を持っていないことも多く、持っていたとしても学校近郊に学校所有のマンションが学生寮になっているので電車等で通学する必要があります。市内中心地の学校では学生寮がないとマンションを独自で探す必要があり、費用も東京に一人暮らしをするのと同じ程度かかります。また電車で通うことになると交通費がかかったり、朝の通勤ラッシュに巻き込まれることがあります。

もちろんこういった環境が悪いというわけではありませんが、「広大なキャンパスでのんびり学生生活を……」というイメージを持たれているとまったく異なった学園生活を過ごすことになりますので注意が必要です。

一方、**広大なキャンパスを有する学校では皆さんが想像される学園生活を送ることができますし、通常学生寮も全て学校構内に整備されています。**そのため学生寮に入ってしまえば学校構内をほとんど出る必要がなく、学校によっては構内に本屋だけでなくスーパーや薬局、美容院等の生活必需品が全て購入できるお店がある学校も多いため、ほとんど学校を出ることなく卒業してしまうケースもあります。通常、学生寮に入寮できると現地でマンション等の契約をするより大幅に費用が抑えられますので、費用的に心配な方は学生寮をキャンパスに所有している大規模校をお薦め致します。

重ねて申しますが、私はどういった環境のキャンパスがお薦めです、というようなことを言っているのではありません。入学する学校のキャンパスによって大きく留学中の生活環境が異なりますので、学校リサーチの際は学校のレベル、ロケーション等だけではなく、学校のキャンパスも確認されることを強くお薦めしたいと思います。

●学生寮により異なる学生生活

また学生寮についても、実は北米式とヨーロッパ（オセアニア）式と存在します。通常**北米の学生寮は1人部屋という概念が文化的に存在しないので、2人以上の相部屋になることがほとんど**です。キッチンやバスルームは共同で使用することになり、学生寮に食費が含まれていることも多く、食事つきの学生寮が多いのが特徴です。日本では相部屋と聞くとあまり慣れていない学生の方が多いと思いますが、学生同士の交流が共同キッチン等で行われたり、一生の付き合いができるルームメイトと出会ったり、スタディグループ等のミーティングを学生寮で行うことができる等相部屋の利点も多々あります。相部屋の学生寮は学生の出入りも多いので、プライベート感が減ってしまいますが、留学生として利点が多いのも事実です。ただ、もちろん皆さんがご想像される通り外国人のルームメイトになる場合も多く、文化や価値観の違いでルームメイトとの問題が発生する可能性もあります。

一方、**イギリス、オーストラリアを含むヨーロッパ及びオセアニア式は、通常１人部屋という概念が文化的に強く、学生寮も１人部屋が多い**のが特徴です。ただキッチンやバスルームは共同となります。また北米とは異なり、通常食費も学生寮費に入っておらず、共同キッチンで自炊することが多いようです。もちろん以上は一般的な例で、北米の学校の学生寮でも1人部屋はありますし、バスルーム等もプライベートなものを持てる場合もあります。ただ留学先や進学する学校によって以上のような生活スタイルの違いがあることを学校リサーチの際の参考にして頂ければと思います。

以上、学校リサーチを行う際に皆さんが意外と軽視される生活環境や学園生活の環境について解説させて頂きました。もし皆さんが理想の留学生活をご想像されていらっしゃるようであれば、是非渡航後の生活スタイルを考慮し学校リサーチを行っていただければと思います。

[4] 海外大学院サーチサイトから学校リサーチ

次はいよいよ具体的な海外大学院のリサーチ方法を国別に紹介していきたいと思います。現代のように情報が目まぐるしく変化する時代では、去年の出願条件と本年度の出願条件が大幅に変更するというのは当たり前で、去年開講していたコースが本年度は開講しない、ということさえ海外の大学院では頻繁に起こります。そのため最新かつ正確な情報収集のためには、情報の新鮮度が最も高いインターネットを使用することをお薦めします。

皆さんはもちろん留学先として様々な国を検討されていると思いますが、留学先によって学校リサーチで使えるツールは異なります。留学先によって**海外の民間教育サービス企業が提供する大学院サーチサイトもあれば、行政が中立な立場で行っている海外大学院サーチサイトもあります**。そのため留学先によって海外大学院サーチサイトは使い分けが必要です。

また、海外の大学院をサーチできるサイトには数多くのサイトが存在しますが、その運営元や運営目的は様々で、サーチサイトの運営側の思惑が検索結果に非常に強く影響するサイトも存在します。まずはサーチサイトの種類を知り、必要に応じて効率よく使用することが重要です。特に昨今ではこういったサーチサイトは無料で誰でも利用することが可能ですので、運営元の思惑に惑わされず、フラットな情報を入手することは意外と容易ではありません。そのためここでは海外の大学院サーチサイトの種類を詳しく解説したいと思います。各種学校サーチサイトの結果を鵜呑みにせず、必ずそれぞれの特徴、使用における注意点を理解したうえで必要に応じて利用してください。

A 海外大学院サーチサイト紹介（民間企業にて運営）

現在多くの海外大学院サーチサイトは民間企業が運営、管理を行っています。そして使用者は特別な登録もなくいつでも無料で使用することが可能です。ではなぜ非営利団体や公的機関でない民間企業が無料でそういったサーチサイトを提供するのでしょうか？

それはそのサイトによって利益が発生するからに他なりません。**営利団体である民間企業がボランティアで海外の大学院に関する膨大な情報をまとめて無料で提供するということはありえません。**なぜ利益が上がるかというと、掲載スクール（サーチ対象スクール）から掲載費をもらっているからです。もちろん通常掲載費の額やサーチサイト運営企業によってサーチ結果の順位は変動しますし、各校の露出度も大きく異なります。そのためサーチ結果に対しては十分注意する必要があります。特に北米の場合はイギリスやオーストラリアのようにほぼ全ての学校が公立というわけではありませんので、公的に中立な立場で学校リサーチができるツールが残念ながら存在しません。そのためその中でもほとんど学校を網羅している登録学校数が多いサイト、そして国際的に認知度の高いリサーチツールを使用して学校リサーチを行うことになります。そのため検索結果等は先に紹介した各種ランキングや名門大学郡等も参考によく吟味する必要があります。

● GradSchools.com

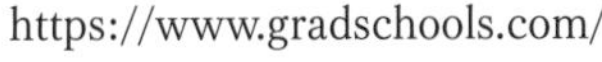

https://www.gradschools.com/

アメリカに本部がある民間企業である Education Dynamics Corporationが運営するアメリカ大学院サーチサイトです。現在60,000コース以上も登録されていて、分野別サーチやキーワードサーチ等希望に応じて学校サーチを行うことが可能です。

● Peterson's Graduate Schools

https://www.petersons.com/graduate-schools.aspx

こちらもアメリカの Peterson's, a Nelnet Company が提供するアメリカ大学院サーチサイトです。興味のあるキーワードからも検索することができますし、Advanced Search では分野、地域等を限定してサーチすることも可能です。

● US News

https://www.usnews.com/best-graduate-schools

こちらはアメリカの大学院に関して情報収集をする際、最も認知度の高い情報誌と言えるでしょう。ランキングで非常に有名な US News のホームページですが、実はアメリカの大学院をサーチできることは意外と知られていません。分野別、地域別、私立・公立別、また学費やランキング等の評価の条件でもサーチを行うことができます。

またサーチ結果に US Newsでのランクも記載されているので、学校の知名度等も考慮しながらサーチすることができます。このサイトでは学校から掲載費をもらうというよりは US Newsという出版物の宣伝のために自らがランク付けした学校をリサーチできるようになっているので、検索結果も US Newsのランク付けが反映されることになります。そのため US Newsのランキングをある程度の参考に学校リサーチを行いたい方には現在最も有効な学校サーチサイトと言えるでしょう。

● Hot Courses

https://www.findcourses.co.uk/

イギリスを本部としてインド等にもオフィスを構える教育出版会社 Hot Courses が管理、運営する海外大学院サーチサイトです。こちらは一応世界各国の大学院がサーチできるようになっていますが、イギリスに本部を置く企業が運営していますので、主にイギリスの大学院サーチのために使用することをお薦めします。最近日本語版のホームページも提供されさらに日本人には使い易くなりましたが、まだ立ち上がったばかりで情報がまとまっていない部分もあるようなので、英語がある程度読める方であれば英語のサイトでサーチすることをお薦めします。

●Graduate Prospects

https://www.prospects.ac.uk/postgraduate-courses

イギリスに本部のある Graduate Prospect Ltd が運営する、イギリス専門の大学院検索サイトです。イギリスの大学院はほぼ全て網羅されており、イギリスの大学院サーチサイトとしては最大級の情報量になります。もちろんキーワード検索や分野別検索もでき、使用方法に注意すればイギリスの大学院留学を目指す方には重宝するツールになると思います。

B 海外大学院サーチサイト紹介（非営利・行政法人が運営）

非営利を目的で運営されている海外大学院サーチサイトは上記民間企業運営の海外大学院サーチとは異なり、**中立な立場で運営されているので検索結果に関してそれほど注意を払う必要はありません。**ただ通常留学先（国）別に運営されていることが多いので、国をまたいで学校リサーチを行う場合はいくつかのサーチサイトを並行して利用する必要があります。通常非営利団体が運営している場合と、行政が運営を行っている場合があります。

●Universities Canada

https://www.universitystudy.ca/canadian-universities/

こちらはAUCC（カナダ大学協会）が提供する、カナダ専門の大学院サーチサイトです。カナダはフランス語を使用している地域もありますので、通常のサーチサイト同様、キーワードサーチや地域等を限定してサーチできる他、教授言語を英語、フランス語、両方の言語使用と条件検索することが可能です。また、カナダで気になる学校が決まっている方は学校別に検索を行うことも可能です。

●Study UK

https://study-uk.britishcouncil.org/

イギリスの公的機関ブリティッシュカウンシル（英国文化振興会）が運営している、イギリスの文化、イギリスへの留学を普及するためのサイトです。ここでイギリスの学校をほぼ全てサーチすることが可能です。もちろん公的

機関が運営していますので、イギリス限定の学校サーチですが、中立の立場で全ての学校を見ることができます。このサイトは大学院に限らず大学、語学学校、専門学校等イギリスの全てのレベルの学校を対象としています。検索方法は学位のレベルや分野から細かくサーチすることが可能なので、イギリス留学を目指されている方には非常に有効なサーチサイトになります。

● Commonwealth Register of Institutions and Courses for Overseas Students (CRICOS)

https://cricos.education.gov.au/

オーストラリアの政府が公的に運営する、オーストラリア専門の大学院サーチサイトです。もちろんオーストラリアの政府が公式に運営していますので、オーストラリア国内限定の大学院サーチサイトです。コースサーチ、学校サーチと分かれておりますので、コースを具体的に探したい方、オーストラリアの特定の地域や大学名等から探したい方に対応しています。このサーチサイトは専門学校や大学、大学院全て網羅していますので、大学院を目指す方はサーチ条件で学位のレベルを選ぶことが可能です。サーチ方法はキーワードサーチはもちろん、地域、学位レベル、学校名等から非常に細かく条件を設定して検索することが可能です。

● Newzealand Education

https://www.studywithnewzealand.govt.nz/ja

ニュージーランドの非営利団体が運営する、ニュージーランドの学校限定のサーチサイトです。このサイトも中立的立場で検索サイトを運営していますので、ニュージーランドの大学及び専門学校、大学院等を幅広く検索することが可能です。検索条件は学位のレベル、分野、地域を細かく条件を設定できるのでニュージーランドへの大学院留学を目指している方には非常に役立つホームページとなります。

● Study in Norway

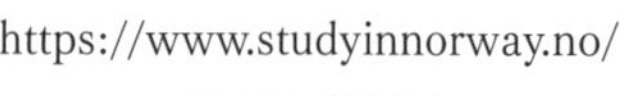

https://www.studyinnorway.no/

ノルウェー政府が管理するThe Norwegian Centre for International Cooperation in Higher Education (SIU)が運営するノルウェーへの留学を希望する学生向けの情報サイトです。ここでは英語で授業を行っている（入学から卒業までノルウェー語習得を必要としない）マスターコース（修士課程）のみ限定してコースサーチを行うことができます。もちろん分野別やキーワードサーチもできますので、ノルウェー語ができなくても英語で授業を受け、卒業することができるコースを限定してサーチすることができます。そのためノルウェーへの大学院留学を希望する方には最も有意義なサイトとなると思います。

●Study in Sweden

https://studyinsweden.se/

このサイトはスウェーデン政府が管理するスウェーデンの公的機関である、The Swedish Institute (SI) が管理、運営するスウェーデンに留学を希望する学生へ向けたスウェーデン留学情報サイトです。留学生向けサイトなのでもちろん全て英語で記載されています。このサーチサイトでは大学、大学院両方をサーチすることが可能です。

またサーチコースの対象は英語で授業を行っている（入学から卒業までスウェーデン語を必要としない）コースに限定していますので、スウェーデン語ができなくても留学できるコースを限定してサーチすることも可能です。もちろんサーチの際は学士課程、修士課程と分けてサーチすることができますので、大学院留学を目指している方は修士課程に限定し、サーチすることができます。また学位のレベルだけでなく分野や地域等も限定しサーチすることが可能です。

●STUDY IN DENMARK

https://studyindenmark.dk/

このサイトはデンマーク政府の下、公的機関である The Danish Agency for International Educationが管理、運営を行っています。ここではデンマークへの留学を希望する学生に向けての学校検索だけでなく、デンマーク留学に関する様々な情報を公開しています。留学生向けのサイトなので、全て英語で記載されており、デンマーク語を理解できなくても利用することが可能

です。ここで調べられるコースは全て英語で授業が行われている（入学から卒業までデンマーク語を必要としない）コースに限定しているので、デンマーク語ができない方でも入学可能なコースになります。コースは学士号、修士号と学位のレベルに分かれており、また専攻の分野別でも調べることが可能です。

● Study in Holland, Netherlands Organization for International Cooperation in Higher Education (NUFFIC)

https://www.studyinholland.nl/dutch-education/studies

オランダの公的機関であるNuffic Netherlands Education Support Offices (Nuffic Nesos) が運営する、オランダに留学したい方向けの留学情報サイトです。ここでは英語で授業を行っているコース（オランダ語を入学から卒業まで必要としないコース）のデータベースを公開しています。分野別に一覧を公開していますが、Advanced Search ではキーワード検索や学位のレベル、地域、機関、学費等詳しく条件を設定してコースサーチをすることが可能です。もちろん全て英語で記載されていますので、オランダ語が分からなくても使用できるサイトです。

● CAMPUS FRANCE

https://www.campusfrance.org/en

フランス政府留学局日本支局の本局であるパリ本局が運営する、フランスの高等教育機関サーチサイトです。フランス政府留学局は、フランス国民教育省ならびに外務省、大学やグランゼコールをはじめとする高等教育機関の関係者により運営されているため、公平な情報を入手することが可能です。またこのサイトは英語でも作成されているため、フランス語が分からなくても利用することが可能です。もちろん英語で授業が行われている（入学から卒業までフランス語を必要としない）コースを限定してサーチすることができるので非常に便利です。

【民間企業、非営利・行政団体提供の大学院サーチの使用方法】

以上に民間企業が提供するものから行政が提供するものまで幅広く紹介し

てきましたが、使用する際に最も気をつけなければいけないことは、検索結果で表示される学校を鵜呑みにしないということです。あくまで皆さんが「希望するコースを開講している大学院の一覧が見られる」、ということであって、検索結果が大学院のランク別になっているわけではありませんし、全ての大学院を必ず網羅しているというわけでもありません。つまりこういったサイトを利用して希望する大学院の選択肢をできるだけ数多く確認し、その後ランキングや生活環境、具体的なコース内容等で出願校を絞り込んでいく、というわけです。

先にも解説したように、特に民間団体が提供するサーチサイトはサイト運営側の意図や思惑が反映されていることが多いので、一覧で表示される学校をその他の情報（ロケーションやコース内容、ランキング等）と照らし合わせながら使用することが重要です。現在のように情報が錯乱した時代では、本当に有意義な情報を手に入れようと思ったらできるだけ数多くの情報ソースを利用し、比べることが重要です。上記のような多様な検索サーチがあるのであればできるだけ検索結果を比べてみる、そしてその他の情報ソースも参考にしながら最適な大学院を選んで頂ければと思います。

[5] 留学にかかる費用から学校リサーチ

最後に留学にかかる費用から学校リサーチを行う方法ですが、こちらは非常に多くの方に必要な方法ではないかと思います。現在費用が限られている方、または留学の費用対効果、ご自身への投資額として制限された費用で留学を決意されていらっしゃる方、様々な方がいらっしゃると思いますが、いずれにしても費用は数字という確固たる基準がありますので、学校リサーチもその基準に合わせて進めませんと非常に効率の悪いことになります。

ただ大学院留学を実現されるとそれが皆さんの最終学歴となり、望むと望まざるとに関わらず皆さんの将来に少なからず影響します。そのため安く済むならどこでもいい、進学先は問わない、というのはやはりリスクが高すぎ、特にキャリアアップを目指す方には本末転倒になりかねません。

そのため、**費用を基準に学校リサーチを行わなければいけない方でも、基本的には教育水準やランキング（知名度）は重要視**しながら進めて頂きたいと思います。特に専攻や進みたい専門分野が既に決まっている方は、その専門分野で強い学校を選択することが重要となります。

費用から学校リサーチをされる方には、まず**かかる学費を基準にリサーチ**を進めて頂くことをお勧め致します。なぜなら滞在費（寮費及び食費）は状況や個人によって大きく異なるためです。

例えば寮費に関してはどういった学生寮に入寮できるかによってかかる費用は大きく異なります。例えばロンドン市内ですと、ロンドン大学の学生専用の学生寮に入学できるとできないでは4倍程度の費用の差が生まれます。また食費に関しても自炊される方とされない方でも大きく異なりますし、知人友人などと外食を繰り返す場合は自炊の何倍もの費用が必要となります。

そのため、**政府が公的に発表している各国や各都市に住まれる場合にかかる費用をご参考頂くことをお勧め致します**。また、各大学でもLiving fee（生活費）として留学生向けに一般的にかかる費用を算出している場合もあります。まずはこういった公的に発表している費用をご参考頂くことをお勧め致します。

学費に関しては、まず全体的に**経済的に済ませる必要がある方（特に200/300万円以下で留学を実現する必要がある方）は、北米やイギリスをご検討される前に、やはり欧州を選択肢としてご確認頂くことをお勧め致します。**

現在ドイツ、ノルウェイは基本的に公立大学は無料です。次にスイスやフランス、イタリア、またスペインの公立大学で開講しているコースは年間50～100万円以下で済みます。欧州でもオランダは200～300万円なので他の欧州の国々に比べると比較的高額です。最後に北欧はコースによって大きく異なりますが、一般的には200～300万円程度かかります。

次に期間ですが、一般的にオランダ以外の欧州（北欧含む）は2年間のコースがほとんどです。生活費に関しては2年間になると2倍になりますので、学費にこれらを追加することで概算が出ると思います。

特に北米やイギリス、オーストラリアの（それなりに知名度のある）大学院に入学したい場合、全体の費用で400万円を切ることは非常に難しいと思います。そのため、留学費用に400万円以上の費用が捻出できない、または使う気がない方は、欧州を中心に学校リサーチを進められることお勧め致します。

[6] 様々なリサーチ方法を複合的に利用した学校リサーチ

現在まで様々なリサーチ方法を解説してきましたが、これら一つを利用しリサーチを進めるのではなく、皆さんの希望の優先順位を明確し、**いくつかのリサーチ方法を複合的に利用しながら最も適した学校、コースを見つけることが重要**です。

例えばランキングとコース内容が気なっている方は多いと思いますが、まずはランキングで希望する学校リストを作成し、その後各校のコース内容を詳しくリサーチ、そして希望校を決めていく。または行きたい場所や都市が決まっており、その中でもできるだけ安く留学を実現したい場合は、行きたい場所や都市にある学校をリサーチし、その後学費を調べたうえで各国の公的なサイトで公開されている滞在費を検討し希望校を決める。また300万円以内、という費用が決まっているができるだけランキング上位校に入学したい、という場合は、ランキング上位校で欧州の学校をすべてピックアップし、学費、滞在費をリサーチのうえ希望を決める、といた具合に、これまでご紹介させて頂きましたいくつかの方法を複合的に使って最も皆さんの希望に適した学校を見つけることが出来ます。

入学条件のリサーチ

出願条件リサーチは出願校決定のための重要なステップ

ここまででである程度出願候補校をピックアップすることができたら、いよいよ出願選定に向けて具体的に準備を始めます。

今までの「学校リサーチ」の段階でのコツは、まず学校数を増やすことです。20～30校になってしまってもとにかく学校数を増やすことに集中してください。「学校リサーチ」の段階で学校の取りこぼしがあるとその後気づいた時点では手遅れになる場合もありますし、留学後、よりよいコースが見つかったりすると後悔の種になってしまいます。後悔しない大学院留学を目指すためには「学校リサーチ」はとにかく国をまたいで幅広く学校を根気よく見ていくことです。**「学校リサーチ」で対象大学院を増やすだけ増やしたら、学校を絞り込む作業をこのステップ⑥「入学条件のリサーチ」で進めていくことになります。**具体的には、出願最低条件である学歴や職歴を満たしていない学校はいくら魅力的な学校でも出願準備をするだけ無駄なので、出願候補校からは除外することになります。つまり「入学条件のリサーチ」でできるだけ学校を絞り込む作業に移ることになります。

[1] 出願最低基準である出願条件をリサーチ

よく「入学条件」という言葉を耳にしますが、実はこれは適切ではありません。厳密にいうと「出願条件」となります。大学院が出願者に課している最低条件となります。これは日本の大学のように入試課（Graduate Admission Office）で全て一括して決められているわけではありません。海外の大学院の場合は開講されているコースの出願条件を全てコースを開講している学部が管理、運営しており、出願条件は全て各学部の担当教官が決めています。これは、大学院で開講されているコースは非常に専門性の高いコースが多いため、大学の出願条件のように統一された条件を定められないことが大きな理由です。

出願条件とはその名の通り**「出願するために出願者が満たしていなければいけない最低条件」**となります。通常この最低条件を満たしていない出願者が出願しても審査自体してもらえず、出願自体が認められないか、ペンディング（保留）状態となってしまい、出願したにも関わらず合否をもらうことさえできません。そして出願条件の中でも最も重要なものが職歴と学歴です。なぜなら職歴と学歴はテストスコアのように短期間で変更することができない最も重要な皆さんのバックグラウンドになるからです。

例えば2年の職歴を持つMBA志望の方がいるとします。その方が入学したい学校を決め、その学校に出願するためにテストでハイスコアを出し、エッセイ、推薦状等苦労してそろえ出願、結果は不合格、不合格の理由は出願者には最低職歴を3年以上課していたため審査自体されなかった、という事態になる場合もあります。また、大学では会計等の専門学部ではないが卒業後会計士の資格を取得し会計監査で働いていた経験を持つ方が海外大学院の会計学コースへ出願。この方も結果は不合格、不合格の理由は出願した会計学コースは会計学士号取得を出願者に義務付けており、そのため審査自体もされなかった、というようなことが実は数多く起こっています。苦労してそろえたテストスコア、エッセイ、推薦状も水の泡となってしまいますので、必ず注意してほしいポイントです。ではその出願条件の最も基礎となる学歴と職歴について詳しく解説していきましょう。

A 出願条件リサーチ（学歴について）

以上のようなことが起こってしまう主な要因の1つは、海外大学院で開講されているコースの出願基準として学歴についての明確な掲載がないことが挙げられます。

まず、**学歴について明確な記載ができない理由は、大学卒業時に授与される学士号のコース名とそのコースで履修するクラスが世界共通ではない**ということです。例えば臨床心理学で海外の大学院を目指す場合、通常、大学で心理学を専攻している必要（心理学学士号取得の必要性）があります、ただそこで「臨床心理学に出願する学生は必ず心理学学士号を取得していること」、と海外大学院の出願基準に明確には記載されていません。なぜかというと、例えば心理学という名前がついていなくても心理学部卒業者と同等のアカデミックバックグラウンドを持っている方がいるからです。例えば日本でも人間科学部、人間関係学部等で開講されているコースは心理学という名前のコースでなかったとしても履修クラスは心理学とほぼ同等ということが起こります。重要なことは大学で取得した学位名ではなく、そのコース中でどういったクラスを履修したのか、ということなのです。出願条件として特定の学位名または専攻名が挙げられない理由がここにあります。

また、どの程度のアカデミックバックグラウンド（学術的経験）を持っている必要があるのか、という点はコースによって様々です。例えば海外大学院の**心理学系のコースでも大学で心理学を専攻していることをきつく義務付けているコースもあれば、心理学系のある一定のコースを大学時代に履修していれば大学の専攻は特に問わないコースもあります**。その場合、例え心理学系の学部に大学時代在籍していなくても、単位履修生として要求されている心理系のクラスを履修、終了することで心理学系の大学院へ出願が可能になります。以上のように出願するコースによって大学でのアカデミックバックグラウンドをどの程度要求するか、ということは千差万別で、しかも学士号名と履修するコースは世界共通ではないため、海外の大学院では学歴に関して明確に出願基準を記載できないのが現状です。

ではどのように学歴が出願最低条件に満たしているか否かを判断するべきでしょうか？

まず大事なことは、**出願したいコースの出願基準についての最新情報を学校ホームページで注意深くチェックする**ことです。海外大学院の出願条件は毎年更新されるものなので、ブローシャーと呼ばれる学校が発行する雑誌等の紙媒体の情報誌は情報が古い場合もありますし、留学サポート機関等のホームページや情報誌は一年前の情報が載っていることもありますので、学校のホームページが最も新鮮で有効な情報を取得できる場所と言えるでしょう。学校によっては出願条件を出願受付を開始する直前に変更する場合や、出願受付を開始してから出願条件を変更、更新する場合もありますので、常に最新の情報を入手するため学校のホームページで直接情報を入手するよう心がける必要があります。

ただ上記で述べたようなケース、学士号名だけでは出願者を選別できないケースでは学校ホームページでは明確に判断できない場合が多々あります。そういった場合は**必ず出願を希望するコースが開講している学部の担当者に皆さんの英文成績証明書を元に直接確認する必要**があります（直接コンタクトをとる方法に関しては220ページにて記載しております）。

また、学士号の名前や履修したクラスだけではなく、GPAに関する出願条件についても大学院のホームページ等では明確な条件を確認できないことが多いです。日本の大学は全ての大学で成績の評価方法が一定ではありません。大学によっては A、B、C の三段階評価のところもあれば、AA、A、B、C または A、B、C、D と四段階の学校もあります、そのため大学時代の成績評価平均も卒業した学校によって大きく異なることもあります。

またイギリスやヨーロッパ等では大学の評価方法がさらに大きく異なるため、そもそも世界共通の GPA の計算方法というものは存在しません。そのためある大学院の出願基準で GPA が2.7以上等と記載されていても自分の成績がそれ以上なのか以下なのか、ということは明確な計算方法がないのが現状です。

以上のように大学の評価方法やGPAの計算方法は世界共通ではないため、海外大学院のホームページに出願基準としてGPAに関する条件が載っていても明確に判断することはできません。では、そんな時どうすればいいかというと、まず出身大学（在学中の大学）で英文成績証明書を発行してもらってください。そこで日本語の成績証明書と英文のものを詳しく比べてみてください。意外と知られていないことですが、日本文と英文の成績証明書は成績の評価方法が異なることが多々あります。そのため英文成績証明書を必ず取り寄せる必要があります。

出身大学から英文成績証明書をとりよせたら、それをもとに学校にコンタクトをとります。**学校の出願希望のコース担当者に直接あなたの英文成績証明書を見てもらうことで、出願基準に満たしているか否かを直接判断**して頂くわけです。

【一般的なGPAの計算方法について】

GPAとは、大学時代の成績の平均値になります。計算方法は大学の成績評価方法によって異なりますが、一般的には以下のような換算方法になります。ただこちらは一般的な計算方法であり、出願校があなたの成績をどのように判断するかは各学校によって異なります。そのため下記はあくまで出願校選びの参考にしてください。

A-4	AA-4	S-4
B-3	A-3	A-3
C-2	B-2	B-2
D-1	C-1	C-1

と4段階の成績評価方法の大学もあれば、

A-4
B-3
C-2

と3段階の方法もあります、

まず英文の成績証明書を大学に発行してもらい、ご自身の大学が上記のどういった成績評価方法と適用しているか確認してください。
その後、上記右にある数字をそれぞれのクラス単位数にかけていきます。そしてその総合点数を卒業までに履修した全ての単位で割ります。この方法が最も一般的な GPA の計算方法になります。**全ての大学院で上記のような計算方法を適用することはありませんが、出願校選定の1つの参考にはなる**と思います。

また最近では日本の大学も北米寄りの成績評価に近づいてきているため、GPA が英文成績証明書に既に記載されている場合もあります。その場合はその GPA が出願時の参考資料となりますが、実際は出願校によって独自で定められている計算方法に基づいて計算されますので、出身大学の英文成績証明書に記載されているGPAが全てではありません。

そして、WES (World Educational Service) のような世界の成績証明書等を北米式の評価方法に審査し直し、GPA の計算も独自に行う教育機関もあります。海外大学院によっては出願時にこういった機関に再審査を要求する学校も増えています。いずれにしても GPA に関しては海外大学院が学校別に独自の計算方法で計算しますので、通常出願時に自分で計算したり出身大学にGPAの証明書の発行等の依頼をする必要はありません。

B 出願条件リサーチ（職歴について）

また職歴についても同様で、通常コースによって「出願者に関連する職歴を〜年以上要求する」等という記載がありますが、「関連する職歴」とはどの程度出願するコースと関連していればいいのか、また入学する時までの職務経験なのか、出願する時点で要求する期間の職務経験が必要なのか、フルタイムでの職歴なのかパートタイムの職歴もカウントしていいのか、という点は非常に不明瞭な場合が多く、通常明確に記載されていません。

例えば教育系コースに出願する際、教育に関する経験をある程度の期間求めてくることはありますが、学生時代のアルバイトで学習塾の講師経験があればそれもカウントしていいのか、家庭教師は、企業の新人教育は、というように教育系の職歴といっても多種多様で、出願校がどういった経験を要求しているのか、といったことをホームページから明確に判断することは非常に難しいのが現状です。

またアメリカ等では学生時代に起業したり、企業で実際に企画立案等に携わる学生等もいますので、パートタイムの職歴も重要視されます。そのためパートタイムとフルタイムの職歴に関しても重要なことは働いている時間ではなく、質だと考える学校も少なくありません。以上のような理由で、**出願条件として職歴に関しても学歴同様明確に基準を設けることが難しいのが現状**というわけです。

このような場合は学歴と同様で、**職歴が出願最低基準を満たしているのか、**

ということに関して学校コース担当者に直接確認する方法をとる必要があります。その際必要になるのが英文履歴書です。出願の際の効果的な英文履歴書作成方法については「第2部　ステップ⑧：出願書類を作成する」(251ページ)で詳しく解説しますが、ここで作成する英文履歴書はあくまで皆さんの職務経験が出願最低条件をクリアしているか否かを判断してもらうための書類なので、自己PRの書類と位置づけず、分かり易く簡潔に作成することが重要です。通常海外の大学院ではアカデミック(学術的)とプロフェッショナル(実践的)なフィールドは分けて審査しますので、ここではそのプロフェッショナルなフィールドを簡潔に伝える書類を作成する必要があります。コンタクト用に作成する履歴書は下記情報が含まれていれば十分でしょう。

学歴(学校名、学部名、学士号名)
職歴(会社名、会社概要、部署名、役職、任されている責任、日々の業務)
連絡先(住所、電話番号、メールアドレス)

以上を通常A4・1枚以内で箇条書きにまとめコンタクト用の履歴書とします。

【出願条件を現地担当者に問い合わせる方法】

上記にて出願条件における学歴と職歴について詳しく解説してきましたが、学歴、職歴に関する出願条件は非常にあいまいで、多くの場合明確に把握するためには学校のコース担当者にコンタクトをとる必要があります。そのコンタクト方法は非常に重要で、コンタクトパーソン(実際にコンタクトをとる学校スタッフ)とコンタクト方法を間違えると意図した回答がもらえなかったり、見当違いな回答をもらうことになります。

まず**コンタクトパーソン**についてですが、これは**必ず出願を希望するコースが開講されている学部の担当スタッフにコンタクトをとる必要**があります。先にも解説したように大学院入試課(Graduate Admission Office)に相当するものがどの大学でもありますが、ここのスタッフにコンタクトをとっても通常皆さんのバックグラウンドが出願最低基準に満たしているか、という回答をもらうことは難しいのが現状です。なぜかというと先にも解説しましたが、大学院の出願基準はそれぞれそのコースが開講されている学部が決めているからです。これは北米、ヨーロッパ、オセアニア全ての大学院に共通していえることです。

また皆さんがコンタクトをしてしまうケースで次に多いのが、留学生オフィス（International Office）です。留学生オフィスは通常どの大学院でも常に併設されていますし、留学生の立場で出願する皆さんとしてはコンタクトを取り易いのでどうしてもコンタクト先として選んでしまう場合が多いようです。ただ留学生オフィスの主な運営目的は在学中の留学生の生活サポートです。また留学生オフィスには大学院生だけでなく大学生も相談に訪れますので、非常に混雑しています。もちろん皆さんが出願前に留学生に対するサポート体制であったり、学生ビザに関すること、また留学生活を送る街や生活環境等を聞きたい場合は留学生オフィスで問題ないと思いますが、大学院で開講されているコースの詳しい出願基準等は通常把握していません。そのため留学生オフィスに特定のコースの出願条件を問い合わせても、留学生の生活環境や大学近郊の環境等の回答が戻ってくることが多く、必要としている回答がもらえないことがほとんどです（学校によっては TOEFL や IELTS といった留学生専用のテストスコアに関する条件は留学生オフィスで管理していることもあります）。

以上の理由から詳しい出願条件を問い合わせる時は、必ず出願希望コースが開講している学部の担当者に問い合わせることが重要です。

次に出願条件の問い合わせ方法について、解説させて頂きます。

出願条件の中でも最低条件となるのは学歴と職歴ですから、出願校決定のためにまずその2つが皆さんのバックグラウンドで満たしているのか、という点について確認する必要があります。そのために学部担当者に問い合わせる必要があるのですが、その際コンタクト方法としては通常Eメールを選んでください。これにはいくつか理由がありますが、まず電話だと履歴書や成績証明書を見ながら回答を得ることができない、また後に残らないので後日出願校決定の参考資料にすることが難しい、またファックスだと送る通信費に費用がかかってしまうという理由があります。そのため現地担当者も受け取り易く、都合のいい時に確認できるEメールがベストでしょう。その際メールには必ず英文履歴書と英文成績証明書を添付してください。

添付書類に関しては英文履歴書はもちろんワード形式で問題ないと思いますが、問題は英文成績証明書です。こちらはスキャン後 PDF または JPEG 形式にし、できるだけ解像度を下げ、500KB以下で作成したものを添付しましょう。画像の容量が多いと現地担当者のメールが開けなかったり、容量オーバーで戻ってきてしまう場合があります。

また容量の多いメールは嫌われますので、読んでもらえない可能性も多々あります。

そして次に文面に関しても簡潔に、「出願条件を満たしているかをアカデミック、プロフェッショナルのバックグラウンドから確認してほしい。そのために履歴書と成績証明書を添付しました。」とだけ告げましょう。あまり畏(かしこ)まった長い文章を書くと読んでもらえない可能性もありますので、できるだけ簡潔にまとめることが重要です。

通常以上のようなメールを送って2週間程度待っても返信がない場合は再度送るか新しい担当者を探すことをお薦めします。もちろん上記のような方法は出願前の事前審査となり、基本的には**現地学校担当者の好意で行って頂くことなので、全ての大学院の全てのコースでこういった方法をとり、出願条件を個別に判断してくれるわけではありません。**そのため無視されてしまって当たり前のくらいの気持ちでコンタクトパーソンやメールの文章を工夫等々行い、根気よくコンタクトを続けることが重要です。

[2] 出願必要テストについてリサーチ

出願条件の中で**「足切り」**として設定されているのが TOEFL、IELTSのテストスコアです。つまりTOEFL、IELTSのスコアが出願条件最低スコアに満たないと通常出願しても審査を開始してもらうことができません（条件付き合格制度はこの限りではありません）。大学院留学には大きく分けてTOEFL、IELTSのような英語力判定テストと、GRE、GMATのような学力判断テストがあります。ここでは出願者に要求されるTOEFL/IELTSの必要スコア、GRE/GMATの出願必要スコアの確認方法を解説させて頂きます。

A IELTS/TOEFL（英語力判断テスト）スコアリサーチ

IELTS 及び TOEFL は共に第二言語として英語力を使用する方の英語力判定テストになり、留学生専用のテストとなります。通常ネイティブや英語を第一言語としている国からの出願者はこれらのテストスコア提出の義務はありません。そのため出願基準の中でもこのテストスコアに関する情報だけは通常留学生オフィスで管理していることが多いのが特徴です。

なお、テストスコアは **IELTS または TOEFL のどちらかのスコアを提出すれば問題なく、両方のテストを提出する必要はありません**。通常どちらのテストも海外大学院では認定していますが、学校によってはTOEFLのみでIELTSは認めないという学校（特に北米）もありますので注意が必要です。

このテストの提出目的は入学後授業に問題なくついていけるのか、ということを判断することになります。入学後はもちろん全て英語で授業が行われますので、問題なく授業を履修でき、クラスの中で論文の作成やディスカッションへの参加等学生生活に支障がない英語力が備わっているか、という点を判断されます。

そのため通常IELTSまたはTOEFLのスコアは必ず提出する必要があり、スコアも最低スコア、いわゆる「足切りスコア」が設定されています。条件付き合格制度のような例外を除き、このスコアを超えていないと出願を認めてもらえず、審査自体も始まりません。IELTS と TOEFL の詳しい内容や対策方法は「第3部　大学院留学必要テスト解説」（308ページ）で解説していますが、出願条件として IELTS、TOEFLを考える場合は学校が設定している出願最低必要スコアを把握することが重要です。

また、出願時にその出願必要最低スコアの提出を要求する学校もあれば、出願後に TOEFL または IELTS のスコアは追って提出することができる場合もあります。

詳しくは出願する学校、コースによって異なりますが、出願最低必要スコアとスコア提出期限は出願校決定の大きな要因となりますので、出願条件リサーチの際に詳しく調べる必要があります。

TOEFL、IELTS の出願最低スコアを確認する際に最も重要なことは出願予定のコースが開講されている学部担当者に確認する、ということです。**学校によっては留学生オフィスや入試課で出願最低スコアを設定している場合もありますが、大学院で開講されているコースの場合は別途学部で出願最低スコアを設定している場合が多々あります。**その際、留学生オフィスや入試課で設定しているスコアと異なることも少なくありませんので、出願最低スコア確認時には十分注意してください。また TOEFLや IELTS の出願最低スコアに関しては留学生特有の情報となりますので、学部ホームページには明確に記載されていない場合もあります。その際は必ず学部担当者に直接Eメール等でコンタクトをとり、確認してください。

B GRE/GMAT（学力判断テスト）スコアリサーチ

GRE/GMAT は TOEFL や IELTS と異なり、基本的にはネイティブの出願用の学力判断テストとなります。そのため留学生には非常に難易度の高いテストとなります。

ネイティブの学生が大学院へ進学する際に提出しなければならないテストとなりますので、出願基準としてこれらのテストに関する問い合わせをしたい場合は通常**留学生オフィスではなく、出願するコースが開講している学部にする必要**があります。GRE とは Graduate Record Examination の略で大学院に入学を希望する学生の数学知識と分析力を測るテストです。

一方、GMATはGraduate Management Admission Test の略で、大学院の中でもビジネススクールで開講しているコースを中心に出願時に要求されるテストになります。

GREとGMATの両方のテストスコアの提出を義務付けていることはなく、通常どちらかのテストスコアを提出すれば問題ありません。以前はビジネススクールで開講しているコース（特にMBA等）を出願希望の場合はGMAT、それ以外のコースを目指す場合はGREというのが主流でしたが、現在では自由に選択できる学校がほとんどです。そのためどちらのテストが自分に向いているか確認することが重要となります。

なお GRE 及び GMAT のテストに関する概要及び対策方法は「第3部　大学院留学必要テスト解説」(308ページ)で詳しく解説していますが、出願条件としてこれらのスコアを考える時重要なことは IELTS、TOEFLと異なり、出願最低必要スコアが設定されていないことです。その代わりに通常合格者平均スコアが発表されているので、そのスコアを参考に出願校を選ぶことになります。

ただ GRE と GMAT の合格必要スコアは出願者によって異なり、～点以上は合格する、という明確なルールはありません。なぜかというと GRE および GMAT のスコアは出願者の学歴や職歴といったバックグラウンドに加味され、合否判断基準となるため、皆さんのバックグラウンドによって必要スコアは大きく異なるというわけです。例えば MBA 出願者の中で職務経験に関して非常にアピール度が高い方が、不合格になった出願者よりGMATのスコアが低いのに合格した、という例は数多くあります。こういったことは職務経験を非常に重要視する MBAコース等で頻繁に起こることです。

また GPA と GRE の合格必要スコアは通常反比例すると言われています。つまり GPA が高い方は GRE のスコアが多少低くても合格できる可能性はありますが、GPA が低いとその分 GRE のスコアで賄う必要があるというわけです。いずれにしても GRE および GMAT スコアは出願必要最低スコアが明確になっていないうえ合格平均スコアも出願者のバックグラウンドによって大きく異なるため、出願校決定の参考としてこのスコアを使用することは非常に難しいのが現状です。

ただ GRE、GMATも一般的に下記のスコア程度は出願時に必要と言われています。

GRE:
出願最低スコア：300点以上 (Verbal＋Quantitative)
名門大学合格に必要なスコア：320点程度 (Verbal＋Quantitative)

GMAT
出願最低スコア：550点以上（Verbal＋Quantitative）
名門大学合格に必要なスコア：650点以上（Verbal＋Quantitative）

以上はあくまで出願校決定の参考としてください。合格に必要なスコアは出願コースや皆さんのバックグラウンドによって大きく異なることを忘れないでください。また、非常に稀ですが学校やコースによってはGRE およびGMAT にも、IELTS や TOEFL と同様に出願最低スコアを設定している学校もあります。

また **GRE または GMAT のテストは、全ての海外大学院で要求されているテストではありません**。通常イギリスを含むヨーロッパ各国やオーストラリアの大学院では一部のコースのみとなり、非常に限られたコースでのみ要求されているテストです。一方、北米の大学院ではほぼ全ての学校で出願者にどちらかのスコア提出を要求しています。ただ昨今北米でもビジネススクール以外はGRE/GMATのスコア提出義務を無くす動きが少しずつ進んでいます）。

いずれにしても大学院準備期間が限られている場合は、GREまたはGMATのテストスコアを要求するか否か、また合格平均スコアは出願校決定に非常に重要な要因となりますので、出願条件リサーチの際注意深く調べる必要があります。

	北米	イギリス	オセアニア	ヨーロッパ
TOEFLスコア	提出可	提出可	提出可	提出可
IELTSスコア	一部大学院を除き提出	提出可	提出可	提出可
GREスコア	一部大学院を除き必須	一部大学院を除き必要なし	一部大学院を除き必要なし	一部大学院を除き必要なし
GMATスコア	一部大学院を除き必須	一部大学院を除き必要なし	一部大学院を除き必要なし	一部大学院を除き必要なし

※出願時には、TOEFL/IELTSのどちらか1つ、またGRE/GMATどちらか1つのスコアのみ提出すれば問題ありません。
※北米のビジネススクール以外の学部ではGRE/GMATを出願者に課さない動きが少しずつ進んでいます。

[3] 出願書類と出願方法についてリサーチ

海外の大学院には**入試がなく、全て書類選考**となります。そのため出願書類として提出する書類やその提出方法は非常に重要です。

A 出願必要書類リサーチ

海外の大学院の出願書類は出願する留学先、学校、コースによって提出する書類が異なるので、非常に細かいリサーチが必要になります。ここでは出願書類の中でも最も重要で、通常どの大学院でも提出の義務がある書類に関して解説させて頂きます。

	北米	イギリス	オセアニア	ヨーロッパ
願書	必須	必須	必須	必須
英文成績証明書	必須（コピー可）	必須（コピー可）	必須（コピー可）	必須（コピー可）
履歴書	必須	必須	必須ではない	必須
エッセイ	必須	必須	必須ではない	必須
推薦状	必須	必須	必須ではない	必須ではない
出願方法	オンライン	オンライン	オンライン	オンライン

※上記チャートはあくまで一般的な出願必要書類であり、詳しくは学校によって異なります。

●願書について

海外大学院の出願必要書類は通常願書、英文大学成績証明書、英文履歴書、英文エッセイ、英文推薦状となりますが、全ての大学院で同じ書類を要求しているわけではありません。また提出方法も異なります。

例えば願書に関しても提出方法や提出書類、提出先が出願校によって異なります。まず書面とオンライン（インターネット上で行う）があるように提出方法も異なりますが、提出先もコースが開講している**学部と大学院入試課両方に異なった願書を提出する必要がある場合や、大学院出願用願書と留学生専用の願書を2通提出しなければならない場合**等があり、非常に複雑な手続きが必要になります。こういったケースは願書に記入漏れがあったり、提出方法に間違いがあると出願自体が認められず審査も始まりません。そのため出願するコースがどのような願書を用意して、どういった提出方法及び提出先を要求しているか、また留学生特有の書類も含め詳しくリサーチする必要があります。

また、願書と共に必要になるのが出願料です。これは審査してもらうために支払い義務があるもので、通常願書にクレジットカード情報の記入欄があり、そこに必要情報を記入し、提出することで出願料を支払うことが可能です。

オンライン出願の場合は、オンライン上でクレジットカードを通して支払うことが可能です。通常日本円で1校1万円程度になりますが、学校によって支払い方法や金額が異なるので注意が必要です。

なお通常出願料が必ずかかるのは北米の大学院のみで、イギリス、オーストラリア及びヨーロッパの公立大学は一部の学校を除き出願料はかかりません。審査に出願料がかかるコースは出願料の支払いが済むまでは審査を始めてもらえません。

最後に願書の作成方法について1点補足説明を加えておくと、願書には英文履歴書等で記載する学歴及び職務系経歴について記載する項目も設けていることがあります。特にオーストラリアの大学院のように別途英文履歴書を出願書類に含まない大学院の場合はこのセクションは非常に重要になります。英文履歴書の提出義務がないことは一見出願書類が他の大学院に比べて少ないことになりますので楽なような気もするのですが、英文履歴書を提出しないということはインタビューでも課されない限り、皆さんの学歴や職歴を簡潔にアピールできるツールがないということになります。そのためもし願書に学歴や職歴を記載する欄がある場合は英文履歴書を作成するつもりで記入することをお薦めいたします。もちろん別途英文履歴書の提出を義務付けている学校は、願書にそれほど詳しい記載はする必要はありません。

●英文成績証明書について

出願を完了するためには願書の他に数多くの書類を提出する必要がありま

すが、願書と共に必ず必要になる書類が大学時代の英文成績証明書です。英文成績証明書の提出方法には、いくつかルールがあります。
最も重要なことは**日本語の成績証明書は提出することができない**ということです。必ず出身大学、または現在所属する大学で英文成績証明書を発行してもらう必要があります。その際北米の大学院を中心に提出の際、厳封した成績証証明書を要求する大学院もあります。その際は出身大学、また在学されている大学で英文成績証明書を発行してもらう際に厳封してもらうよう依頼をする必要があります。厳封された書類は大学の正式な封筒に入り厳封印がおされた書類になります。厳封を要求する大学院に出願する際はこれを守らないと出願を認めてもらえません。
　なお、大学院在籍者（卒業者）、2校以上の大学に在籍経験または卒業している方は在籍経験がある全ての大学及び大学院の英文成績証明書を提出する必要があります。通常中学、高等学校の成績証明書の提出義務はありません。

　また、新卒で大学院留学を希望される方は英文成績証明書を提出する際、いくつか留意点があります。まず皆さんが出願する時期は通常大学４年時の在学中に出願することになります。そのため卒業時の最終成績証明書が発行される前になりますので、通常大学3年時終了時（または大学4年前期課程修了時）の成績証明書で出願することになります。よって GPA（大学評価平均）も大学3年時のもので審査がされます。その場合、卒業時の最終 GPA に関する条件が付いた合格を発行する大学院があります。そのため出願時のGPAももちろん大事なのですが、**卒業時のGPAが入学の可否を左右しますので、GPAに自信がない方はできるだけ４年時でクラスを履修し、GPA を上げる努力をする**必要があります。

　次に、**新卒の出願者は卒業時の GPA が出るまで審査をしてくれない大学院も存在することを覚えておきましょう**。その場合はせっかく早く出願しても卒業時の最終 GPA が発表されるまで審査を開始してくれません。日本の大学は通常卒業時に最終成績証明書は発行されますので、発行後現地の大学院に送り、審査を開始してもらうことになります。そのため通常合否が分かるのは5、6月ころになってしまいます。大学卒業時までに合否が判明しないだけでなく、日本の大学院と併願している方や就職活動と同時進行されている方は、こういった学校を選ぶと進路を決める際に合否は判別していない可能性が高いので、出願する時は十分ご注意ください。

●その他出願必要書類について

上記の願書及び英文成績証明書は、通常全ての大学院で出願書類として出願者に課している書類になります。その他の書類として代表的なものに、英文履歴書、英文エッセイ、英文推薦状があります。この3つの書類も全てではありませんが通常海外の大半の大学院で出願者に提出の義務を課している書類になります。

●その他出願必要書類について

ただ大学院によっては英文履歴書とエッセイのみだったり、英文エッセイのみだったりと、全ての大学院で3つ全ての書類を課しているわけではありません。例えばオーストラリアの大学院は他の国の大学院と異なり英文履歴書や推薦状といった書類はほとんどの学校で課していません。また昨今ヨーロッパの大学院でも推薦状については提出義務を課さない学校も増えています。ただもしそういった国々の中でもとても競争率の高いトップスクールを狙うようであれば、例え必須出願書類として課せられていなくても少しでも合格率を上げるため提出することをお薦めいたします。

また、必ず出願の際に必要になる願書や英文成績証明書等は出願者の意向によって内容をほとんど変更することができませんので、自己PR等合格するために内容を工夫することができない書類になります。ただその他**英文履歴書やエッセイ、推薦状といった書類は内容を出願者の意向によって作成、変更することができますので、合否を分ける最も重要な書類**といっても過言ではありません。そのため出願必要書類リサーチを行う際は提出義務のある書類だけでなく、その提出義務はないが提出可能な書類、また各書類の提出方法、書類作成ガイドライン等詳しくリサーチする必要があります。出願提出書類について詳しく調べることは出願校決定に非常に重要な役割を果たします。

例えば新卒の大学生が「職場の上司からの推薦状を要求する大学院」に出

願することは無謀と言えますし、大学時代にゼミがなく卒業研究等を詳しく行っていない方が「エッセイで卒業論文や卒業研究について記載することを要求する大学院」に出願することも無謀でしょう。

またエッセイ、推薦状といった書類の他に芸術系、メディア系等のコースでは出願者にポートフォリオ（作品集）等の提出を求めてくるケースもあります。その場合、実務を通じた制作経験がなく、大学の卒業制作等も行ってない場合、クオリティーの高い作品集を提出することは非常に難しい作業になると思います。もちろん逆のケースもあります。例えば先の「職場の上司からの推薦状を要求する大学院」等は大学時代の GPA は低いが職歴には自信のある方が選ぶと他の大学院より合格の可能性は高くなるでしょう。なぜなら「出願時に上司からの推薦状を必ず要求している」ということは職務経験を非常に重要視する大学院と言えるからです。

以上のように**出願書類を詳しくリサーチすることで、皆さんそれぞれのバックグラウンドから合格の可能性が高い大学院、または合格の可能性が低い大学院を選ぶことができます**。これは出願校選定の非常に重要な工程になりますので、是非出願書類に関して詳しくリサーチし、合格の可能性ができるだけ高いと思う大学院を探して頂ければと思います。

B 出願方法リサーチ

過去には北米はオンライン出願が中心で、イギリスやオセアニア等はペーパー出願が中心という時代もありましたが、最近では世界各国でオンライン出願が主流となり、ペーパー出願とオンライン出願どちらかを選択できる場合はあってもペーパー出願のみという大学院はほぼありません。
ただ非常に限られてはいますが一部の学校ではまだペーパー出願を課しておりますので、ここでは念のためペーパー出願とオンライン出願の主な違いや留意点について解説したいと思います。

●ペーパー出願について

ペーパー、つまり書面で全て出願をすますスタイルです。書面の願書に必要事項を記入し、その他出願必要書類となる英文成績証明書やエッセイ、履歴書、推薦状といった書類も全て書面で作成し、その全ての書類を出願書類一式として出願校の指定された住所に郵送にて送ることで出願を完了させる手続きを課す出願方法のことです。

ただこの出願方法過去に主流だったスタイルで、現在では採用している大学もほぼありません。ただ非常に限られてはいますがオンラインとの併用を採用している大学院は残っておりますので、ここではペーパー出願の利点や欠点について念のため解説したいと思います。

まずペーパー出願の利点から解説しますと、1つは推薦状についての利点が挙げられます。通常オンライン出願の場合は、推薦状に関してもオンラインにて提出する必要があり、その際、推薦者の方に学校指定のウェブサイトよりインターネットを通して推薦状を提出してもらう必要があります。オンライン出願完了後出願校から直接推薦者にEメールにて連絡が届き、そのEメールの指示に従って指定ウェブページより推薦状をオンラインにて提出してもらう必要があるため、ペーパーにて推薦状を提出するより推薦者にかかる労力は大きいと言えます。ペーパーの場合は後にも解説いたしますが、推薦者にサインを頂く箇所以外を出願者のほうで作成し、推薦者にサインのみ記入してもらい完成することができますので、推薦者の労力は最低限で済ますことができます。また、**オンライン提出の場合は推薦状提出をオンラインで行う以上推薦状提出の時期も推薦者に依存してしまいますので、出願完了の時期を管理することが難しく**なります。

次にエッセイですが、通常オンライン出願の場合はエッセイに関して文字数制限を設けている場合が多いのが特徴です。それはオンライン出願にてエッセイを提出する際ウェブ上でアップロードするのですが、そこで各出願者のエッセイが長すぎるとウェブ上にて容量オーバーにてシステム障害を起こしてしまう可能性があるためです。このためペーパー出願の際はそれほど厳格でなかったエッセイのガイドラインも、オンライン出願の際は非常に厳しく文字数等が制限されたガイドラインが用意されています。

エッセイが短く済むのであればオンライン出願のほうが利点は高いのでは、と思う方も多いと思いますが、出願用エッセイとは皆さんのバックグラウンドから志望動機等詳しく記載する必要があるので、ある程度長いほうが書き易いというのが現状です。ペーパー提出の場合はまだそれほど厳格なエッセイガイドラインは設けられておりませんし、オンライン出願のように少しでも指定された文字数をオーバーすると出願自体は完了できないということはありませんので、例えばエッセイの文字数に関して指示があったとしても多少の誤差があっても出願が可能です。ただ現在ではペーパー出願もオンライン同様のエッセイガイドラインを厳格に設けて統一しようという流れがあります。

さらにペーパー出願の利点を挙げるとすると、オンライン出願時に度々起こるシステム障害等がないので出願時期を予期せぬ事態で延期することがありません。先にも述べたようにオンライン出願は主流となったのが最近のことなので、まだまだ学校によっては出願途中や必要書類のアップロード時等にシステム障害が起き、出願を完了できないことがしばしばあります。その際学校のシステム担当に直接問い合わせ復旧してもらう必要があるのですが、その際少し日数がかかる場合があるため、出願完了時期を出願者が管理することが難しいケースがあります。ペーパー出願の場合はもちろんそういったことは起きませんので、現地にて到着確認が取れ次第、出願完了となります。そのため出願完了時期を管理することができます。

一方ペーパー出願にも欠点があります。まず一番大きな欠点は書類の郵送が必ず必要になるということです。郵送の手間及び費用がかかるということはもちろんですが、なにぶん海外郵便なので無事届くかという心配、また学校に無事届いても担当者によって確実に開封、書類確認等が行われるか、という心配が絶えません。海外大学院では出願後に出願が無事完了したのか、足りない書類はないか、書類に不備はないか、という点に関しては出願者によって確認する必要があるため、国際郵便で出願書類一式を郵送した後に必ず到着確認を行う必要があります。現地学校担当者のほうで出願書類の一部を紛失してしまうケースも稀に起こります。それが願書や英文成績証明書等であれば再送付すれば問題ないのですが、推薦状の原本が紛失すると再度推薦者に推薦状の作成を依頼する必要があり、非常に労力と手間がかかります。

●オンライン出願について

最近ではペーパーレス等の環境問題の配慮、また学校側の出願者情報管理の簡素化等の視点からこのオンライン出願が主流となりました。

オンライン出願はその名の通り出願手続きを全てオンライン（インターネット上）で済ませることができることができます。学校のホームページ上にオンライン出願用のウェブページが用意されており、そこで必要事項を入力し、インターネット経由で出願を完了させることができます。まずオンライン出願の利点から解説をすると、やはり出願をインターネットで完了することができるのでペーパーとは異なり、書類郵送も手間も省け出願自体が簡素化したことが挙げられると思います。

また大きな利点として**オンライン出願を完了させた後に出願者それぞれのアカウントができ、出願状況や出願の進捗状況をウェブ上で確認できる**ことです。ペーパー出願の場合は出願後直接学校担当者にコンタクトをとり、足りない書類出願書類の不備等について確認する必要がありましたが、オンライン出願終了後はそういった内容について全て学校のホームページ内にある専用ページで逐一確認ができますので、出願後の進捗状況を確認することができ、非常に便利になりました。

また、オンライン出願の場合はペーパー出願よりも合否が早く分かることも重要な利点でしょう。通常ペーパー出願ですと書類が届き、書類の内容を学校担当者がデータベースに打ち込み書類の確認、全ての書類が揃っており、記述内容等に不備がないことが確認された時に初めて学部の担当者によって審査が始まります。オンライン出願の場合はまず願書等に不備があった場合、出願完了をしようとしてもエラーメッセージ等が出て、出願を完了することができません。そのため出願が完了できたということは願書に不備がなかったことを意味しますので、書類の不備が起こりにくいという利点があります。またオンライン出願は完了と同時に出願校のデータベースに登録されますので、審査開始までの時間が短縮されるという利点もあります。以上の理由からペーパー出願よりオンライン出願のほうが一般的に合否発表は早いという利点があります。

ただオンライン出願には、願書以外の必要書類（履歴書やエッセイ、推薦状など）の提出方法に関して厳密にいうと3通りあります。

まず1つ目の方法は、願書はオンライン上で必要事項を記入し、提出することができますが、英文履歴書や推薦状といった書類は別途学校指定の住所に郵送で送る必要がある方法です。その際ペーパー出願と同様の方法で国際郵便を使用し、郵送手続きを行う必要があります。願書のみオンラインで完了する方法です。

2つ目の方法は願書をオンラインで提出するだけでなく、書面にて準備した書類を全て PDF や JPEG 等の画像データを作成し、オンライン出願上の指定ウェブページにて画像データをアップロードする形で出願書類を提出する方法です。この場合は願書のみオンラインにて入力し、送信する前に学校指定ウェブページにて願書以外の全ての出願必要書類をデータ変換し、アップロードする方法をとります。その際全ての出願書類をデータ変換するソフトが必要になり、データの容量も限界が設定されていますので、ソフトが必要というだけでなくスキャナーが必要だったり、データの容量変換をする必要がある等、ある程度のコンピューターの知識が必要になります。

最後はオンライン出願の際、願書入力後に英文履歴書、エッセイ等の書類を直接ウェブページ上で入力し、送信する方法です。この場合はオンライン出願専用のウェブページ上で英文履歴書、エッセイ等入力専用のページがあり、そのページに用意されているテキストボックスに直接入力する方法です。この形式を適用している学校は通常データ容量の問題でかなり短めにエッセイの文字数を制限しているケースが多いのが特徴です。また推薦状の提出方法は書面をアップロードするのとは異なり、通常願書に記入した推薦者情報をもとに学校から直接推薦者にEメールで連絡が入ります。その後推薦者の方でEメールの指示に従い専用ウェブページから直接推薦文を入力し送信することで推薦状の提出が完了します。

以上のようにオンライン出願は願書をウェブページ上での入力で完了できるので楽なのですが、その他**英文成績証明書、履歴書、エッセイ、推薦状等の必要書類の提出方法が学校によって異なるケースがあります**ので十分注意してください。

出願校を決める

入学したい学校と入学難易度の兼ね合いから出願を決める

ここまで準備が進んだ方は既にコース内容、ランク、生活環境等希望している大学院の候補が出揃っていると思います。また、プライオリティの明確化や出願条件をリサーチすることでかなり出願候補校も絞られてきたのではないでしょうか？ ここからはいよいよ正式に出願校を選ぶ過程になります。ここまできたら最終的に出願校を決める要因は、

「入学したい学校」と「入学難易度」の兼ね合い

で決めることになると思います。つまり入学したい学校が必ずしも入学できる学校ではない以上、**入学したい度合いと入学難易度を計りながら注意深く出願校を絞り込む必要がある**というわけです。通常出願校はチャレンジ校、本命校、滑り止め校、計４～５校程度に絞り込みます。

チャレンジ校とは合格の可能性は低いと分かっていても非常に希望の強い学校なのでとりあえず出願しておこう、という学校です。また本命校とはその名の通り本命の学校で、合格の可能性も十分あり、合格したら入学したいと思える学校です。最後に滑り止め校ですが、これは特に入学時期を重要視される方に設定することをお薦めいたします。

海外大学院に出願する際は出願校別にエッセイや推薦状等を作成する必要があり、北米を中心に出願料もかかります。そのため**できるだけ「ここは合格しても入学しないな」と思う学校には出願しない**ことをお薦めします。

ただ入学時期を非常に重要視される方、特に「今年合格しなかったら大学院留学は諦めよう」と考えていらっしゃる方は滑り止め校に出願しておいた方が無難です。

一方、「志望校に合格できなかったら入学時期を延期してもいいな」と考

えていらっしゃる方は滑り止め校には出願せず、本命校に集中することをお薦めします。

チャレンジ校、本命校、滑り止め校を選ぶ基準は下記のポイントを考慮しながら決めていくことが可能です。出願校選定は皆さんの大学院留学が成功するか否かの非常な重要なポイントです。そのため下記ポイントについてできるだけ徹底的にリサーチし、出願校を選んでください。

[1] 出願最低条件を満たしている出願校を選ぶ

まず出願校を決める時に最も重要なことは、出願最低条件を必ずクリアしている学校を選ぶことです。

これはチャレンジ校、本命校、滑り止め校全てに共通することで、出願校選びの段階になったら確認が必要な作業になります。出願最低条件に関しての詳しい記述は「第2部　ステップ⑥：入学条件のリサーチ」(214ページ) で詳しく解説していますが、**せっかく出願するのですから出願最低条件をクリアしていない学校に出願して、審査もしてもらえないようでは意味がありません**。まずは皆さんの学歴、職歴について出願最低条件をクリアしているか否かを必ずご確認ください。そして出願最低基準を満たしていない場合は他の出願校を早急に検討することをお薦めします。特にチャレンジ校を設定する際にいくらチャレンジ校だからといって出願最低基準を満たしていないコースに出願するのは労力と出願料の無駄になってしまいます。そのためチャレンジ校でも可能性を十分残すためこの出願最低基準だけは必ず確認してください。

[2] 過去の合格者データから出願校を選ぶ

出願最低条件を満たしていない学校を削除したら、いよいよチャレンジ校、本命校、滑り止め校の選定基準となるリサーチを行います。**例えチャレンジ校を選ぶ際でもまったく可能性がない、ほぼ100%不合格の可能性の学校に出願しても意味がありませんので、過去の合格者データとそれほどの誤差がない学校を選ぶことがポイント**です。合格者データは海外大学院の全てのコースで公表しているわけではありません。そのため学校ホームページで確認をしたり、その他教育機関が発行している書籍等を利用すると有意義な情報が入手できます。例えば Graduate Programs（Peterson's 編）や The Best 300 Business Schools（Princeton Review）等では必須 GRE、TOEFLスコアや、合格者の平均職歴、合格者平均 GMAT スコア等の情報が記載されています。また出願を希望する学校のコンタクトパーソンにEメール等でコンタクトをとると、通常一昨年前の合格者の平均GPAやスコア、平均職歴年数等を教えてもらうことができます。

A GPAについて

それでは合格者の平均スコアについて、まず GPA から解説していきましょう。GPA は一般的に平均合格者の GPA とポイント0.5以上ポイントが下回っていると合格は非常に難しくなります。例えば合格者の平均GPAが3.7のコースに出願する際、皆さんの GPA が3.2以下ですと合格は非常に難しくなると思います。ただGPAが低い方は関連する職務経験や、北米であれば通常 GREのスコアで補うことができます。GPA が低くても、GRE のスコアを要求される場合は GRE で合格者平均スコアの10～30点程度超えるスコアが出てくれば十分可能性が出てくると思います。一方、GRE が要求されていないコースであればアピールできるだけの職務経験等が必要になります。

ここで参考にする皆さんのGPAは、一般的な計算方法で算出されたGPAを利用してください。GPAの詳しい計算方法や最近のGPAの傾向等は別途「第2部　ステップ⑥：入学条件のリサーチ」（218ページ）にて解説しています。

また**重要なことはGPAをどれだけ出願予定のコースが重要視しているか、という点について確認する必要がある**ということです。つまりGPAをいわゆる「足切り」として出願者に設定しているのか、またGPAよりも職務経験の方を非常に重要視しているのか、といった点です。例えば北米のMBAコース等はGPAが2.5程度でも職務内容によっては十分上位校の合格の可能性があります。これはMBAという専攻がGPAより魅力的な職務経験を持っている出願者をより重要視するという専攻の特性が表れているいい例です。

またジャーナリズムや芸術系等は、現在までの実績（作品）で審査官にアピールすることができれば十分GPAを補うことができます。

一方、経済学や自然科学系の専攻は一般的にGPAを非常に重要視します。そのため出願者に最低GPAを求めてくる専攻が多いのが特徴です。大事なことは皆さんの出願希望コースの審査官が大学時代の学業についてどれだけ重要視しているか、という点を確認することです。

また、大学院卒業者は、通常日本、または海外で大学院を既に卒業されていても大学時代の英文成績証明書の提出義務はありますし、大学時代のGPAも同じように重要視されます。

B TOEFL/IELTSスコアについて

通常 **TOEFL 及び IELTS のスコアについて合否にどれだけ影響があるか、という点については、各国によって影響の度合いが違う**ことは意外と知られていません。

まず TOEFL 及び IELTS のスコアがいわゆる「足切りスコア」に使用されていることは国によらず全ての大学院に共通することです（条件付き合格制度を除く）が、北米の大学院が TOEFL 及び IELTS のスコアを学力の一部として審査対象にしているのに対して、イギリスを含むヨーロッパ、オセアニアの大学院ではただの足切り材料ととらえている傾向があります。

つまり北米の大学院では TOEFL 及び IELTS のスコアが足切りスコアを既に満たしていてもスコアは高ければ高いほどいいとされ、一方その他の国々の大学院では足切りスコアをクリアしていればぎりぎりでも不利な扱いとなることはほとんどないということです。

以上の理由から北米の大学院を目指す方は、出願最低スコア以上の TOEFL または IELTS のスコアが取得できれば、その分合格の可能性は上がりますし、その他の国々の大学院に出願される方は TOEFL または IELTS のスコアが出願最低スコアより大幅に高かったとしても、その分合格の可能性が上がるということは期待できません。

C GRE/GMATスコアについて

通常 GRE/GMAT は、出願最低スコアを設定していない学校はほとんどです。そのため合格者平均スコア等を確認することにより出願校選定の基準とします。

ただ出願基準としてGRE/GMATを考慮する際、最も重要なことは皆さんが出願希望としているコースが出願者にGREまたはGMATスコアの提出を義務付けているか否かを確認することです。意外と知られていない事実ですが、**世界にはGREまたはGMATのスコアを要求しない名門大学院が数多くあります**。世界的な有名校にも関わらずそうした現象が知られていないかというと、GREまたはGMATのスコア提出を義務付けているか否かは学校別ではなくコース別に異なるためです。

また、例えGREまたはGMATスコアの提出を出願者に課しているコースでも、足切りスコアは設けていませんので基本的にはテスト受験経験があれば何点でも出願することが可能です。出願校設定の基準としてGREまたはGMATスコアを使用する際には、皆さんのスコアが合格者平均スコアに届いているか否かを確認することで出願校選定の参考基準にすることができます。

通常**「GRE/GMATスコアを補う要素はGPA、または（及び）魅力的な職歴」**です。

例えば、皆さんの GPA が3.0以下で、しかもGREの合格者平均スコアに届いていないようであれば合格の可能性は極めて低いことになります。また、職歴が3年以内の方で GMAT スコアが合格者平均スコアに届いていない場合はこちらも合格の可能性は極めて難しくなります。一方 GPA が3.5以上ある方は GRE の合格者平均スコア以下でも十分合格の可能性はありますし、非常に魅力的な職歴をお持ちの方であればGMAT のスコアは多少合格者平均スコアより低くても合格の可能性は十分あるということになります。

以上のように GRE 及び GMAT スコアは足切りスコアがない以上、合格者平均スコアを確認し、その後皆さんの GPA や職務経験等を参考に滑り止め校、本命校、チャレンジ校を設定して頂ければと思います。

D 職務経験について

合格者平均スコアを確認する際はGPA、TOEFLまたはIELTS、GREまたはGMATのスコアを確認しますが、スコア以外の重要なデータとしては合格者の平均職歴も重要な項目です。

もちろん関連する職歴を要求するようなコースからそうでないコースまで様々ですが、特に関連した職歴を要求するコース、または関連している/していないに関わらず職歴を要求するコースに出願される場合は職歴が出願校選定の際の非常に重要な要素になります。特に滑り止め校及び本命校を選ぶ際は皆さんの職歴が合格者平均職歴以上である必要があります。

ただ職歴に関しては GPA や TOEFL 等のスコアと違い、一概に年数が長ければいいというわけではありません。**合格者の平均職歴より例え短かったとしても具体的にアピールできる職務経験があったり、出願するコースに深く関連する職務経験であれば重要視されます**ので、その分合格の可能性が非常に高くなります。例えばMBAに出願する際、合格者平均職歴が5年のコースに職歴3年の方が出願するとしても、その3年間の職務経験について履歴書やエッセイの中で実績等に関して強くアピールできるのであれば5年の方より合格の可能性は上がると思います。実績とは例えば営業職の方であれば～のような日本の上場企業で年間売上目標の～%増を売り上げた、その実績が買われ2年目からは地域統括マネージャーになり、現在部下20名のマネージメントをしている。また研究職の方であれば現在携帯電話で使用されている80%のシェアを占めるディスプレイを開発した等が挙げられます。クリエイティブな業務内容であれば自身の手がけた広告やウェブサイト等実際に審査官に送りアピールすることも可能です。

もちろんどういった職務経験や実績がアピールになるか、という点について出願する学校やコースによって大きく異なるので、コース紹介のページを確認し、出願予定のコースがどういった学生を欲しているか、という点についてリサーチする必要があります。

出願予定のコースがどういった人材を対象にしているのか、またどういった学生を欲しているのか、という点を確認し、できれば関連する職歴の平均年数、また関連する/ないに問わず合格者の平均年数が分かるとその分滑り止め校及び本命校は設定し易くなります。

[3] 学校担当者からの回答から出願校を選ぶ

出願コースの学校担当者への詳しいコンタクト方法については「第2部 ステップ⑥：入学条件のリサーチ」(220ページ)で解説させて頂きましたが、ここでは出願校を絞り込む際の具体的なコンタクト方法について解説させて頂きます。

A 現地学校担当者へのコンタクト（合否の可能性について）方法

数多くの出願候補校の中から出願校を具体的に絞る為には、**出願するコースの担当者に直接合否の可能性について聞いてしまうのが最も効果的な方法**と言えます。例え合格者の出願条件の確認や合格者の平均スコアを詳しく調べても、合否を決めるのは学部のコース担当教官ですので、その担当者に直接合否の可能性について問い合わせるのが一番効果的な方法になることは明白かと思います。確認方法としては、英文履歴書と英文成績証明書をEメール貼付で担当者に送り、皆さんのバックグラウンドから査定する出願予定コースへの合否の可能性について聞いてみるというわけです。

ここで最も重要なことはまずコンタクトパーソンについて正しい担当者を選ぶということです。例えば留学生オフィス等に問い合わせてもほしい回答をもらうことはできません。留学生オフィスは留学生特有の相談を受け付ける専門のオフィスになりますので、学校全体の留学生の割合や留学生が入寮できる学生寮が完備されているか、といった質問に関しては詳しく回答をもらうことができると思いますが、大学院の合否に関しては各コースが開講している学部の担当教官が管理していますので、合否に関する感触を知りたいのであればその担当教官にピンポイントでコンタクトを入れる必要があります。

また学校によってはこういった正式出願前の事前審査を禁止していることもありますが、そういった場合はコンタクトをしても具体的な回答がもらえない場合もあります。ただそういった場合も正直に「私のバックグラウンドからあなたが開講している〜のコースの合格の可能性を知りたい」と問い合せるのではなく、「私のバックグラウンドはあなたが開講している〜のコースにマッチしていますか？」というような聞き方であれば現地担当者があなたをどれだけウェルカムと思っているか確認ができ、合否の可能性を探るうえで1つの指標になると思います。大学院留学を成功させるために出願校選定作業は非常に重要な過程です、そのため工夫を凝らし最適な出願校を見つけてください。

[4] 留学先（国）をまたいで出願校を選ぶ

出願校選定の際、**滑り止め校、本命校、チャレンジ校を効率よく選定するために最も重要なことは留学先（国）をまたいで出願校を検討すること**です。つまりアメリカの大学院のみ、イギリスの大学院のみ、と1カ国に絞らず幅広く大学院を見ていくことが最も重要です。

なぜかというと、各国の大学院で開講されているコースは同じ名前のコースであったとしても内容だけでなく出願条件も大きく異なるため、皆さんのバックグラウンド如何（いかん）ではアメリカでチャレンジ校を設定し、イギリスで本命校及び滑り止め校を設定するということも十分可能です。もちろん皆さんのバックグラウンドによっては逆の可能性もあります。イギリスでチャレンジ校、アメリカで本命校及び滑り止め校といったことも可能です。

また意外と知られていない事実として、出願締切と審査開始のタイミングも留学先によって大きく異なります。特に出願締切は大学院留学を思い立ってから留学実現までのスケジュールの中で非常に重要なターニングポイントになりますので、大学院留学実現に向けた準備スケジュールを組む際、特に注意しましょう。

A 国別入学難易度の違い

実は皆さんが一律に考えている**海外の大学院で開講されているコースは、留学先（国）によってその出願条件や合格者平均スコアは大きく異なります。**どの国の大学院は難しく、どこどこの国の大学院は簡単だ、といった単純な問題ではなく、留学先によって出願者に求めるものや重要視するポイントが異なるということです。それを詳しく知っておけば皆さんのバックグラウンドに合わせて国をまたいで出願校を検討することで、効率よく滑り止め校、本命校、チャレンジ校を設定することが可能です。具体例を1つ挙げると、MBAを含むビジネス系の大学院へ進学を希望される方の場合は、下記のように出願条件や合格者平均スコアが異なります。

【世界の名門ビジネススクール】

	GMATスコア	職務経験
アメリカ	ほぼ全てのビジネススクールで要求されるが中堅校は550 ～ 600点程度	通常ビジネススクールで必須ではないが1 ～ 3年程度の職歴を推奨
カナダ	ほぼ全てのビジネススクールで要求される	ほぼ全てのビジネススクールで要求される
イギリス	一部の上位校のみ要求され実際はほとんどのビジネススクールで要求されない	全てのビジネススクールで3年以上の職歴を要求される
オーストラリア	数校の上位校のみ要求され実際はほとんどのビジネススクールで要求されない	ほぼ全てのビジネススクールで3年程度の職歴が要求される
ヨーロッパ	ほぼ全てのビジネススクールで要求される	通常ビジネススクールで必須ではないが1 ～ 3年程度の職歴を推奨

※名門校でGMATスコアを要求される場合は650 ～ 700点程度のスコアが必要
※現在GMATの代わりにGREスコアの提出を認めるビジネススクールが増加傾向

上記をご覧になって頂ければお分かり頂けますように、同じような名門ビジネススクールでも要求されるスコアや出願条件として課される職務経験等は大きく異なります。そのためもし皆さんが留学先を1カ国に絞り、準備を進めるといかに選択肢を狭めているか、ということはお分かり頂けると思います。例えば**職歴は浅いがGMATのスコアに自信がある方は北米で勝負する**

べきですし、逆にGMATのスコアには自信がないが職歴には自信がある方はイギリスやオーストラリアで本命校等の設定をすることをお薦めします。

またGREのスコアも同様で、留学先(国)によってスコアを課す学校課さない学校が大きく異なります。下記出願条件としてGREのスコアをどのように位置づけにしているか、といった点について留学先別にまとめたものです。

	GREスコア
アメリカ	ほぼ全ての大学院で要求されるが中堅校は300点程度(V+Q)
カナダ	ほぼ全ての大学院で要求される
イギリス	数校の上位校のみ要求され実際はほとんどのコースで要求されない
オーストラリア	ほとんどの大学院で要求されることはない
ヨーロッパ	ほとんどの大学院で要求されることはない

※名門校でGREスコアを要求される場合は300 ～ 320点程度のスコアが必要
※現在GREの代わりにGMATスコアの提出を認めるスクールが増加傾向

以上をご確認頂ければ分かるように、GRE 及び GMATのスコアを要求しないコースは数多く存在します。**もし皆さんが GRE を苦手であればできれば北米は避けるべきですし、または GPA が低いので GRE で補いたいというご希望であれば北米も視野に入れるべき**だと思います。もちろん上記は分かり易いようおおざっぱに記載していますが、コースによってはアメリカでもカナダでも GRE または GMAT を要求しない名門大学院も存在します。

ただ GRE または GMAT スコアを要求するか否かは各コースによって異なるだけでなく、頻繁に変更される可能性もあるので、例え昨年スコア提出義務がなかったとしても出願する年の出願条件は必ず再度確認する必要があります。

ここでGREとGMATのスコアに関して、各国の要求スコアや合格基準となる一般的なスコアを次頁にまとめてみました。次の表をご確認頂いても**国をまたいで滑り止め校、本命校、チャレンジ校は設定することの意義**をお分かり頂けるかと思います。

	GRE	GMAT
アメリカ名門校	320点程度（V+Q）+ Subject Test	650点以上
アメリカ中堅校	300点以上（V+Q）	550点以上
アメリカ中堅校以下	300点以上（V+Q）	500点以上
イギリス名門校	320点以上	650点以上
イギリス中堅校	なし	なし
イギリス中堅校以下	なし	なし
オーストラリア名門校	なし	600点以上
オーストラリア中堅校	なし	なし
ヨーロッパ名門校	なし	650点以上
ヨーロッパ中堅校	なし	550点以上

※GRE及びGMATスコアを両方提出する必要はありません
※通常ビジネススクールはGMATそれ以外の学部はGREのスコアを要求しますが、現在提出するスコアは選択できる傾向が進んでいます。

以上はあくまで一般的な参考資料で、実際は皆さんの学歴や職歴によって合格必要スコアは大きく変動します。

また、入学させる予定の学生数が決まっている以上、審査は絶対評価ではなく、他の出願者との相対評価ですので、上記がいつも合格スコアということはありません。ただ皆さんが滑り止め校、本命校、チャレンジ校の出願校を選定する際の1つの目安にはなると思います。

例えばGMATで550点以上のスコアが取得できず、職歴も3年以下の方はアメリカ名門校のレベルの学校をチャレンジ校として設定するのも難しいかと思います。またGREのスコアで300点以上のスコア取得は難しいが、GPAが3.7以上ある、という場合は十分アメリカの名門校もチャレンジ校として設定できると思います。もし職歴も3年以上あり、アピールできる職務実績もある方で、GMATで550点前後のスコアを取得したらアメリカ中堅校は本命校となりますし、アメリカ中堅校以下で十分滑り止め校は設定できると思います。

一方、忙しくて GMAT 及び GRE の勉強をする時間がない方は、イギリスやオーストラリアを目指した方が名門スクールに入学できる可能性は上がります。**以上のように GRE 及び GMAT を出願校選定の基準に使用する場合**

は、まず国をまたいで出願候補校をピックアップし、その後 GRE または GMAT のスコア提出義務が出願者に課せられているか、また課せられている場合は皆さんの職歴や学歴、また上記スコアを参考に出願校を選定してください。

次に、皆さんの一番気にされている英語力についても少し触れておこうと思います。留学先による必要英語力の違いに関しましては、「第1部　間違い③：大学院留学を検討したらまずTOEFL対策！という間違い」(26ページ) にて詳しく解説しておりますので、そちらも併せてご確認頂きますようお願い致します。ここではもう少し分かり易く各国の出願条件として設定している英語力について解説したいと思います。

	TOEFL	IELTS	条件付き合格
アメリカ	80 ～ 100	6.5 ～ 7.0	ほぼ全てのコースで提供していない
カナダ	80 ～ 100	6.5 ～ 7.0	ほぼ全てのコースで提供していない
イギリス	90 ～ 100	7.0 ～ 7.5	ほぼ全てのコースで提供している
オーストラリア	80 ～ 100	7.0 ～ 7.5	ほぼ全てのコースで提供している
ヨーロッパ	75 ～ 100	6.0 ～ 7.5	ほぼ全てのコースで提供していない

以上をご確認頂ければお分かり頂けるように、北米の大学院は概して英語の要求スコアは低いですが、条件付き合格を提供している学校はほとんどありません。一方イギリス、オーストラリアの大学院は概して英語の要求スコアは北米と比べると高めですが、一般的にほぼ全ての大学院で条件付き合格を幅広く提供しています。ヨーロッパの大学院は条件付き合格は提供していませんが、比較的低いスコアで出願できる学校があるのが特徴です。

実はこのチャートは皆さんが滑り止め校、本命校、チャレンジ校を選定するうえで非常に重要な要素を含んでいます。といいますのも、もし皆さんが

英語力に自信はないが名門校に入学したい場合、まずイギリス及びオーストラリアの大学院を目指し、条件付合格を目的に出願手続きを行います。その後、英語力が予想以上に伸びてきたら北米やヨーロッパの大学院も視野に入れるというスケジュールで準備を進めることにより、各国の名門校に合格できる可能性が広がります。

もし英語力に自信のない方が北米の大学院に絞り準備をすると、TOEFL・IELTS対策に時間がかかってしまい、名門校は出願締切りが過ぎてしまい、そしてGRE、GMATの対策をする時間がなく、結局中堅または中堅以下の学校に入学することになってしまうかもしれません。もしイギリス及びオーストラリアの名門大学院で条件付き合格を提供するコースを選び出願準備を同時進行していれば、またはGRE及びGMATを要求しないコースを選んでいればイギリスもしくはオーストラリアで名門スクールに入学できた可能性も多く残されていたでしょう。しかし、北米にこだわってしまったばかりに入学する学校のレベルを大幅に落とさざるをえない事態に陥る恐れがあるということです。

B 国別出願締切りと審査方法の違い

また大学院留学の準備を進めていく際重要な出願締切ですが、下記のように留学先（国）によって大きく異なることは意外と知られていない事実です。

	出願締切について
アメリカ	通常入学する前年の10月頃～入学する年の2月頃
カナダ	通常入学する年の1～2月頃
イギリス	通常出願締切はない（一部コースを除く）
オーストラリア	通常入学するコース開始から3ヶ月程度前
ヨーロッパ	通常入学する前年の11月～入学する年の4月頃

以上のように、**留学先によって出願する締切の時期は大きく異なります**。もちろん上記は一般的な締切時期ですので、コースによっては上記の限りではないことも留意しておいてください。また留学先によって異なるのは出願締

切だけではなく、審査開始時期も大きく異なります。

	審査開始時期について
アメリカ	出願締切後一斉に審査開始
カナダ	出願締切後一斉に審査開始
イギリス	出願された順に審査開始（合格者定員に達すると締切り）
オーストラリア	コースによって出願締切後一斉に審査開始する場合と出願された順に審査開始する場合がある。
ヨーロッパ	出願締切後に一斉審査開始

このように特にイギリスはローリングベースといって、出願されてきた順にその都度審査をします。簡単にいうと「早い者勝ち」です。そのため出願締切を設定していないコースに出願するとしてもできるだけ早く出願しておいた方がいいことはいうまでもありません。特に条件付き合格を提供している学校であれば TOEFL または IELTS のスコアが出願最低スコアに達していなくても出願可能ですので、合否を早く知りたい方、人気のコースに出願される方は特に早めに出願を完了させる必要があります。

一方、通常北米やヨーロッパの大学院は通常出願を締め切ってから一斉に審査が始まりますので、イギリスやオーストラリアほど早く出願することが重要かというとそうでもありません。

また**上記締切りの時期を考慮しながら効率よく滑り止め校、本命校、チャレンジ校を設定することが可能**です。例えば、米/英を中心に出願を希望されており、且つ英語力に自信のない方であればイギリスにできるだけ早く条件付き合格狙いで出願しておいて、TOEFLまたは IELTS のスコアが出願要求スコアに満たした時点で早急に北米の大学院の出願手続きを開始する、という方法をとることができます。

以上のように国をまたいで出願準備を行い、出願することにより、留学先（国）によって大きく異なる出願条件、出願締切り、審査開始時期等を効率よく利用し、滑り止め校、本命校、チャレンジ校を選ぶことが可能になるというわけです。

出願書類を作成する

留学先によって大きく異なる出願書類を効率よく作成する

出願校を決めることができたら、いよいよ具体的な出願書類の作成に入りたいと思います。

出願書類に関しては各学校、または各コースによって異なります。詳しくは「第2部　ステップ⑥：入学条件のリサーチ」（227ページ）で詳しく解説していますので、リサーチ方法に関してはそちらもご確認ください。ここでは具体的な出願必要書類の作成方法に関して解説したいと思います。出願書類は出願するコースによって異なりますが、一般的に留学先（国）によってある程度決まっています。

	願書	英文成績証明書	英文履歴書	英文エッセイ	英文推薦状
アメリカ	必須	必須（コピー可）	必須	必須	必須（2～3通）
カナダ	必須	必須（コピー可）	必須	必須	必須（2～3通）
イギリス	必須	必須（コピー可）	必須	必須	必須（1～2通）
オーストラリア	必須	必須（コピー可）	必要なし	必要なし	必要なし
ヨーロッパ	必須	必須（コピー可）	必須	必須	必要なし

以上のように願書及び大学時代の英文成績証明書は全ての大学院で必須ですが、その他出願必要書類は留学先によって大きく異なります。もちろん上記は一般的な概要ですので、全ての大学院がこの限りではなく例外があることを特記しておきます。

以上のように願書や成績証明書の他に必要になってくるものは、英文履歴書、エッセイ及び推薦状ということになります。先でも述べたように**海外大学院は書類選考となりますので、上記書類のクオリティーは皆さんの合否を分ける重要な役割を果たします**。ここでは具体的に出願するにあたりそれらの書類の作成の効果的な順番、そして具体的な作成方法について解説したいと思います。

［1］出願書類作成の順番

英文履歴書、エッセイ、推薦状はほとんどの大学院で出願に必要になってくる書類ですが、作成の順番は効果的な書類を作成するうえで最も重要な項目の1つです。

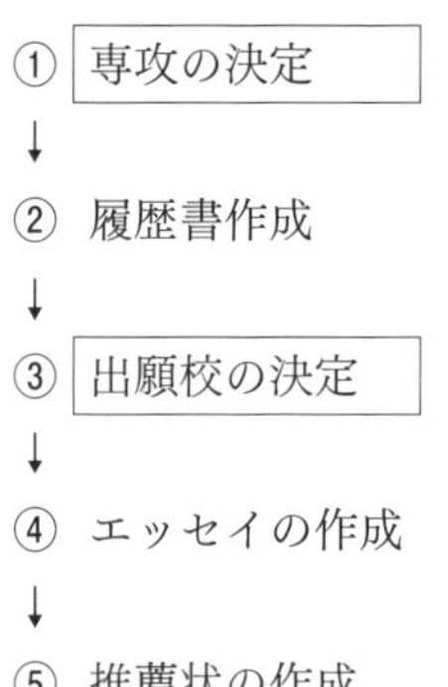

具体的な順番は以上のようになります。特に専攻の決定と出願校決定の順番が非常に重要で、以上の順番を1つでも守らないと効果的な出願書類を作成することは難しくなります。下記のそれぞれの項目で行うことについてまとめてみました。

① 専攻の決定
なぜ専攻の決定を出願書類の作成前に行う必要があるかというと、**出願する専攻を決めないと効果的な英文履歴書の作成ができない**ためです。
ここでは出願するコースを具体的に決めるのではなく、出願する専攻（専門分野）を確実に決めることが重要です。

② 履歴書作成

海外大学院出願用の英文履歴書は、皆さんが現在まで経験されてきた学術的（学歴）及び実践的（職歴）実績の中から、**出願する専攻（専門分野）に合わせて最も効果的な経験をピックアップして作成**することになります。

③ 出願校の決定

出願校選定のためには学校担当者にコンタクトをとることになりますが、その際英文履歴書が必ず必要になります。そのため**英文履歴書が完成した後に最終的な出願校を決める**ことになります。

ここでは出願候補校の学校担当者にコンタクトをとり、その回答等も踏まえ具体的に出願するコースを決定します。

④ エッセイの作成

エッセイは必ず出願校（出願するコース）が正式に決まってからでないと作成を開始することができません。なぜかというと、海外大学院の**出願書類として課されるエッセイは、コース別にエッセイ課題やガイドラインが決まっている**からです。そのため二度手間にならないようエッセイ作成は必ず出願校（出願コース）が決まってから作成を開始してください。

⑤ 推薦状の作成

推薦状の作成は常に出願書類の中でも最後に作成する書類です。なぜかというと推薦状とは**皆さんがエッセイや履歴書で自己PRをした内容を第三者の立場から証明してもらうもの**であり、推薦者の選定に関しても皆さんが履歴書やエッセイでどういった内容を記載したのか、という点に依存するためです。また、推薦状に関しても提出方法や内容に関するガイドラインが出願校別に用意されているため、出願校（出願するコース）が決まらないと作成を開始することができません。

以上が通常必要になる出願書類の作成における順番となります。次に各出願書類についての具体的な作成方法について解説したいと思います。

[2] 英文履歴書の作成方法

海外大学院進学のための**英文履歴書作成で最も重要なことは、出願する専攻に合わせて内容を決める**ということです。

具体的な記載すべき内容に関してですが、履歴書といっても大学院出願時に必要な履歴書は皆さんが就職活動やアルバイトの面接時に持参したような履歴書の形態とはまったく違うものになります。

通常日本では履歴書とは経歴書を意味するもので、学歴及び職歴、資格・技能等を簡潔に伝えるための書類です。書式も決まっており、書店やインターネット上で雛型も入手することが可能で、そこに穴埋めすれば完成するようになっています。

しかし海外の履歴書は通常決まった書式や雛型、ルールはほとんどありません。そのため何をどのように書いてもいい、とても自由な書類です。ただ自由に書いていいからこそ効果的な履歴書を作成する難しさもあります。

まず大学院出願のための履歴書作成にあたり守った方がいいルールと作成方法のコツについて解説したいと思います。

A 合格する英文履歴書作成のルール

海外の履歴書は、日本のように専用のフォーマットはありません。通常A４に箇条書きで1枚程度書きますが、分量も自由です。また、書く内容も自由で、例えば部活動やボランティア経験等自由に書き込むことができます。ただ海外大学院出願時に使用する英文履歴書は出願校から特別な指示がない限りA4・1枚、全て箇条書き、というルールは守ることをお薦めします。そして記載する内容は次のことを最低限明確に記載することをお薦め致します。

連絡先：Contact Information

まずは連絡先として通常住所、電話番号、メールアドレス等を記載します。もし海外から電話がくることを避けたいのであれば電話番号は書かずメールアドレスにしておいた方が無難です。また自宅の住所等を記載することに抵抗がある場合は会社員の方は会社等の連絡がつく別の住所でも問題ないと思います。

学歴：Education

通常学歴は高校卒業後から記載します。つまり大学から記載するのが一般的です。ただ海外の高校に行っていたり、高校時代に交換留学をしたりといったアピールできる特殊な経験があれば高校等も記載できます。

記載内容は通常学校名、学部名、専攻名、GPA(3.0以上ある場合)を記載します。また卒業論文や卒業研究が出願する専攻に関連するものであれば詳しく記載することをお薦めします。

職歴：Employment

職務経験は通常全て記載しますが、特に出願する専攻に関連するものにフォーカスして記載することをお薦めします。職務内容はできるだけ具体的に記載し、職務内容を審査官に具体的にアピールできるよう工夫する必要があります。記載する内容は、会社名、会社概要、部署名、役職、職務内容等です。

資格：Skills

ここは出願する専攻に直接関係なくても記載できるものは全て記載することをお薦めします。例えばスペイン語検定や簿記、英検、また資格ではなくてもスキルとして韓国語が日常会話程度できる、また柔道や剣道といった日本特有のスポーツも専攻によっては記載できると思います。

ボランティア経験：Volunteer Experience

こちらも専攻によっては非常に活きてくる項目です。例えば開発学や公共政策学、環境学といった専攻等は将来 NPO や NGO といったキャリアを目指している方のコースも数多くありますので、ボランティア経験は非常に活きてくると思います。ボランティアというのは無償で社会貢献を行う経験ですので、特に専攻問わず履歴書では効果的に働くことが多い経験の1つです。

インターン経験：Internship

現役大学生の方はアルバイト経験等を中心に職歴の項目は作成することになりますが、それとは別に企業へのインターンをしている場合、是非記載することをお薦めします。期間は1週間程度以上行っていれば問題なく記載できると思います。インターンも無給で自らの経験のために働くわけですので、インターン中の業務経験だけでなくモチベーションやイニシアティブをとって行動ができる人格というものを効果的にアピールすることができます。

海外経験：Overseas Experience

こちらは留学経験等を含む海外滞在経験になります。通常海外旅行は含みません。審査官はいくら優秀な出願者でも海外で生活していけるのか、という懸念は残りますので、海外経験があるということをアピールすることで語学力等だけでなく海外で滞在し勉強が出来る人格を持っている、ということをアピールすることができます。

次項に、現役大学生用と社会人用の履歴書サンプルを記しておきますのでご参考ください。ただ再三繰り返していますが、**海外大学院に出願する際の履歴書にこれが正しいというサンプルや見本は存在しません。なぜなら、皆さんのバックラウンドと出願する専攻によって記載すべき内容は大きく異なる**からです。これらのことを踏まえて頂いたうえで、その効果的な履歴書の作成におけるコツを解説しましょう。

【英文履歴書サンプル(学生用)】**Megumi KOYAMA**

Paircity 205 4-23-3 Jingumae Shibuya-ku Tokyo 150-0001 Japan
Email: info@gradschool.jp

EDUCATION

Japan University, Tokyo Japan ***April 2008–Present***

Bachelor of Economics, Department of Political Science and Economics

G.P.A of 3.2 on a scale of 4.0

Senior seminar in "International Economics for Developing Countries"

- Learned accounting, financial management, and company strategy as a manager in developing countries

Japan High School, Tokyo Japan ***September2010–October2010***

Teaching Practice (Practicum): English

- Teaching English to junior high school students and teaching assistant in English at a junior high school

Converse International School of Language, California USA ***August 2008–April 2009***

Standard Course (15hrs/week)

Level 6 B (Intermediate level)

EMPOLOYMENT

Meikou Network Japan Co., Ltd/Shibuya School (private tutoring school) ***May2009–Present***

Part-time English teacher (25 hrs/week)

- Teaching English and Japanese to junior high school students
- Future education advising and consultation for students and parents

Seven-Eleven Japan Co., Ltd. ***May 2008–April 2009***

This is one of the most famous convenient stores in Japan.

Part-time cashier (24 hrs/week)

- Refilled and displayed goods based on past statistical data to increase sales

- Worked as an acting manager during nightshifts
- Trained new employees in practical skills (Six employees trained)

INTERNSHIP

Pacific Asia Resource Center (PARC), Tokyo, Japan ***July 2009–October 2009***

(This NPO aims to pursue implementation of policy proposals and support development programs.)

East Timor Office

Internship (30hrs/week)

- Engaged in the coffee farmers' support project and worked toward their empowerment
- Assisted in the fair trade of coffee and managed coffee beans production

VOLUNTEER ACTIVITIES

Care Thailand (NGO), Ubonrachatani, Thailand **September 2010**

(This organization provides self-reliance support in rural areas in Thailand URL: http://www.carethai.org/)

Agricultural Support Program: 10 days

- Support for construction of mixed and dairy husbandry facilities
- Residing with a Thai family to teach them the Japanese language and culture

CREDENTIALS and LANGUAGE

TOEFL (Test of English as a Foreign Language) score: 213 ***June 2008***

TOEIC (Test of English for International Communication) score: 750 ***May 2008***

STEP 2nd grade (STEP: Society for Testing English Proficiency) ***November 2003***

National Teaching Certificate in Junior and Senior High School Subject in English ***Expected in April 2010***

Megumi KOYAMA

Paircity 205 4-23-3 Jingumae Shibuya-ku Tokyo 150-0001 Japan

Email: info@gradschool.jp

> 学歴は大学から記入
> 高等学校等は記入しない

EDUCATION

> Department：学部
> Bachelor：学位（学科）

Japan University, Tokyo Japan **–Present**

Bachelor of Economics, Department of Political Science and Economics

G.P.A of 3.2 on a scale of 4.0

> Seminar：ゼミと研究内容を記入
> 卒業論文のタイトルは、
> Graduation Thesis:"----------" と記載

Senior seminar in "International s"

- Learned accounting, fina strategy as a manager in developing countries

Japan High School, Tokyo Japa ***eptember2010–October2010***

> Teaching Practice：
> 教育実習

Teaching Practice (

- Teaching English to junior high school students and teaching assistant in English at a junior high school

Converse International School of Language, California USA ***August 2008–April 2009***

> 海外短期語学留学・交換留学・
> 専門学校等記入する

Standard Course (15hrs/week)

Level 6 B (Intermediate level)

EMPOLOYMENT

Meikou Network Japan Co., Ltd/Shibuya School (private tutoring school)

May2009–Present

> 学生はアルバイト歴も
> 積極的に記入する

Part-time English teacher (25 hrs/week)

- Teaching English and Japanese to junior high school students
- Future education advising and consultation for students and parents

Seven-Eleven Japan Co., Ltd. ***May 2008–April 2009***

This is one of the most famous convenient stores in Japan.

> 労働時間は必ず記入する

Part-time cashier (24 hrs/week)

- Refilled and displayed goods based on past statistical data to increase sales

- Worked as an acting manager during nightshifts
- Trained new employees in practical skills (Six employees trained)

インターン経験は、インターン先の団体名、団体の説明、労働時間等を記入する

INTERNSHIP

Pacific Asia Resource Center (PARC), Tokyo, Japan July 2009–October 2009

(This NPO aims to pursue implementation of policy proposals and support development programs.)

East Timor Office

Internship (30hrs/week)

- Engaged in the coffee farmers' support project and worked toward their empowerment
- Assisted in the fair trade of coffee and managed coffee beans production

ボランティア経験や部活動、サークル活動等も、活動団体名を記入、団体の説明も記入する

VOLUNTEER ACTIVITIES

Care Thailand (NGO), Ubonrachatani, Thailand **September 2010**

(This organization provides self-reliance support in rural areas in Thailand URL: http://www.carethai.org/)

Agricultural Support Program: 10 days

- Support for construction of mixed and dairy husbandry facilities
- Residing with a Thai family to teach t

資格は運転免許は記入しない、主に語学力を証明するテストスコア、また教員免許等国家資格等を記入する

CREDENTIALS and LANGUAGE

TOEFL (Test of English as a Foreign Language) score: 213 ***June 2008***

TOEIC (Test of English for International Communication) score: 750 ***May 2008***

STEP 2nd grade (STEP: Society for Testing English Proficiency) ***November 2003***

National Teaching Certificate in Junior and Senior High School Subject in English

Expected in April 2010

【英文履歴書サンプル（社会人用）】**Megumi KOYAMA**

Paircity 205 4-23-3 Jingumae Shibuya-ku Tokyo 150-0001 Japan

Email: info@gradschool.jp

EDUCATION

Japan University, Tokyo, Japan ***April 2000–March 2004***

Bachelor of International Business, Department of Business Administration

Senior seminar: Poverty and environment business

G.P.A of 3.6 on a scale of 4.0

EMPLOYMENT

DEF Japan Corporation, Ltd. Tokyo, Japan ***April 2007–Present***

URL: http://www.abc.jp

Information Technology Development Department ***April 2005–Present***

IT consultant (Full-time)

Project Experience:

April 2008–present Client: Automobile (auto truck) manufacturer (Boasts of top sales in its field in Japan) Purpose: Restructuring production control and sales operation systems by integrated operation with the parent company (100 member group)

My personal responsibility:Team leader of standardization and quality management team

- Designing system architecture of Java applications based on ABC Technology
- Standardizing IT project lifecycles by providing developer's guidelines
- Planning training seminars for standardization

Achievement: Stable system operation and receiving high evaluation for operation system

April 2007–March 2008 Client: Telecommunications Company (Second top sales in its field in Japan)

Purpose: Transfer and network configuration change for enterprise system (6-member group)

My personal responsibility: Project Manager

- Negotiating contract conditions, scope of work, and execution of agreement
- Planning and controlling project budget and costs
- Producing operation plan and managing schedule for team including international members

Achievement: Operating stable system and obtaining higher profits than expected

Client Services and Sales Department April 2003–March 2004

Strategic Partner Manager (Full-time)

My personal responsibility: managing project promotion

- Acquiring strategic partners and planning strategies in order to develop ad networks, negotiating contract terms, and coordinating with head office for approval

ABC Corporation, Ltd. Tokyo, Japan ***April 2004–March 2007***

URL: http://www.abc.jp

(ABC Corp supports the purchasing management of enterprises by conducting market research and selecting suppliers)

Market Development Department

Chief consultant (Full-time)

My responsibility: market research and analysis of clients' accounting data

- Client's request: Reduction in procurement cost

Achievement: Researched market scale and price trend, analyzed clients' purchase volume and purchase trend, and proposed the integration of purchase items and effective purchase timing, thereby reducing the indirect materials cost of telecommunication companies

SKILLS

Programming Language: Java, J2EE (EJB, Servlet, JSP, JDBC), Struts, SQL, SQLJ, XML, RDBMS, Unix

TOEFL (Test of English as a Foreign Language) score: 213 ***June 2007***

TOEIC (Test of English for International Communication) score: 750 ***May 2006***

Megumi KOYAMA

Paircity 205 4-23-3 Jingumae Shibuya-ku Tokyo 150-0001 Japan

Email: info@gradschool.jp

EDUCATION

Japan University, Tokyo, Japan

専攻が出願する分野と関連がない場合は学歴はできるだけ簡素に記入する。

Bachelor of International Business, Department of Business Administration

Senior seminar: Poverty and environment business

G.P.A of 3.6 on a scale of 4.0

ゼミや卒業論文が出願する専攻と関係ある場合は記入する。関係ない場合は記入の必要はない。

EMPLOYMENT

DEF Japan Corporation, Ltd. Tokyo, Japan ***April 2007–Present***

URL: http://www.abc.jp

英文ホームページがある場合は URL を載せます。また簡単な会社概要も載せておきます。

Information Technology Development Depa

IT consultant (Full-time)

Project Experience:

プロジェクトベースの場合（SE や広告代理店業務等）はプロジェクト別に職務内容と実績をアピールする。職歴は新しい順に記載する。

April 2008–present Client: Automo ... p sales in its field in Japan) Purpose: ... s operation systems by integrated operation with the parent company (100 member group)

My personal responsibility:Team leader of standardization and quality management team

- Designing system architecture of Java applications based on ABC Technology
- Standardizing IT project lifecycles by providing developer's guidelines
- Planning training seminars for standardization

Achievement: Stable system operation and receiving high evaluation for operation system

April 2007–March 2008 Client: Telecommunications Company (Second top sales in its field in Japan)

個人的に与えられていた責任や業務内容をできるだけ具体的に記載する。

Purpose: Transfer and network confi ... tem (6-member group)

My personal responsibility: Project Manager

- Negotiating contract conditions, scope of work, and execution of agreement
- Planning and controlling project budget and costs
- Producing operation plan and managing schedule for team including international members

Achievement: Operating stable system and obtaining higher profits than expected

実績（結果）

Client Services and Sales Department April 2003–March 2004

Strategic Partner Manager (Full-time)

My personal responsibility: managing project promotion

- Acquiring strategic partners and planning strategies in order to develop ad networks, negotiating contract terms, and coordinating with head office for approval

職歴は新しいものから
順番に記載する。

ABC Corporation, Ltd. Tokyo, Japan ***April 2004–March 2007***

URL: http://www.abc.jp

(ABC Corp supports the purchasing management of enterprises by conducting market research and selecting suppliers)

所属部署名を記入し
役職がある場合は記入する

Market Development Department

Chief consultant (Full-time)

My responsibility: market research and analysis of clients' accounting data

- Client's request: Reduction in procurement cost

Achievement: Researched market scale and price trend, analyzed clients' purchase volume and purchase trend, and proposed the integration of purchase items and effective purchase timing, thereby reducing the indirect materials cost of telecommunication companies

スキルは出願する専攻に関連
のあるもののみ記入する

SKILLS

Programming Language: Java, J2EE (EJB, Servlet, JSP, JDBC), Struts, SQL, SQLJ, XML, RDBMS, Unix

語学系の資格、スコアは必ず取
得した時期と共に記載する

TOEFL (Test of English as a Foreign Language) score: 213 ***June 2007***

TOEIC (Test of English for International Communication) score: 750 ***May 2006***

B 合格する英文履歴書作成のコツ

ここで**最も重要になることは、再三お伝えしていますが出願する大学院の専攻に合わせて履歴書の内容を変えていく必要があるということ**です。例えば、大学4年生が新卒でMBAの学位取得を目的とする場合、大学時代に行ったアルバイトの経験や、インターンシップ等を積極的にアピールしていく必要があります。もしあなたが国際関係や国際開発学を専攻するのであれば、国連機関でのボランティアやインターンシップ、留学生との交流会や、海外からのホームステイの受け入れ等、非営利としての国際経験を少しでも入れていくことが大事です。

また、学生のアルバイトでは、学習塾の講師や、家庭教師等は学生時代の経験として比較的効果的なので、是非教育学系の専攻を選ばなくとも履歴書には記入していきたいところです。

下記に具体例を提示して解説してみたいと思います、

例えば下記のような希望とバックグラウンドを持った方がいたとします。

出願希望の専攻：MBA
学歴：国際関係学（GPA3.0）
キャリア：金融関係4年（銀行）
ボランティア：国内半年、海外１ヶ月
スキル：ファイナンシャルプランナー、簿記3級、日本語教師資格
海外経験：語学留学1ヶ月

この方の場合A4・1枚の履歴書の割合は次のようになるでしょう。

連絡先
学歴
キャリア
資格・スキル
ボランティア
海外経験

まず学歴は今回出願予定のMBA（経営学）に直接関係しない国際関係学部卒ですし、GPAも3.0と別段突起するようなことはではありません、卒業論文にしても国際政治経済ですので経営学には関連は薄いものとなっています。そのため4年間の職歴をできるだけ明確にアピールするため学歴に関してはA4全体のボリュームの中でもほんのわずか、住所やメールアドレスを記載する連絡先と同等の割合で十分でしょう。

一方、今回のバックグランドの中で最もアピールできる箇所はどこか、それは当然のことながら4年間の銀行での職歴です。出願するMBAに最も直結する経験で、効率よくアピールすることができれば合格に大きく近づくはずです。

次に割合を多くとった方がいいのは、資格及びスキルの項目でしょう。なぜならファイナンシャルプランナーの資格を取得しているからです。ファイナンシャルプランナーは資金計画を行うプロフェッショナルということを証明する資格ですので、MBA（経営学）を学ぶうえでは非常に大きなアドバンテージとなると思います。しかしファイナンシャルプランナーの資格は日本独自の資格ですので、多少解説が必要になるでしょうし、その他簿記3級についても記載できますので、キャリアの次にボリュームをとって記載できる項目となると思います。

ボランティアと海外経験はどうでしょうか？ ボランティアに関しては直接MBAと関連がなかったとしても国内で半年、また海外で1ヶ月の経験がありますので、キャリアだけでなく幅広く社会貢献を行ってきた人格をアピールし、海外での滞在経験もアピールできますので、資格・スキルと同等の割合を割いて記載していいと思います。

一方、海外経験に関しては、今回は語学留学でしかも1ヶ月ですので、留学した語学学校名、コース名、期間程度が簡単に記載できれば問題ないと思います。

ただもしこの方が異なった専攻で大学院留学を目指していたらどうでしょうか？

出願希望の専攻：**開発学**
学歴：国際関係学（GPA3.0）
キャリア：金融関係4年（銀行）
ボランティア：国内半年、海外１ヶ月
スキル：ファイナンシャルプランナー、簿記3級、日本語教師資格
海外経験：語学留学1ヶ月

この方の場合A4・1枚の履歴書の割合は下記のようになるでしょう。

連絡先
学歴
ボランティア
キャリア
海外経験
資格・スキル

まず学歴ですが、今回は出願する専攻が開発学ということですので、大学

の専攻である国際関係学とのつながりが深く、卒業論文やゼミ等についても詳しく記載することでキャリアだけでなくアカデミックな内容についても十分アピールできると思います。また、今回最も強くアピールすべき箇所は、開発学という専攻を考慮すると、やはり国内及び海外でのボランティア経験が非常に効果的なものになると思います。ボリューム的にはキャリアと同等の割合で記載して問題ないと思います。

以上のように**まったく同じバックグラウンドの方であったとしても、出願する専攻によって履歴書に記載する内容だけでなく、構成や順番等も大きく異なります**。出願用履歴書は決まったルールやガイドラインがない以上上記のように出願する専攻によって構成や記載内容といったことを注意深く検討する必要があります。

専攻が決まったら履歴書を作成する前に、皆さんのアカデミック及びキャリアバックグラウンドを一通り書き出してみましょう（ブレインストーミング）。その後、出願する専攻を注意深くリサーチし、その専攻がどういった学生を求めているのか、という点について確認、理解することが重要です。そして皆さんがそのコース担当者が欲している学生と審査官に思わせるために、書き出した現在までのバックグラウンドの中でどの経験や実績が最も効果的にアピールできるのか、という点について注意深く検討する必要があります。

その後記載する内容や構成が決まったら、後はできるだけ具体的に学歴や職歴、実績等を記載し、審査官に分かり易くアピールすることがより効果的な履歴書作成のコツとなります。

[3] 英文エッセイの作成方法

エッセイは通常出願の動機、出願までの背景、キャリアゴール、今回の留学がキャリアゴールにどのように結びつくのか等を述べます。なおマスターコース（修士課程）に出願の際は、エッセイに専門的なことを書く必要はなく、今回の留学がどうしてキャリアゴールに必要なのか、ということを中心に述べることになります。その際、現在までの経験を具体的に分かり易く述べることが大事です。

例えば大学生であれば、大学での研究テーマや、実際に卒業課題で行った実績等です。職歴のある方であれば、職場でのポジションや、実績を述べます。その後その経験を踏まえたうえで、いかに今回の大学院留学が自分のキャリアゴールへ達成に必要かを述べるということになります。文科系のコースに出願する場合は以上のようにキャリアゴールを中心に志望動機を述べていきますが、理科系コースに出願の方は入学後にどういったことを学び将来どういった研究を行いたいか、またその研究によってどういった社会貢献を卒業後行っていきたいと考えているか、という点について詳しく述べる必要があります。

海外大学院出願用エッセイには通常特別なルールはありませんので、**履歴書同様これが効果的な書き方、という正解はありません。あくまで出願するコースと皆さんのこれまでのバックグラウンドを検討し、最も効果的な構成、内容を決めていく必要があります。**ただ出願するコースによってエッセイのガイドラインが存在する場合があります。

A 合格する英文エッセイ作成のルール

ここではまず海外のアカデミックエッセイと呼ばれる出願時に課される論文（北米では通常Statement of Purpose、イギリス、ヨーロッパ等ではPersonal Statementと呼ばれる）の基礎的な書き方について、解説させて頂きます。

海外のエッセイ、いわゆる論文は日本の「起承転結」で進むわけではありません。ただ日本の論文の「起承転結」のようにエッセイ全体の段落構成について海外でも決まったルールがあります。これは海外大学院出願用エッセイだけではなく、入学後様々なクラスで課せられるエッセイ、就職活動の志望動機に関する書類等、海外で提出する全ての書類に関して適用されることです。また、海外の大学院や海外の社会生活でとても重要なプレゼンテーションのスキルにも非常に役立ちます。プレゼンテーションの際も下記で説明する流れは有効ですし、応用できるスキル、知識となります。つまり将来海外で活躍するためには必要不可欠なスキルとなります。

まずはエッセイ全体の造りに関してですが、

1. イントロ　2. ボディ　3. コンクルージョン

となります。そして段落構成は、

イントロ：最初の段落

イントロでは今回のエッセイの目的である志望動機を簡潔に記載する必要があります。そのためキャリアゴール、キャリアプラン、理系の場合は入学後研究したい内容と現在までの研究実績などを簡潔に述べます。

ボディ：通常2～4段落程度

ボディで、イントロで述べたキャリアゴール（または研究内容）を達成するためになぜ今回出願するコースに入学する必要があるのか、という点について説明します。通常そのキャリアゴール（研究内容）を目指すことになったきっかけや、そのキャリアゴール達成のため行ってきた努力や実績などを述べ自己PRを効率よく行うことが重要です。その際実績や熱意といったものだけでなく、大学院で学んだことをどのようにキャリアゴール達成のために活かすつもりなのか、といったキャリアプランや、過去の実績などを駆使しどのように入学後クラスに貢献できると考えるか、という内容も述べる必要があります。

コンクルージョン：最後の段落

コンクルージョンではイントロで述べた内容（今回のエッセイの目的）について再度読み手に伝えエッセイを効果的に締めくくりましょう。

特に課題が決まっていない場合は、通常上記の段落構成で問題ありません。以上のイントロ、ボディ、コンクルージョンは海外のエッセイと呼ばれるもの全てに共通するものですので、是非覚えておいてください。上記段落構成で作成した一般的なエッセイのサンプルを次に用意しましたのでご参考ください。

【エッセイサンプル】

Over 70% of the companies listed on the Tokyo Stock Exchange's first section require employees to have TOIEC scores of 750 and over. However, the average TOEIC score in Japan is 556. This mismatch indicates an urgent task at hand: improving English education in Japan. I have made helping to solve this challenge a priority, and am confident that your TESOL program will enable me to achieve my career goals.

I have been interested in this issue ever since college, where I researched the skills that Japanese people most need in order to effectively communicate in English. As my graduation thesis, I went to 100 public and private junior high schools in Tokyo and 50 trading companies that require workers with high English skills, where I interviewed 100 employees and 100 teachers. The interviews included both listening and speaking tests, and the results were very interesting. Although listening skills were uniformly almost native-level, speaking skills lagged behind: 60% of the interviewees could not speak English fluently. From this, I understood that a key to solving the problem is raising speaking skills to the same level of listening skills.

This conclusion was supported throughout my five years as a full-time English teacher in public junior and senior high schools in Japan. In my classes, there are always students who get high grades but still cannot communicate with native English teachers. To explore this problem, I asked English native teachers to tell me what sounds they have trouble understanding in conversation with Japanese students and Korean students. Interestingly, I found that, in the case of Japanese students, English speakers cannot understand sounds like "th" and "s;" as for Korean students, English speakers cannot understand sounds like "f" and "w." Having learned this, I began to customize my teaching, focusing on the problem sounds; as a result, my students' speaking skills improved dramatically.

As such, my goals revolve around using this method to develop a new curriculum that can help English learners all over Japan. In the short term, I want to create a curriculum and materials that will enable Japanese able to more effectively and fluently speak English. Following that, I would like to customize them so that everybody, including parents, can use them and the learning process can take place both in and out of schools. Finally, my long-term goal is to provide them through a non-profit English school that gives all students, even the ones who aren't taught effectively in their high schools, real communication skills.

I am confident that your TESOL program would enable me to gain the insights and experience to work toward these goals. I find your program's emphasis on international students who are not native English speakers, in courses such as "Field Observation: International Students" and "Second-Language Acquisition and Intercultural Education," to be particularly appealing for someone, like myself, who will teach English in an international location. I am also eager to enroll in your linguistics-approach classes—such as "Linguistic Problems in TESOL," "Introduction to Language," and "Linguistics and Applied Linguistics to TESOL"—because linguistics mechanisms like phonology and syntax are very useful in clarifying which words learners cannot speak based on their first language. Finally, your course would give me the chance to do a Teaching Practicum where English is the first language, which would enable me to develop skills that I simply could not access in Japan. Of course, I am also eager to contribute to your student community by sharing the lessons I have learned during my own teaching experience.

I am eager to develop a revolutionary teaching method to improve English education in Japan, and believe that now is the time to do so. I am confident that your program would provide both the tools and inspiration to enable me to make an impact in this field.

【エッセイサンプル（コメント付き）】

Over 70% of the companies list[illegible]n require employees to ha[illegible] TOEIC [illegible]ge TOEIC score in Japan is 556. This mismatch indicates an urgent task at hand: improving English education in Japan. I have made helping to solve this challenge a priority, and am confident that your TESOL program will enable me to achieve my career goals.

> エッセイの最初の文章はフックと呼ばれ「つかみ」の部分なので、できるだけ読み手の興味を引くことができる内容を記載する。

> イントロはエッセイの中でも最も重要なパートなので、明確に出願する志望動機と出願するコースを記載する。

I have been interested in this issue ever since college, where I researched the skills that Japanese people most need in order to effectively communicate in English. As my graduation thesis, I went to 100 public and private junior high schools in Tokyo and 50 trading companies that require workers with high English skills, where I interviewed 100 employees and 100 teachers. The interviews included both listening and speaking tes[illegible] and [illegible] Although listening skills were uniformly alm[illegible]d behind: 60% of the interviewees could not speak English fluently. From this, I understood that a key to solving the problem is raising speaking skills to the same level of listening skills.

> 実績を述べる場合は数字等を入れ、できるだけ具体的に記載する。

This conclusion was supported throughout my five years as a full-time English teacher in public junior and senior high schools in Japan. In my classes, there are [illegible]des but still cannot communicate with native [illegible]oblem, I asked English native teachers to tell [illegible]understanding in conversation with Japanese students and Korean students. Interestingly, I found that, in the case of Japanese students, English speakers cannot understand sounds like “th” and “s;” as for Korean students, English speakers cannot understand sounds like “f” and “w.” Having learned this, I began to customize my teaching, focusing on the problem sounds; as a result, my students’ speaking skills improved dramatically.

> 職務経験の実績等を記載する場合も漠然とした表現は避け、具体的な記載を心がける

As such, my goals revolve around using this method to develop a new curriculum that can help English learners all over Japan. In the short term, I want to create a curriculum and materials that will enable Japanese able to more effectively and fluently speak English. Following that, I would like to customize them so that everybody, including ... can take place both in and out of sc... hem through a non-profit English school that gives all students, even the ones who aren't taught effectively in their high schools, real communication skills.

キャリアプランを記載する場合は、順序立ててどのような流れでキャリアゴールを達成するつもりなのかを記載する。

I am confident that your ... ghts and experience to work tow ... asis on international students wh ... such as "Field Observation: International Students" and "Second-Language Acquisition and Intercultural Education," to be particularly appealing for someone, like myself, who will teach English in an international location. I am also eager to enroll in your linguistics-approach classes—such as "Linguistic Problems in TESOL," "Introduction to Language," and "Linguistics and Applied Linguistics to TESOL"—because linguistics mechanisms like phonology and syntax are very useful in clarifying which words ... language. Finally, your course v... Practicum where English is the first language, which would enable me to develop skills that I simply could not access in Japan. Of course, I am also eager to contribute to your student community by sharing the lessons I have learned during my own teaching experience.

「なぜ数あるコースの中で今回出願するコースが最適と考えるのか」という点については非常に重要な項目で、具体的に必修科目等のクラス名を出し、説明をする。またそのコースの特徴とされている点についても触れることが重要。

ここでは入学したい旨を伝えるだけでなく、入学後クラスに貢献できる旨も記載することをお薦めします。

I am eager to develop a revolutionary teaching method to improve English education in Japan, and believe that now is the time to do so. I am confident that your program would provide ... ake an impact in this field.

最後の段落（コンクルージョン）ではイントロで述べた内容を繰り返しエッセイの締めとします。

B 合格する英文エッセイ作成のコツ

まず、最も重要なことはエッセイ課題が設定されているか否かを確認することです。もし**特にエッセイ課題が設定されていなければ前項のような内容及び流れで作成することが可能です。一方課題が決まっている場合はその課題に対して簡潔な回答となるエッセイを作成することが重要**です。

実はエッセイ作成にも履歴書と同様にこれが正しいという形や、効果的なエッセイのひな型、というものは存在しません。なぜなら海外の大学院出願用エッセイは出願するコースや皆さんのバックグラウンドによって効果的な内容や構成が異なるだけでなく、出願するコースによってはエッセイ課題というものが存在するからです。もし皆さんが出願するコースでエッセイ課題が設定されていた場合は、課せられた課題について徹底的に研究することが重要です。エッセイ課題は通常文字数制限とともに提示されますが、そこから審査官が出願者に聞きたい内容はどんなことなのか、またどういった出願者を探すためにこのエッセイを提示しているのか、という点について詳しくリサーチする必要があります。

次に海外大学院出願用の効果的なエッセイ（皆さんを合格に近づけてくれるエッセイ）とはどういったエッセイなのか、という点について検討してみたいと思います。

海外大学院出願用のエッセイ作成目的は「与えられた課題に答えること」、課題が特に与えられていない場合は「志望動機を伝えること」です。しかし本当にそれが真の目的でしょうか？ 出願者がエッセイを作成し、提出する本当の目的は確実に合格するためです。**合格するために効果的なエッセイを書くのであればまず審査官が合格させたいと思う学生を知ることです。**そして審査官が皆さんのエッセイを読んだ後、「この出願者を合格させたい」と思わせることができれば皆さんの合格するためのエッセイは成功したことになります。

では審査官が合格させたい出願者とは、どういった出願者でしょうか？ それは次の2つの要素を含んでいる出願者を指します。

まず1つ目の要素は**「入学後クラスに貢献する学生」**

そして2つ目の要素は**「卒業後成功する学生」**

つまり入学後クラスの活性化に貢献し、卒業後魅力的なキャリアゴールを達成する学生を合格させたいわけです。

もう少し詳しく解説すると、海外の大学院では一般的にグループワークやディスカッション、ディベートといった学生同士のコミュニケーションを重要視することは知られた事実です。そこである程度のリーダーシップを発揮し、協調性があり、かつ他の学生とは異なる独自の経験を持った学生であること、そして魅力的且つ具体的なキャリアゴールを持っており、そのキャリアゴールを達成することができる現実的なキャリアプランを持っている学生が合格するということです。

つまり**入学後必ずクラスに貢献できるパーソナリティと独自性のある経験、そして卒業後必ず達成することができる魅力的なキャリアゴールを描いており、そのキャリアゴールを達成できるだけのポテンシャルを証明することができれば合格できる**、というわけです。海外の大学院では審査にインタビューがあることがありますが、インタビューで聞かれることは提出したエッセイや履歴書について審査官から聞かれることが多く、インタビューの内容はエッセイで記載した内容を超えることは通常ありません。そのため海外の大学院は書類選考で合否が決まると断言して問題ないと思います。そう考えるとエッセイで自分が理想的な学生であることを証明することが、合否を分ける、非常に重要な要素であることはいうまでもありません。ではエッセイでどうしたら理想的な学生であることを証明することができるでしょうか？

ここでは具体的なエッセイ課題を分析していきながら、魅力的なエッセイ作成方法を解説していきたいと思います。

《エッセイ課題具体例》

Give us a brief assessment of your career progress to date. In what role do you see yourself working in immediately after graduation and what is your longer term career vision? How will your past and present experiences help you to achieve this? How will the London Business School MBA Programme contribute to this goal? Why is this the right time for you to pursue an MBA? (750 words)

まずはエッセイ課題をよく検討することから始めていきたいと思います。上記エッセイ課題は下記のように分けることができます。

1. Give us a brief assessment of your career progress to date.
2. In what role do you see yourself working in immediately after graduation and what is your longer term career vision?
3. How will your past and present experiences help you to achieve this?
4. How will the London Business School MBA Programme contribute to this goal?
5. Why is this the right time for you to pursue an MBA?

〈日本語訳〉

1. 現在までのキャリアについて
2. ショートタームキャリアゴールとロングタームキャリアゴール
3. 過去と現在の経験がキャリアゴール達成のためにどのように貢献するか
4. LBSのコースがキャリアゴール達成のためにどのように貢献するか
5. なぜ今 MBA コースに入学する適切な時期と思うか？

これをかみ砕いて、実際に問われていることに踏み込むと、

1. 入社直後から現在までのキャリアについて簡潔に述べる（具体的な実績については3で聞かれていますので、ここでは簡潔に入社時から現在までのキャリアについて簡潔に述べる）

2. 具体的かつ魅力的（そして現実可能な）なショートターム及びロングタームキャリアゴールを述べる
3. 上記キャリアゴール達成までのキャリアプランについて具体的に述べる（過去～現在の職歴が上記卒業直後のショートタームキャリアゴールその後ロングタームキャリアゴール達成のためにどのように活きてくるのか）
4. LBSで学ぶ内容がキャリアゴール達成のために必要不可欠だということを論理的に証明する
5. 過去、現在、未来のキャリアプランの中で、今（出願する年）がMBA留学に最適（MBA留学が必要）と考える具体的な根拠について説明する

となります。ただこの質問に対して順番通り単純に回答しても魅力的なエッセイにはならないと思います（そういった回答を望むのであれば課題を分けているはずです）。重要なことは上記質問に対して明確な回答を順番にするのではなく、全ての回答を踏まえた総体的に完成度の高いエッセイを作成することです。そう考えると、課題3～5を通して具体的なキャリアプランについて述べる内容となっているのが分かります。そしてこのキャリアプランの内容が今回のエッセイのボディとなり、課題1～2はイントロとなるのではないかと思います。つまり、

イントロ：現在までのキャリアの簡単な解説とキャリアゴールについて

ボディ：具体的なキャリアプランについて

過去のキャリア

↓

現在のキャリア

↓

LBS MBA（MBAの必要性）

↓

卒業直後のショートタームキャリアゴール

↓

将来を見据えたロングタームキャリアゴール

この流れが全て含まれており、そして内容が具体的及び魅力的で、全体を通して論理的な展開となっている、というのが今回のエッセイの最終チェックポイントになると思います。つまり、

1. 課題に対しての回答が明確にされているか
2. 回答が具体的で魅力的な内容であり展開力を持っているか
3. 全体を通して論理的な展開となっているか

以上を踏まえ作成できれば、魅力的な実績があるためクラスに貢献することができ、具体的かつ現実的なキャリアプランを描いている、そしてそのキャリアプランを卒業後達成できるだけの実績もある、ということが全て証明でき、**「入学後クラスに貢献する学生」**そして**「卒業後成功する学生」**と審査官に認識され、合格に大きく近付くことが可能です。

[4] 英文推薦状の作成方法

あまり日本では馴染みのない推薦状ですが、海外の大学院留学に出願する際は必ず必要になってきます（オーストラリアの大学院以外）。また提出が必須ではなくても提出できるようであればエッセイ等で記載した自己PRを第三者に証明してもらう意味でも提出することをお薦めします。通常、現在までお世話になった大学の先生や会社の上司に書いてもらいます。

一般的に推薦状の内容として重要視されるのは、推薦者と出願者の関係です。その関係性をもとに、推薦者には出願者を推薦する内容を具体的に盛り込んだ内容の推薦文を作成してもらうことが重要です。大学生であれば、教授に書いてもらうのが好ましいですし、ある程度職歴のある方であれば、上司に頼むこともできます。ただ、その際出願校で独自のフォーマットを用意していたり、あらかじめ推薦者に対する質問が決まっていたりしますので注意が必要です。

A 合格する推薦状作成のルール

意外と知られていないことですが、現在では**推薦状に関しては各学校で指定のフォームを用意しています。**また指定フォームを用意していない学校でも推薦者の選定、推薦状の数、推薦状提出方法についてガイドラインを設定しているところがほとんどです。そのため推薦者の選定から提出方法まで出願校の決まりに基づいて作成、提出する必要があります。そういった決まりに沿った形の推薦状でない場合は、通常推薦状として認められず再提出を求められることになります。そのため詳しくは出願校の推薦状ガイドラインを確認して頂ければと思いますが、ここでは一般的な推薦状作成についてのルールを解説させて頂きます。

まず皆さんの推薦者となれる人物についてですが、皆さんの友達、家族、同僚はなることができません。皆さんが授業を履修した経験のあるクラスの教授、講師、または皆さんが勤めている組織の上司に当たる方である必要があります。つまり**皆さんを「教授する立場、または管理する立場にあった方」である必要**があるということです。

また推薦状の内容について必ず記載しなければならないことが2点あります。**1つ目は推薦者と被推薦者の関係性**です。通常関連性とは知り合いの期間と2人の関係性を指します。例えば教授であれば大学～年から～年の間～のゼミを履修していた、または大学～年時に～というクラスを履修していた、または～部署で監督する立場にあった、といった具合に推薦者と被推薦者の関係性を必ず明確に述べる必要があります。

もう1つは知り合ってからの期間を明確にすることです。例えば教授が担当していたゼミやクラスを記載し、それらを通じて関係があった期間（その教授が担当教官だった期間）について明確に記載する等です。上司と部下であれば上司の方で出願者である部下を監督する立場であった期間を明確にします。これらの内容は通常推薦状の最初の段落で明確に記載し読み手に伝える必要があります。

次項に一般的な推薦状のサンプルを記しておきますのでご参考ください。

【推薦状サンプル（学校関係者用）】

April 01, 2011

To whomsoever it may concern:

I am writing this letter to recommend Miss Megumi KOYAMA for the Master of Development Studies course at your graduate school.

I have known Miss Megumi KOYAMA for one year. When she was in the second grade, she attended my French class. I supervised her for the one year she attended my class, and assisted her out of my classes. She is very motivated and perseverant, and this can gauged by the fact that she would visit my office quite often to discuss her future career options. Although she did face difficulties, as does everyone at one point of time or the other, she has worked hard to overcome these and considers any obstacles she faces as a learning experience. Her research assignment and presentation in the class were clear, comprehensive, and insightful. The subject of her presentation, which was an outstanding one, was “Development Economics.” Moreover, unlike the presentations of some of the other students, her presentation included various examples from not only the trends in French literature at that time but also the effect of the authors’ social processes on their writings. She has always sought feedback, and has the ability to create something new.

Furthermore, Miss Megumi KOYAMA has exceptionally good study habits and leadership skills. She would always encourage her classmates to attend class and was forthright in the classroom especially regarding students who did not actively attend my class. As for the debates that I would often expect from the students in my classes, she would always volunteer as the debate leader and would be very efficient in the conduction of the debate by ensuring the participation of her classmates. This is very illustrative of the trust her classmates had in her, and one of the reasons why she was expected by them to take the lead.

To summarize, I believe that Miss Megumi KOYAMA has both the academic ability and the social skills necessary to do well in a master's program as demanding as yours. Studying abroad may not be an easy task for everyone. However, I believe that she would enjoy meeting and communicating with the different people in your program, and would make the best of the opportunity offered to her. For all of the above reasons, I strongly recommend her for admission to your institution.

Tetsuya Mori
Professor
Department of Economics
TOEFL iBT Univercity
4-23-3 Jingumae Shibuya
Tokyo 150-0001, Japan
Tel: 81-3-3408-4003
Fax: 81-3408-5728
Email: tmori@toefl-ibt.jp

【推薦状サンプル（職場関係者用）】

April 01, 2011

To whomsoever it may concern:

It gives me great pleasure to recommend Miss Megumi KOYAMA for the Master of Development Studies course at your school. In particular, I would like to bring to your attention her abundant work experience and impressive performance record.

I have known Miss Megumi KOYAMA for four years since she joined the Graduate School Consulting Co., Ltd. in April 2007. In particular, I supervised her work performance when she was in the Counselor Department in her first year.

Miss Megumi KOYAMA was in charge of consulting with our clients with regard to their future education needs. Her work required maintaining good relationships with clients while exhibiting acute presence of mind and perseverance. Our clients thought highly of her advice and job performance. On the back of her tremendous effort and achievement, she was promoted to chief counselor within a year. As the chief counselor, she manages the Tokyo branch including more than one hundred clients. She was given many responsibilities in her job very quickly because of her managerial ability. I believe that if it were not for her hard work, these tasks would not have been accomplished.

If I were to point out one of her weaknesses, I would like to mention her lack of leadership acumen. When she would negotiate with her clients, she would tend to lose focus and think too much about the clients' situation. As a chief counselor, she is supposed to lead clients and show them the right way to success. I am confident that if she can address this shortcoming, she can become a very outstanding consultant.

Given her tremendous record, I am certain that she will show the same energy and enthusiasm toward her studies that she has demonstrated in her past performance. She will make a significant contribution to your program. I am eagerly looking forward to working with her again once she graduates from your fine institution.

For all the above reasons, I recommend Miss Megumi KOYAMA for admission to your master's program.

Tetsuya Mori
Manager
Counselor Department
TOEFL iBT College
4-23-3 Jingumae Shibuya
Tokyo 150-0001 Japan
Tel: 81-3-3408-4003
Fax: 81-3408-5728
Email: tmori@toefl-ibt.jp

B 合格する推薦状作成のコツ

推薦状のガイドラインや提出方法は千差万別、各学校によって大きく異なりますが、合格するための推薦状作成についてのポイントはいくつかあります。

まずこれは至極当たり前のことですが、推薦者選定の際に出願するコースが求めている推薦者に関する内容を詳しくリサーチすることです。例えば推薦状のガイドラインに「アカデミックフィールドから2名」、「アカデミックフィールドから1名、プロフェッショナルフィールドから1名」等、推薦者選定のための目安が記載されている場合があります。ここでいうアカデミックフィールドとは大学時代、または大学院時代の恩師、つまりゼミや卒業研究等で一番密に接していた教授等を指します。つまり「上司より教授からの推薦状を重要視する」ということです。

一方、プロフェッショナルフィールドと言われたら通常所属している組織の直属の上司に当たる方を指します。こちらもできるだけ密に接していた直属の上司に頼むのがよいでしょう。つまり**出願するコースがどういった推薦者を好むか、ということを詳しくリサーチする必要がある**ということです。

次に重要なことは、**推薦状を履歴書及びエッセイと共に三位一体で考える**ことです。出願書類の中でも最も重要な履歴書、エッセイ、推薦状を絶対に単体で考えてはならないということです。意外と知られていないことですが、通常皆さんの推薦状は皆さん自らが作成し、推薦者に渡します。そこで問題がなければサインをもらうという流れが一般的なため、通常皆さんの推薦状の内容も皆さん自らが考えより効果的な推薦状になるよう工夫する必要があります。その際推薦状の内容を十分検討する必要がありますが、推薦状の内容を決める最も重要な主軸は皆さんが推薦状の前に作成した履歴書とエッセイになります。つまり履歴書及びエッセイで審査官にアピールした内容を推薦状で第三者の立場から証明してもらうということです。そのため**履歴書、エッセイでアピールした内容を証明する内容の推薦状にサインをしてくれる方を探して推薦状を作成すると**履歴書、エッセイ、推薦状が一体となり審査官に効果的にアピールする書類となります。

また、もし皆さんが出願書類の中で自信のない部分があればそれを推薦状で補ってもらう、という考え方もあります。例えば皆さんの中で GPA について自信がない方がいらっしゃれば推薦状の中でどうして GPA がよくないのか、例えば審査の厳しい大学、相対評価ではなく絶対評価で審査する大学、また教育実習等現場実習に力を入れていた、といった具体的に推薦状内で GPAが低いことの言いわけができるということです。専攻の専門分野が大学時代と変わる方等も、専攻が変わっても問題ない旨を推薦状内に記載できれば効果的ですし、職歴が浅い方は職歴が浅くても長い方と同等の経験をしている、といったことを記載してもらうことができれば推薦状によってウィークポイントを補ってもらうことができます。

C 合格する推薦者選定方法

通常推薦状は卒業した大学の教授か、会社の上司に頼みます。具体的に誰に頼むのがいいかということに関しては、皆さんの現在の状況に依存することが多いので明確なことは言えません。しかし推薦者として大事なことが何点かあります。

まずは必ず自分ことをよく知っている方に頼むこと。

よく「私は大学の学部長を知っているのですが書いてもらった方がいいのでしょうか？」または「会社の社長と知り合いなのですが……」というご意見を聞きますが、自分のことを知らない社長より、自分のことをよく知っている係長の方が効果的な推薦状が書けるはずです。

また、学部長に書いてもらっても自分のことをよく知らなければ、効果的な推薦状にはならないと思います。以上のように、まずは自分と推薦者の関係を重要視してください。もちろん自分のことをよく知っている社長や、学部長等がいればより効果的な推薦状になるでしょう。

また、もしあなたが大学を卒業されて２～３年以内であれば、大学の教授から推薦状をもらったほうがいいと思います。もしくは、あなたが４年以上の職歴をもっていれば職歴を重要視して、職場の上司に頼むのが得策です。大学院によっては、アカデミックな分野とプロフェッショナルな分野両方からの推薦状を要求される場合もあります。その際は1名ずつ用意する必要があります。

次に大事なことは、**出願する学位や学部とつながりのある分野の方に頼むということ**です。例えば、環境学に行くのであれば、環境系の分野で著名の方に頼む方がより効果的な推薦状を書いてもらえるでしょう。

また、MBA等のビジネス関連のコースであれば職場の上司に頼むのも効果的です。その際MBAコースはマネージメント（管理）の能力を重要視されますので、何人の部下を管理していた、スケジュールの管理、データの管理等、管理系の職歴を中心にアピールすることが効果的です。以上は一例ですが、つまり**皆さんが出願する専攻に沿った効果的な内容の推薦状を書いてもらうことができる推薦者は誰なのか、という視点で推薦者を選定すること**が重要です。

D 合格する推薦状の提出方法

海外大学院の推薦状の提出方法に関しては、現在下記２通りの方法があります。

❶ 書面で提出する方法
❷ オンラインで提出する方法

現在ではほぼ全ての学校で推薦状についてはオンライン提出を推奨しています。ただペーパーでの提出も認めている学校もありますので、ここでは念のため両方の解説をしています。いずれにしても出願校に推薦状の提出方法を確認した後で推薦者に作成を依頼することが重要です。

●書面で提出する方法

通常出願校のホームページで、学校指定のフォーマットをダウンロードすることが可能です。学校指定のフォーマットには出願者情報（Applicant Information)、推薦者情報 (Recommender Information) の項目がありますので、通常推薦者に渡す場合は Applicant Information は記載して渡すのが礼儀です。また学校指定のフォーマットにはそういった情報を記載する以外に、具体的な推薦ポイントを書かせるよう質問形式になっていることも多々あります。例えば出願者の具体的な長所や短所、出願者との関係性等の質問があります。

通常学校指定のフォーマットの回答欄は非常に狭いので、全ての質問を別紙参照として別紙にて記載することが多いのが現状です。ただその際注意しなければいけないのが、別紙にて推薦文を提出する場合は、推薦者が所属する団体（企業や病院、学校等）のレターヘッドに質問の解答をプリントする必要があります。その場合は学校指定のフォーマットに記載されている質問事項の解答欄には全て「別紙参照」と記入し、レターヘッドに質問の回答の推薦文をプリントした用紙とセットで推薦状が完成したことになります。

●オンラインで提出する方法

現在海外の大学院では、ほぼすべての学校でこのオンライン提出を推奨しています。

オンラインで提出する場合は、通常オンライン出願を先に完了する必要があります。オンライン出願完了のためにはエッセイや履歴書の提出、出願料の支払い等を全てオンライン上で済ませる必要があります。オンライン出願を正式に済ませると、出願校から自動的に推薦者のメールアドレスに「推薦状をオンラインにて提出する方法」が記載されたメールが届きます（オンライン出願時にメールアドレス等を含む推薦者情報を記載します）。その後推薦者の方でメールの指示に従いオンラインにて推薦状を提出してもらうことになります。

ペーパーで提出する場合は学校指定のフォーマットの内容を把握することが可能なのですが、オンライン提出のみの学校ですと学校指定のフォーマットが事前に確認できないため、学校が指定している質問事項を確認することができません。そのため代筆を依頼された場合はオンライン出願を事前に完了するまでは詳しい内容が把握できないことになります（学校によってはオンライン出願完了前に推薦者にメールを送ってもらうよう学校に依頼することができます)。

[5] その他出願必要書類

最後に履歴書、エッセイ及び推薦状以外の書類で必要になる可能性のある書類について簡単に解説しておきます。通常海外大学院へ出願する際は英文履歴書、エッセイ、推薦状の提出は課されますが、実は出願校や出願コースによってそれ以外にも提出を求められる書類がいくつかあります。ただ下記に解説する書類はある特定の専攻に課せられるもので、一般的には要求されることはありません。

A ポートフォリオ(作品集)

これは、皆さんが現在まで作成した作品集となります。どういった専攻で課せられるかということ、通常建築学系、芸術系、メディア系等です。

まず建築系コースでは実際に卒業までに作成した作品集や、卒業制作を提出する必要があります。もちろんキャリアがある方であれば現在まで担当した具体的な建築物等の実績を作品集にしてアピールすることができます。その際ポートフォリオの作成方法と提出方法にはガイドラインが決まっており、出願するコースのガイドラインに基づいて提出する必要があります。通常指定されたファイルをオンライン上でアップロードし提出する方法と、書面等で作成し提出する方法とがあります。

次に芸術系のポートフォリオについてですが、MFA(Master of Fine Arts)と呼ばれる芸術系専門コースではポートフォリオの提出を求められることが多いのが特徴です。これは入学後の実践的な授業についていけるか、という実技レベルチェックと、将来の芸術性のポテンシャルを計る目的があります。そのため芸術系の専攻ではこのポートフォリオが最も重要な役割を果たすと言われていて、ポートフォリオが審査官に認められれば多少その他の出願書類で不利な点があっても合格できる可能性が十分あると言われています。

もし皆さんが卒業制作等で優秀な成績を収めていたり、何かのコンテストで賞を受賞したりしていれば、そういった作品は非常に有効に働くでしょう。例えばどこかの企業が主催するコンテストで受賞した広告デザインや、写真、ウェブデザイン等は出願する専攻によっては非常に有効に働きます。

また通常芸術系のポートフォリオにも、詳しいガイドラインや提出方法が設定されています。写真やイラスト、ウェブサイト等の提出方法はそれほど複雑ではありませんが、例えばActingやPerforming Arts等の専攻ではオーディションといって皆さんの演技をDVD等に録画して送るようなガイドラインを設定していたり、舞台芸術やライティングデザイン等では皆さんが担当した演劇のDVDを提出する場合もあります。つまり皆さんの実績を確認することによって実技能力のレベルの確認と芸術性のポテンシャルを把握したいというわけです。

また共通して言えることとして、もし皆さんの作品が日本語で解説等が入っている場合は全て英訳して提出する必要があります。

最後にメディア系ですが、通常北米のジャーナリズム等は作品を要求されます。北米の大学院で開講されているジャーナリズム学は非常に実践的なコース内容になっているため、入学後問題なく授業に参加することができるか、という実技レベルを試されているのと、出願者の現在までの実績を見ることで現状のスキルだけでなく将来のポテンシャルも確認したいという面があります。

ジャーナリズム系のポートフォリオは通常大学時代の作成等ではなく、メディア系のキャリア(職歴)の中で実際に作成した作品、自らが作成して世に出ているものを提出しなければならないというところが他の専攻とは異なります。そのため北米のジャーナリズム系の専攻は通常関連する職歴をある程度要求することが多いのが現状です。実際にキャリアの中で担当した雑誌や記事、ウェブ上の記事やストーリー、脚本等様々なものが提出できますが、いずれも通常キャリアの中で通用した作品である必要があります。もちろんこちらも提出は英語でする必要がありますので、日本語で作成している場合は英訳し提出する必要があります。また通常イギリス等のメディア系学位は実践的というよりはアカデミック色が強くなりますので、ポートフォリオ等要求しないコースも多々あります。

B ライティングサンプル（研究実績）とリサーチプロポーザル（研究計画書）

上記ポートフォリオが実技の実績を証明するための作品であるなら、ライティングサンプル及びリサーチプロポーザルは研究の実績を証明するための書類です。

通常ライティングサンプルは人類学や文学といった研究志向の強い専攻、またイギリス等で開講されているMaster of Research等の研究のみのコースでは研究実績を確認するために提出を課せられることがあります。ただオランダやドイツ、北欧各国などでは通常のMasterコースでもこのライティングサンプルを要求されるケースもありますので注意が必要です。通常枚数や提出方法等は出願するコースで設定されていますが、題材は出願する専攻に関連したものであれば特に指定がありません。そのため大学最終学期で作成した卒業論文や卒業研究を英訳して提出する方法もとれますし、もし大学院卒であれば修士論文を提出することもできます。いずれにしても入学後の研究中心の授業についていけるだけのリサーチ実績があるか否か、またリサーチの実績により入学後のポテンシャルを証明することが目的です。

一方、リサーチプロポーザル（研究計画書）とはライティングサンプルのようにマスターコース（修士課程）で要求される書類と異なり、通常ドクターコース（博士課程）で要求されることになります。ドクターコースは通常研究のみで進むコースですので、入学後のリサーチテーマ、リサーチスケジュール等を計画書として提出します。ただこちらもヨーロッパの一部の大学院では要求されることもあります。

C インタビュー

大学院出願を検討されている方の中で、インタビューについて心配されている方が多数いらっしゃるという印象を持っているのですが、(インタビューを審査過程に含めるコースであったとしても）出願者全員にインタビューを課すわけではありません。

昨今ではアドミッションインタビューと呼ばれインタビューを課される場合は合否に直結するインタビューのみとなり、セレクションベースといって出願者の中でさらに振るいにかけられ選ばれた出願者のみが受けることになります。

また、インタビューを合否判定に課すコースであったとしても、出願者全てにインタビューを課すわけではありません。実際はアドミッションインタビューと呼ばれる合否に直結するインタビューは、セレクションベースといって出願者の中でさらに振るいにかけられ選ばれた出願者のみが受けることができます。

ただもしあなたがどうしても入学したい学校があり、スコアやGPA、職歴といったところで合格者平均よりも劣るものがあるようであれば、積極的にインタビューを受ける姿勢を審査官に見せることをお薦めします。特に北米の学校ではインタビューでどうしても出願コースに入学したい熱意を伝えることで道が開ける可能性もあります。なお通常留学生はインタビューを受ける際はコース担当者と予約をとり、電話で受けることになります。しかし電話でのインタビューは時差等の問題で早朝や夜間になることが多く、電話での会話ということもあり実力の半分も出せないことが多々あります。そのため入学したい強い意思を証明するために学校に直接出向いてインタビューを受けることをコース担当者に提案することで熱意が伝わるかもしれません。ただ担当者が忙しい場合もありますので逆効果にならない程度に提案してみましょう。

出願時からインタビューを受けるまでの期間は通常数ヶ月空くことも多いので、インタビュー前には自らが書いたエッセイを何度も読み返し、エッセイについて何を聞かれても答えられるよう準備を行う必要があります。その際エッセイの内容を発展させたものを用意しておくと効率よくインタビューを受けることができると思います。

またインタビューでは、内容だけでなく英語でのコミュニケーション能力や人格を見られます。特に実践的なカリキュラムの場合はグループワークやディスカッション等も多い為、そこで効果的な発言、役割ができるコミュニケーション能力が備わっているか、という点を審査官が確認します。

出願

出願校よって大きく異なる出願方法を正しく把握する

現在では海外大学院の出願方法は留学先（国）や学校、出願するコースによって厳密には異なりますが、ほぼ全ての大学院でオンライン出願を推奨しています。

ただ、まだ国によってはペーパーでの出願を課していますので、ここでは念のため書面出願（ペーパー出願）とインターネット出願（オンライン出願）両方について解説します。

[1] ペーパー出願方法 (Paper Application)

ペーパー出願は従来通りの出願方法で、願書、推薦状等を書面で作成し、「第2部　ステップ⑧：出願書類を作成する」(251ページ) で解説した出願書類と共に学校指定の住所へ送ることになります。

ただ**最近ではオンライン出願を推奨している学校がほとんどなため、出願校によってはペーパー出願を受け付けていない学校もあります**のでご注意下さい。ペーパー出願の場合は特にアメリカの大学院を中心に大学院で注意したいのが、出願書類を送る箇所を2か所以上設定しているケースです。大学院の入試課とコースが開講されている学部にそれぞれ異なった出願書類の郵送を義務付けるケースがあり、その場合は両方に指定された書類を郵送しないと願書が受け付けられません。

以上のようなケースを含め確実に出願を完了させるためには、まず出願するコースのウェブページより出願方法についてのページを詳しく参照する必要があります（通常how to apply, to apply to this program等の表記で出願方法を解説しているページがあります）。そこでペーパー出願を受け付けているか否かを確実に確認する必要があります。もし出願コースがペーパー出願を受け付けているようであれば、最初のステップとして願書を学校ホームページよりダウンロードします。その際出願に関するガイドラインが通常同封されています。ガイドラインに出願書類の一覧、また出願書類の提出方法が詳しく記載されていますので、まずはそのガイドラインを詳しく確認する作業が必要になります。通常ガイドラインには出願必要書類、書類郵送先、出願締切、出願料の支払い方法等詳しく解説されています。

その後ガイドラインに記載された書類を準備し、その一式を出願書類セットとして指定住所に送ることになります。その際コピーでよい書類、原本が必要な書類、原本でしかも発行元の厳封書類である必要がある場合と様々なので、出願方法に関するガイドラインは注意深く確認する必要があります。なお、願書に関して手書きでも問題ありませんが、可能であればタイプした方が無難でしょう。というのも書面での出願がほとんどだったころは、願書の読み易さも合否に関係すると言われていましたので、出願書類の中でも願書に関してブロック体を用いてクリアに記載する必要があるとされていました。この真意は定かではありませんが、願書は担当者が見やすくクリアに書いている方が読み手はやはりよい印象を受けるのではないかと思います。

また願書記載中に分からない箇所等がある場合は、ガイドラインに記載されている然るべきコンタクトパーソンにEメールで問い合わせましょう。通常遅くても2〜3日中には返信がきます。またペーパー出願の場合は特に注意しなければならないのが書類の到着確認で、郵送後必ず現地学校担当者に到着確認を行ってください。

[2] オンライン出願方法 (Online Application)

最近では、このオンライン出願にて出願手続きを推奨する学校がほとんどです。**現在では海外のほぼ全ての大学院でオンライン出願に関するシステムを完備しています**。オンライン出願の場合は願書に必要事項等を直接記入する必要もなく時間を大幅に短縮することが可能です。また、オンライン出願を推奨している多くの学校では成績証明書、履歴書やエッセイ等の書類もウェブ上でアップロードすることで提出することが可能なので、そういった場合は書面にて国際郵便で郵送する手間やコストも省くことができます。

ペーパー出願とオンライン出願で最も異なる箇所は、推薦状の提出方法だと思います。詳しくは「第2部　ステップ⑧：出願書類を作成する」(288ページ)をご確認頂ければと思いますが、推薦状をオンラインで提出する場合、推薦者にとってはペーパー提出より多少労力がかかる場合がありますので、推薦者にオンライン提出でも問題ないか確認をとったうえで、オンライン出願を開始することをお薦めします。通常、願書提出のみオンラインで行い、推薦状提出等はペーパーで行うということはできません。また2〜3名必要な推薦状ですが、全ての推薦者の提出方法を統一する必要がありますので、オンライン出願を選ぶ場合は全ての推薦者に推薦状をオンライン提出してもらえるか否かを必ず事前に確認する必要があります。

オンライン出願の場合もペーパー出願と同様で、まず出願予定コースのウェブページから、出願方法について記載されているページを選択し、そのページに記載されている出願方法に従いましょう。通常オンライン出願の場合も出願方法に関するガイドラインが詳しく記載されています。学校によっては願書、推薦状、履歴書、エッセイはオンライン上で提出、その後英文成績証明書の原本を学校の指定する住所に直接送り必要がある場合等、オンライン出願を完了させるためには学校独自に様々な方法を用意していますので注意が必要です。

現在ほぼ全ての大学院で推奨しているオンライン出願ですが、実際には各学校がオンライン出願のガイドラインを全て独自で決めている現状があります。そのため現在では願書のみオンラインでその他書類は郵送、また願書・その他書類の両方を全てオンライン上で提出できる大学院等、同じオンライン出願といってもその方法は多種多様です。
出願するコースによってオンライン出願方法に関するガイドラインを詳しく確認することが重要です。

[3] 出願必要テストスコアの提出方法について

出願を完了させるために次に注意すべき点は(主に北米の大学院で課されることですが)、出願必要スコアを全てテスト主催団体より直接出願校へ送る手続きをとる必要があることです。これはテストスコアの信頼性を計るもので、偽造スコア等で出願することを避けるために行います。そのためテスト主催団体に皆さんのスコアを直接学校へ送るよう依頼を行う必要があります。IELTS、TOEFL、GRE、GMATは全て各テスト管理団体より直接出願校に皆さんのスコアを郵送する手続きをすることが可能です。

またイギリス等の大学院ではスコアコピーでも出願することが可能ですが、北米の大学院を中心にテスト管理団体より直接スコア送付を義務付けている学校は、スコアコピーは認められず、出願自体を受け付けてもらうことができません。このように**スコアコピーでも出願を認めてくれる学校と、テスト管理団体から直接テストスコアを送付することを義務付けている学校がある**ため、詳しくは出願校に確認する必要があります。

下記がスコア送付依頼を行うことができる各団体になります。

【IELTSスコア送付依頼先】

財団法人日本英語検定協会　IELTS事務局

http://www.eiken.or.jp/ielts/

British Council-IELTSテストセンター

https://www.britishcouncil.jp/exam/ielts

【TOEFL iBT及びGREスコア送付依頼先】

Educational Testing Service (ETS)

http://www.ets.org/

【GMATスコア送付依頼先】

The Graduate Management Admission Council (GMAC)

http://www.mba.com/

また、スコア送付依頼をして学校に届く前に出願締切になってしまったらどうなるのか、という質問をよく頂きますが、通常、出願締切とスコア提出には時差が生じても問題ありません。学校によっては出願締切時に必ずスコアが到着していることを義務付けていることもありますが、そうでない場合は、通常願書提出後スコアが届いても問題ありませんので、出願締切までに出願さえ完了しておけば、スコア送付依頼に関してはそれほど神経質になる必要はありません。

ただスコア送付に関してはテスト管理団体という第三者が皆さんに代わって行うものですので、必ず学校へのスコア到着確認を行う必要があるでしょう。通常2週間程度してスコアが皆さんの出願進捗状況（出願者ステータスチェック）をできるウェブページに反映されていないようであれば直接学校担当者に確認の連絡を入れてみましょう。

[4] 出願完了確認の重要性について

先のスコア到着確認にも共通することですが、実は出願後の出願完了確認は非常に重要です。通常出願完了とは下記を全て現地担当者が確認した状態を指します。

❶ オンラインもしくはペーパーで願書提出済み
❷ オンラインもしくはペーパーで出願必要書類を提出済み
❸ 出願必要スコアを提出済み（必要な際はテスト管理団体より直接送付）
❹ 出願料支払い済み（出願料の支払いを義務付けられているコースのみ）

ただ、上記全てを提出したというだけでは出願が完了したことにはなりません。上記全ての到着確認を現地学校担当者に行い確認がとれた時点で出願完了となります。

なぜ出願後このような確認を行う必要があるかというと、例えば「スコアが指定機関より届いていない」、「必要書類に不備があった」等が起こると学校担当者から出願者へその旨連絡がいけばいいのですが、実際そうならないことも多くあるからです。通常、**出願後出願を完了させることは出願者の責任であり、出願書類の不備のために願書が保留になっていても出願者にその旨の連絡をしたり、足りない書類等の再請求をするようなことは非常に稀**です。そのため出願後出願者の方で責任をもって進捗状況を確認し、出願を確実に完了させる必要があります。

最近ではオンライン出願をされた場合は出願後に出願者用の特別ページがウェブ上で与えられ、出願の進捗状況（Applicants Status Check）をウェブ上にて確認することができます。そこで足りない書類やスコアの到着確認等見ることができますので、非常に便利です。

一方、ペーパー出願を選ぶと、この出願進捗状況を確認するページが与えられないので、出願後担当者に直接コンタクトをとり確認する必要があります。

出願を確実に完了しないと、せっかく出願をしても保留状態として実際には審査が始まりません。そのため3ヶ月程度たってから合否が来ないので出願校に連絡してみたら書類に不備があり保留中のため審査は進んでいなかった、という事態も数多く起こります。もちろんその場合、出願締切も既に大幅に過ぎていますので、例え足りない書類を早急に送っても審査を再開してくれることはありません。このように出願したら終わり、ではなく確実に出願が完了するまで追って確認していくことが重要です。

合否確認と入学手続き

合否確認及び入学手続きは全て出願者の責任で行う

出願後合否連絡が遅れている場合は、合否確認も出願者自ら行う必要があります。

もちろん合否連絡は特に出願者から催促しなくてもEメールまたは書面にて出願完了から1～3ヶ月程度で自宅に届きますが、出願者全てに必ず合否連絡が滞りなく届くというわけではありません。そのため**出願後1～2ヶ月程度して合否連絡がない場合は、「何か出願書類等に不備があった」、「重要なEメールが届いていないため合否が分からなかった」、という可能性を疑って必ず現地学校担当者に合否確認の連絡を入れる**ことをお薦めします。稀に不合格通知を出すことを忘れていることもありますし、合格通知をEメールで通知したのに何かの不備で届いていない、といったこともあります。そのため必ず出願後は審査進捗状況を確認する必要があります。

また合格通知が届いた場合は油断せず、入学まで確実に手続きを進めていく必要があります。ここでは合否の確認方法と入学までの手続き方法について解説させて頂きます。

[1] 合否確認方法について

通常合否連絡はEメール、または書面で届きます。最近ではウェブ上の出願者専用ページで公開している場合もあります。いずれにしても出願後出願完了の確認、及び合否の確認は出願者の責任を行うというのが大学院留学の常識です。

出願完了確認後2～3ヶ月たって合否の連絡がないので学校担当者に問い合わせたら既に合否の連絡は書面で送っていた、郵送のトラブルで届かなかっただけ、ということも珍しくありません。

また書面及びEメールで合否の連絡を待っていたらウェブ上で何ヶ月も前

に公開されていた、ということもあります。その場合不合格であればいいのですが、合格していた場合、入学する意思を学校に伝えるのが遅れてしまい、結局他の出願者に合格が流れてしまった、というような最悪の事態も起こりえます。そのため出願後は確実に合否確認を行う必要があることを忘れないでください。合否確認は出願したコースの担当者、またオンライン出願であればオンライン出願完了のお知らせメールをくれた担当者に確認をとるといいでしょう。またメール等で連絡を入れても回答がない場合もあります、その際は担当者に直接電話で確認する必要があります。

[2] 入学手続きについて

ここでは、無事合格してから入学するまでの手続きについて解説します。進学先を決定したら入学手続き、学生寮の手配、学生ビザの申請と留学生は渡航までにやらなければいけないことが山積みです。進学先を決定したら、安心せず渡航まで注意深く準備を進めていく必要があります。

A 入学許可書取得に関する手続き

通常出願校を1校のみ、ということはありませんので、数校から合格をもらうこともあるでしょう。その場合どのように進学校を決定するかというのは非常に重要なことです。もちろん一番初めに第一志望の出願校から合格の知らせをもらえれば問題ないのですが、なかなかそううまくはいきません。そのため日本の受験同様第一志望の大学から合否連絡が来る前に滑り止め等の学校から合否が届き、入学希望の有無を問われるケースも数多く起こります。

海外の大学院の場合合否が届くと、まずは入学意思の有無を問うAcceptance Letter（アクセプタンスレター）という書類に入学するか否かを記入し返送する必要があります。この Acceptance Letter は通常合格証明書に同封されており、入学の意思確認のため早急に返送する必要がありますが、通常返送期限は決まっており、その期限内に返送しないと席が保証されません。またこの Acceptance Letter は必ず郵送で送られてくるものではなく、オンライン上で入学の意思確認をするようなケースもあります。

なお入学する意思がある場合は確実に席を確保する必要がありますが、その場合は Acceptance Letter 以外にデポジット（預かり金）の支払いをしなければなりません。この**デポジットの支払いと Acceptance Letter が現地で確認できて初めて正式に席が確保されること**になります。この手続きを期限内に行わないと合格の席が他の出願者へ渡り、後日入学したくても入学できない可能性があるので注意が必要です。

このデポジットについて少し解説をすると、日本の大学や大学院で合格後に支払う入学金とは異なります。合格後確実に席を確保するという目的で支払うことに変わりはありませんし、支払ったうえで入学しなかった場合返金がないことは同様ですが、デポジットは預かり金ですので、入学後授業料の一部として返金されることになります。つまり無事入学すれば問題なく返金されますが、入学しなかった場合返金がないということです。金額は各学校によって異なり、通常5万円程度〜30万程度まで様々です。なお支払い金額や支払い方法、支払い期限等の情報は、合格証明書に記載されているか合格証明書に同封されています。

以上のように合格したらまずは合格書類を確認し、Acceptance Letter の返送期限、そしてデポジット支払い金額及び支払い期限を早急に確認、そして入学の意思がある場合はできるだけ早く手続きを完了することが重要です。ただ日本の大学と異なり、この手続きを期限内に行っていなかったとしても席に空きがあれば入学することが可能です。

入学手続きの流れ

❶ 合格通知が届く

↓

❷ Acceptance Letterの返送とデポジット支払い

↓

❸ 入学許可書が届く

↓

❹ 学生ビザ申請等入学準備

以上のように合格通知がEメール、ウェブ上で通知、または書面にて届きます。ただその**合格通知はあくまでただの合格通知であり入学許可書ではありません。**そのため合格証明書では学生ビザの申請すらすることができません。重要なことは合格通知が届いたら早急に上記のように入学手続きを進め、できるだけ早く入学許可書を取得することが重要です。

合格通知が届いて安心して通知内容をよく確認せず他の合否をのんびり待っていると、いざ最初に合格した学校に入学したいと思った時に入学できない場合もありますし、入学許可書発行が学校によっては1〜2ヶ月程度かかることも珍しくありませんので、ビザ申請が間に合わなくなることがあります。そのため早急に手続きを行う必要があります。

以上のような事態を避けるために**最も大事なことは、出願前から志望順位を決めておくこと**です。そうしておけば合格通知がきた時にスムーズにその後の手続きを行うことができます。せっかく合格したのに各種手続きが遅れ入学できない、というようなことがないよう合格後も細心の注意を払い入学手続きを行ってください。

B 学生寮の手続き

海外大学院留学生は通常学生寮に住むことになりますが、**合格、入学が決まったからといって学校側が自動的に学生寮の手配を行ってくれることはありません。**学生寮の手配は入学決定後学生が別途申込手続きを行う必要があります。

通常、学生寮の申込方法や申込用紙は入学証明書に同封されているか、現地学校担当者よりEメールで送られてきます。もし入学手続きを完了したにも関わらずそういった学生寮に関する情報が送られてこないようであれば担当者に問い合わせるか、学校ホームページで確認しましょう。通常学生寮は様々な種類があります。1人部屋、2人部屋、食事つき、食事なし、大学院生専用、女性専用、学校構内、学校郊外と様々で、希望する学生寮に申し込むことになります。また各学生寮は費用も異なりますので、どの学生寮に入寮するかは注意深く検討する必要があります。ただ学生寮に関しては申し込み順に予約されていくので、**1人部屋や学校構内、また新しい学生寮のような人気がある寮を希望の際は早めに申し込む必要**があります。通常学生寮の申し込みを完了させるためには申込書の郵送（オンラインで提出する場合もあります）及び予約金の支払いを義務けられます。

C 学生ビザ申請

入学許可書が届き、学生寮の手続きが済んだら、いよいよ学生ビザの申請を行う必要があります。現在ではアメリカ、カナダ、イギリス、オーストラリア及びヨーロッパ各国どの大学院に入学される場合も、もれなく学生ビザの申請を行う必要があります。

また**学生ビザの申請方法、申請から発給までの期間、申請費用等は留学先によって大きく異なりますので、留学先が決まったら速やかに学生ビザ申請方法について調べる必要**があります。場合によっては申請書類に1ヶ月、申請から発給までに1ヶ月程度かかることも珍しくなく、その場合は最短でも2～3ヶ月程度の準備期間が必要になります。進学校が決まったら渡航日から逆算して学生ビザ申請のスケジュールを検討する必要があります。

【アメリカ学生ビザ申請方法について】

在日米国大使館ホームページ

https://jp.usembassy.gov/ja/visas-ja/

【カナダ学生ビザ申請方法について】

VFS Global

https://visa.vfsglobal.com/jpn/ja/can/

【イギリス学生ビザ申請方法について】

英国政府ホームページ（GOV.UK）

https://www.gov.uk/student-visa

【オーストリア学生ビザ申請方法について】

在日オーストラリア大使館ホームページ

https://japan.embassy.gov.au/tkyojapanese/visa_main.html

【欧州委員会】

ヨーロッパ留学プロジェクト

https://education.ec.europa.eu/study-in-europe

以上「入学後絶対後悔しないための10のステップ」として大学院留学の準備について解説してきました。10のステップを通して皆さんにお伝えしたいことは、**「限られた情報に惑わされることなく全ての選択肢を見て出願校を決めること」**、そして**「偏った情報に惑わされることなく必ず実現可能なスケジュールを立てること」**です。是非本書をご参考のうえ後悔しない大学院留学を実現して頂ければと思います。

第 3 部
大学院留学
必要テスト解説

IELTS/TOEFL iBT
留学生に課される英語力判定テスト

[1] IELTSとTOEFLの認知度

海外正規留学を目指す時、必ず必要になるのが英語力を証明するためのテストスコアです。その中でも IELTS と TOEFL は両方とも世界的に知名度のある英語力を証明するためのテストですが、どちらを勉強するかということは受験者によっては非常に重要なことです。4、5年前までは留学先（国）によって認めてくれるテストが異なりましたが、**現在ではほとんどの国で TOEFL 及び IELTS 両方認められていますので、どちらのスコアでも出願可能**です。ただ現在でも北米でIELTSを認めていなかったり、ヨーロッパでは TOEFL を選ぶと非常に高いスコアを要求される等国際的な基準が決められていないことも事実です。そのため出願校をできるだけ早く決め、どちらのテストスコアで出願することがより効率がよいのか、という点について確認する必要があります。

TOEFL iBT及びIELTSの認定校について

	IELTS	TOEFL
アメリカ	ほぼ全ての大学	全て
カナダ	ほぼ全ての大学	全て
イギリス	全て	全て
オーストラリア	全て	全て
ヨーロッパ	全て	全て

[2] IELTSとTOEFLの試験内容の比較

次に IELTS と TOEFL の相違点をまとめています。試験時間や問題の出題方法が少し異なりますが、それぞれの試験内容に大きく変わりがないことが見て取れます。ただ、下記に示した通り、2つのテストを比べると特徴的な問題がいくつかあります。**IELTSではライティングセクションタスク1にて図やグラフ、チャートといったものを客観的にレポートにまとめる技術が必要になり、TOEFL では Integrated Task (複合問題) と呼ばれるTOEFL最大の難所が特徴**になります。

		IELTS Academic Module	TOEFL iBT
Listening	試験時間	30 分	36 分
	問題数	40 問程度	28 問程度
	試験内容	4 Section から構成 Section 1: 日常的な会話 Section 2: 日常にある説明 Section 3: 学術的な会話 Section 4: 学術的な講義	2 Section から構成 Section 1: 学術的な会話 Section 2: 学術的な講義
Reading	試験時間	60 分	35 分
	問題数	40 問	20 問程度
	試験内容	3 つのパッセージが出題 全て学術的な内容 1 パッセージ 850 字程度	2つのパッセージが出題 全て学術的な内容 1パッセージ600～700字程度
Writing	試験時間	60 分	約 29 分
	問題数	2 問	2 問
	試験内容	2 Task から構成 Task1：図や表、グラフ解説 （約 20 分 150 語以上） Task 2: 主観の意見 （約 40 分 250 語以上）	2 Task から構成 Task 1: Academic Discussion Task （約 10 分 100 語程度） Task2: Integrated Task （約 20 分 150 ～ 225 語）
Speaking	試験時間	約 15 分	約 16 分
	問題数	3 問	4 問
	試験内容	Part 1: 自己紹介・挨拶 Part 2: スピーチ Part 3: ディスカッション	Part 1: Independent Task Part 2: Integrated Task

[3] IELTSとTOEFLの相違点

もちろん試験方式（コンピューター方式または記述方式）や所要時間等異なる箇所は多々ありますが、設問に限っていれば**以上の太字になっている設問がそれぞれ「IELTS にあって TOEFL にないもの」及び「TOEFL にあって IELTS にないもの」**となります。つまりIELTS、TOEFL の違いは上記太字の箇所といっても過言ではないと思います。ここではこの2つの特徴について主に解説したいと思います。

A IELTSの特徴：Writing Task1 図や表、グラフの解説

ライティングセクションにて図やグラフ、表を客観的に説明、レポートとしてまとめるためには、話し言葉や通常レターに書くような書き言葉では使用しないような表現を覚える必要があります。

例えば、
Diagram/Chart：図
Table/List：表
Line graph：折れ線グラフ
Bar graph：棒グラフ
Pie graph/Pie chart：円グラフ
Increase slightly：徐々に上がる
Decline slowly：徐々に下がる
Fall dramatically：劇的に落ちる

等、**チャートやグラフを説明する際に必要な表現を覚え、使いこなせるようになることが必要不可欠**です。昨今では様々なSNSの登場で英語で自ら情報や意見を自由に発することができる時代になりました。そのため皆さんは英語で主観的な意見を発することには慣れているのですが、今回の設問のように英語で客観的な情報をまとめることには慣れていない方が多々います。日々の仕事等でこういった業務を行っていないと通常の口語とは使用する単語や表現が大きく異なるため、独自の訓練が必要になります。

B TOEFLの特徴：Integrated Task（複合問題）

TOEFLがiBTテストに変わり、最大の難所として知られるのがIntegrated Task（複合問題）です。Integratedとは、「総合・複合的な」という意味で、Integrated Taskとは「複合問題」という意味です。

TOEFL iBTでは、ライティングとスピーキングセクションに追加された問題形式になります。問題は文章（250-300語を3分）を読み、その内容に関連したLecture（230-300語を約2分）を聴き、内容をまとめる（20分で150-225語）という流れで、Speaking SectionのIntegrated Taskのパターンも非常に似ています。これは、より大学生活に密着したセクションと言えます。教科書を読み、授業に参加、そしてそれらの内容についてのエッセイを書く、まさにアメリカの大学生の1日を短時間であらわしています。

Integrated Taskは受験時代に培った読解力だけでなくレベルの高い速読力が必要になります。そして最後に短時間で200語以上で客観的な情報をまとめる必要があるため、主観で意見を述べるための表現力ではなく、客観的な情報を読み手に伝えるための特別な訓練が必要になります。そのため**速読力、アカデミックな分野で披露される講義を1回で聴き取るリスニング力、そして読んで聞いた内容を読み手に効率よく伝えるためのライティング力が同時に問われる非常に難易度の高いテスト**です。こういった複合問題は現在IELTSにはありませんので、IELTSの方がTOEFLより難易度が低いという見解もできます。

以上が設問におけるIELTS及びTOEFL iBTの相違点になります。もしどちらのテストを選ぶか悩んだ場合は、まず上記2つの設問を比べるとどちらを選ぶべきか自ずと見えてくると思います。

[4] IELTSとTOEFLのスコア換算表

IELTSはケンブリッジ大学ESOL Examinations、ブリティッシュ・カウンシル、IDP Education Australiaに協同で管理、運営しています。

一方TOEFLは、ETS（Educational Testing Service）というアメリカにあるNPO団体が管理、運営しています。そのため、テストを開発している団体が違いますので、スコアの正確な換算というのは非常に難しいのですが、下記が文部科学省より公表されているCEFR対照表より算出した換算表になりますのでご参考ください。

IELTS	TOEFL iBT
7.0	100
6.5	91
6.0	82
5.5	73
5.0	64

GMAT（Graduate Management Admission Test）
ビジネススクールで課される学力判断テスト

[1] GMATとはどんなテストなのか？

大学院留学を考えはじめた方の中には「GMATって初めて聞いた」という方も多くおられると思います。**GMATはビジネススクールへの入学を希望する場合、出願者に課される試験の1つ**です。

知名度のあるTOEFLと比較してみましょう。次の表を見てください。

	TOEFL	GMAT
対象	非英語圏の出願者	全出願者（ネイティブ含む）
目的	大学院の講義に充分な英語力があるかどうかを測る	学術的知識を問い受験者の優劣をつける

皆さんご存じの TOEFL は、非英語圏の出願者にのみ課せられる英語力判定テストです。たいして**GMATはネイティブも受験する学術知識を問う試験となっています。ゆえに内容はネイティブの知識に合わせた発展的なレベルが出題**されています。ここで注意したいのは、両者の目的に大きな違いがあるということです。日本の受験者にとっては両方とも留学に際して課されるテ

ストなのですが、**TOEFLは「クリアすべき条件」、GMATは「上位の順位を目指す試験」**となります。前に説明したように、大学の各コースにはTOEFLの出願最低必要スコアが設定されています。これをクリアしなければ出願しても合格はかなり難しいわけですが、逆にいうと高得点がそこまで大きなアドバンテージになるわけではありません。GMATではどうかというと、高得点が合否判断の重要な一部分になっています（出願最低スコアは通常設定されていません)。これはGMATでは得点と受験者の中での順位(上位何%に入ったか)が示されるため、それを指針として大学院側で"将来スクールの名声を高めてくれそうな人材"を選ぶためです。このように、より高度な試験としてGMATが実施されています。

[2] GMATの認知度

GMAT は GMAC(Graduate Management Admission Council) が後援し、ETS (Educational Testing Service) によって作成されています。両者ともアメリカの非営利団体ですので、GMAT はアメリカ全土で広く認められています。またヨーロッパでもほとんどの大学において使用することができます。

ここで注意したいのは"**GMATを必須で課していない学校もある**"ということです。

よくある勘違いとして『多くの学校で認められている』という文章を読んで、「受験の際に必ず必要ということか……」と思ってしまうケースがありますが、これは重大な間違いです。あくまでも『認められている』だけで、全てのビジネススクールで必ずしも受ける必要はありません。世界各国のビジネススクールを対象にすれば TOEFL だけでも受けられる学校は多数あります。ただ、前述したように GMAT はより高度な試験ですから、そこである程度のスコアを残せば上位校への入学の可能性がそれだけ増すということです。

例えばMBAコースに限定すると一般的に下記のようなことが言えると思います。

アメリカMBAレベル別難易度：

	最上位校	上位校	中上位校	中堅校
TOEFL iBT スコア	100	80 ～ 100	80 ～ 90	80
GMAT スコア	680 以上	650 以上	550 以上	500 以上

イギリスMBAレベル別難易度

	最上位校	上位校	中上位校
IELTSスコア	7.5 (7.0)	6.5(7.0)	6.5
TOEFL iBT スコア	100 以上	100 以上	90 以上
GMAT スコア	650 以上	600 以上	なし

以上は一般的な例ですが、重要なことは**目指す留学先やランクによってGMATのスコアが必要か否か、また必要な場合のスコア基準が異なる**ということです。例えば TOEFL だけで充分な場合にあえてGMATを選択するのは全く合理的といえません。GMAT で充分なスコアを取るより、TOEFL でよいスコアを取る方がずっと容易だからです。そのため、勉強をする際には"自分の希望コースで必須の試験はどれか"ということをしっかりと把握し、無駄のないように勉強しましょう。

[3] GMATの試験内容

GMATは3つのセクションで構成されています。3つのセクションは、Verbal・Quantitative・Data Insightsのことを指します。それぞれのセクションで求められる能力は、Verbalが英語に関する知識、Quantitativeが数学知識、そして、Data Insightsは英語＋数学の統合的な知識となっています。

次の表はそれぞれの内容をより詳しくまとめたものです。

Verbal	試験時間	45分
	問題数	23問
	試験内容	出題形式は2タイプ Reading Comprehension （長文読解） Critical Reasoning （論理的分析問題）
Quantitative	試験時間	45分
	問題数	21問
	試験内容	Problem Solving （一般的計算問題）
Data Insights	試験時間	45分
	問題数	20問
	試験内容	出題形式は5タイプ Data Sufficiency （条件選択問題） Graphics Interpretation （図表解析問題） Two-Part Analysis （二項目分析問題） Table Analysis （表分析問題） Multi-Source Reasoning （複数資料推論問題）

※テスト内容に関しては変更されるケースもありますので、詳しくはオフィシャルホームページをご確認ください

※GMATの情報は、2024年1月改定後の内容になっております（https://www.mba.com/exams/gmat-exam）

TOEFLや IELTS とは異なり、非ネイティブの英語力を測るような試験ではありませんので、Listening や Speaking の試験はありません。日本の大学入試で、日本語のリスニングや口頭試問が存在しないのと同じ理由です。

GMATの特徴は論理的思考を一貫して問うてくることにあります。数学知識を問う Quantitative Section はもちろんですが、英語力を問うVerbalや、両方の知識を問うData Insightsで出願者の能力が試されます。GMAT のVerbalは TOEFLの Reading と異なり、長文読解だけで構成されているわけではありません。もちろん長文ベースの問題もあるのですが、文章訂正問題や論理的に文章の分析を求める問題も多く出題されます。**「より合理的に、より素早く要点をつかめるか」というのがGMATのテーマであり**、単なる単語

知識や文法知識を問うような出題はあまりありません。これはアメリカのビジネススクール、さらには企業の現場で強く求められる力であり、GMATというテストはまさにその能力を問うところに特徴があります。

[4] GMATスコア

GMAT のスコアはそれぞれのセクションごと、そして3セクションの合計点で表されます。

各セクションは60～90点で1点刻みの表示になります。3セクションの合計点であるトータルスコアは、3つのスコアの相関関係により205～805点で決定されます。ちなみにトータルスコアに対する各セクションの比重は、均等に配分されます。

Quantitative	%	Verbal	%	Data Insights	%	Total Score	%
84	85	79	51	76	58	595	72

上の表は受験後、オンライン上で確認できるスコアレポートを模したものです。先程説明したようなスコアが記載されています。またその横に"%"で記されている数字は、受験者全体で自分のスコアがどれだけの位置にいるかを示したものです。受験者のトップを100%とした場合に自分がどれほど高い位置にいるかを表しており、数字が大きいほど好位置にいることになります。例えば Quantitative では84点という高得点ですので、85%という好位置につけることができました。別の言い方をすると、自分の下に85%の受験生が位置しており、自分は上位15%のところに位置していることになります。なお、2024年1月のテスト改定によりスコアの相関も変わっておりますので、出願ご希望校より求められているスコアが旧バージョンの場合や、改定以前に受験されている方は、下記相関表をご参考下さい。

旧GMAT（10th Ed.）	現GMAT（Fucus Ed.）	% Ranking
710	665	93.2%
680	635	83.5%
650	615	74.50%

620	585	62.80%
590	555	51.40%
560	535	41.10%
530	515	32.30%

注）上記資料はGMAT主催団体であるGMACより公表されている“GMAT Score Concordance Table”をもとに作成しております。

GRE（Graduate Record Examination）
ビジネススクール以外の大学院で課される学力判定テスト

[1] GREとはどんなテストなのか？

GREは北米を中心に大学院への入学審査において、受験者の基礎的学力を測る学術試験として広く導入されている試験です。一般的に**GMAT がビジネススクールの受験者を対象とするのに比べ、GRE はそれ以外のコースを希望する受験者が対象**になります。

ただ昨今ではGRE/GMATどちらのテストスコアを提出するかは出願者が選択できる場合も多いので、出願校に確認し皆さんの適正に合わせて選択して下さい。

	GMAT	GRE
必要範囲	ネイティブを含む全出願者	
難易度	高度(ネイティブ向け)	
対象	ビジネススクール	それ以外

前述したように、GRE は受験者の基礎的学力を測る学術試験です。この面で、大学院の講義についていけるだけの英語力があるかを問うTOEFLやIELTS とは全く異なります。そのためコースによっては英語力を測るTOEFLと、基礎学力を測るGREを両方課すコースもあります。ただし、そうしたコースが全てであるわけではありません。多くのコースがTOEFLもしくはIELTSのみで出願することができます。その為、もし同等程度の希望度のプログラムが複数あるのであれば、敢えて留学生にとって難易度の高い

（ネイティブと比較されると不利になる可能性のある）GREが求められているプログラムへの出願を進めるのは得策ではありません。留学生にもネイティブレベルの能力を要求する上位校などを希望すると、GREが必須となる場合もありますが、必須でないコースであればあえてGREを勉強するメリットはないといえます。「とりあえずGREから勉強してみるか」というスタンスはリスクが大きいのでやめましょう。

[2] GREの認知度

GRE は一応「世界規模のテスト」ということにはなっていますが、**実際はアメリカ・カナダの大学院で課されるテスト**と言えます。イギリスやオーストラリアでも GRE のスコアを活かせないわけではないのですが、必須で課されるケースはほとんどありません。

	有効度	必須度
アメリカ	○	高
カナダ		
イギリス	ケースによる	ほとんどなし
オーストラリア		
ヨーロッパ		

[3] GRE の試験内容

GRE は3つのセクションから構成されています。3つのセクションは Verbal・Quantitative・Analytical Writing (通称AWA)であり、GMAT と同じ内訳になっています。当然、それぞれのセクションで求められる知識も GMAT 同様、Verbal が英語力、Quantitative が数学知識、AWA が文章構成力となります。

下の表はそれぞれの内容をより詳しくまとめたものです。

<table>
<tr><td rowspan="2">Verbal</td><td colspan="2">27問・41分</td></tr>
<tr><td>試験内容</td><td>出題形式は3タイプ
Sentence Equivalence
（適語選択問題：）
Text Completion
（文章穴埋め問題：）
Reading Comprehension
（長文読解：）</td></tr>
<tr><td rowspan="2">Quantitative</td><td colspan="2">27問・47分</td></tr>
<tr><td>試験内容</td><td>出題形式は2タイプ
Discrete Questions
（数量計算問題：）
Data Interpretation
（データ読み取り問題：）</td></tr>
<tr><td rowspan="3">Analytical Writing</td><td colspan="2">1問・30分</td></tr>
<tr><td>問題数</td><td>1問</td></tr>
<tr><td>試験内容</td><td>Issue Task
（問題を分析し、意見を述べる）</td></tr>
</table>

※テスト内容に関しては変更されるケースもありますので、詳しくはオフィシャルホームページをご確認ください
※GREの情報は、2023年9月改定後の内容になっております（http://www.jp.ets.org/gre.html）

TOEFL や IELTSとは異なり、非ネイティブの英語力を測るような試験ではありませんので、Listening や Speakingの試験はありません。日本の大学入試で、日本語のリスニングや口頭試問が存在しないのと同じ理由です。

VerbalとQuantitativeはそれぞれ27問出題されます。

GRE の出題タイプは、日本の就職活動でよく使われる SPI などの WEB テストに非常に似ています。Verbal では高度な語彙力・文法力といった知識を問う問題、推測力・分析力といった思考力を問う問題がバランスよく出題されます。出題数は単語力を問うようなボキャブラリーに関する問題が多いのですが、そうした問題も実際は単なる暗記量を求めているのではなく、知らない単語でも自分の知識を手掛かりに推測する力などが要求されます。また、Quantitative では大多数を占めるのが、数学的知識を活用し、素早く正確に答えてゆく処理能力を求める問題です。2つの数値を比べる Quantitative Comparison、与えられた問題の答えを計算する Discrete

Quantitative Questions の両者とも、決して難しいレベルではありません。ただし、1問あたりにかけられる時間が短く、制限時間内に全問解答することが難しいのです。つまり、**高得点を狙うには“いかにすれば答えが最短距離でわかるか”ということです。『答えのみ』分かればそれで充分**。問題演習をしていく時には、「どこに注目すれば文の流れが速くつかめるか」「面倒な計算をどうしたら省略できるか」を常に考えていきましょう。

英文を自分の手で書きあげるAWAでは、“自分の意見を魅力的に発信できるか”が一番のポイントとなります。アメリカの学校で特に見られる傾向ですが、大学院の講義では自分の意見を論理だてて伝えられることがまずなにより評価の対象となります。GREは大学院で学ぶことを前提とした試験ですから、受験者がそのような能力をもっているかどうか、まず第一にチェックします。そのため日本の受験者はアカデミックな英語の文章の書き方を身につけたうえで、どう表現すればはっきりと効果的に自分の意見が伝わるか、をしっかりと準備しておく必要があります。

試験は祝祭日をのぞき、原則毎日開催されています。お住まいの地域によって、近くのテストセンターでは開催日が限られている場合もあります。また、事前の申し込みを行う必要がありますので、試験運営会社のサイト（http://ac.prometric-jp.com/gre/jp/index.html）やGRE公式サイトなどで確認しておきましょう。

[4] GREスコア

スコア表示

GREのスコアはそれぞれのセクションごとのスコアで表されます。

Verbal と Quantitative は130~170点で1点刻み、AWA は0~6.0点で0.5点刻みの表示になります。よく1つの目安として「Verbal と Quantitative の合計点が○○点以上ないとトップスクールは厳しい」等と言われますが、実際は合計点がそこまで重要な指標とはされていません。各コースによって重視している能力は異なります。例えば Mathematics コースであれば英語能力は多少劣ろうとも数学的能力に関しては満点クラスの生徒を望むはずです。逆に Education コース等コミュニケーション能力が必要なコースの場合は、数学的能力よりも英語能力のある生徒が望まれます。このようにGREのスコアは、合計というよりそれぞれのセクションごとに注目して利用されています。

VERBAL		QUANTITATIVE		ANALYTICAL WRITING	
SCORE	% BELOW	SCORE	% BELOW	SCORE	% BELOW
144	34	167	91	4.5	52

上の表は受験後、10日程で公表されるスコアレポートを模したものです。先程説明したようなスコアが記載されています。またその横に"%"で記されている数字はパーセンタイルといい、受験者全体で自分のスコアがどれだけの位置かを示したものです。受験者のトップを100%とした場合に自分がどれほど高い位置にいるかを表しており、数字が大きいほど好位置にいることになります。例えば Quantitative では167点という高得点ですので、91%という好位置につけることができました。別の言い方をすると、自分の下に91%の受験生が位置しており、自分は上位9%のところに位置していることになります。スコアが同じであれば、パーセンタイルは Verbal の方が Quantitative よりよい数値になることがほとんです。これは Quantitative の方が圧倒的によいスコアを取り易く、満点をとる受験者も珍しくないからです。こうした実情も合計点ではなく、それぞれのセクションのスコア・パーセンタイルがGREでは重視される要因といえます。

著者
佐藤 庸善（さとう・つねよし）
大学院留学コンサルティング株式会社
代表取締役

南カリフォルニア大学　教育大学院
英語教授法修士課程卒業

University of Southern California
Rossier School of Education
MS. TESOL

大学院留学コンサルティング株式会社

2004年創業、20周年を迎える日本で唯一の大学院留学専門のサポート機関です。
英語圏だけでなく、欧州やアジア各国の名門大学院も網羅しています。
現在は、主に官公庁やその他公的機関、また公共性の高い企業を中心とした派遣留学の専任サポートや、またご自身の力で世界に貢献したいという希望を持つ大学生や社会人の方へ、世界トップクラスの海外大学院で学んで頂けるよう、個別コンサルティングを実施しています。
常に大学院留学に関する新鮮で公平な情報を提供すべく、東京国際フォーラムにて海外大学院進学セミナーを定期開催し、開催の模様は随時オフィシャル YouTube チャンネルで発信しています。

改訂版　大学院留学のすべて
絶対に後悔しないための10のステップ

2023年　8月20日　初版発行
2024年　9月　6日　第3刷発行

著者　佐藤 庸善
編　大学院留学コンサルティング
発行者　石野栄一
発行　明日香出版社
〒112-0005 東京都文京区水道 2-11-5
電話 03-5395-7650
https://www.asuka-g.co.jp
ブックデザイン　金澤浩二
組版・図版　システムタンク（野中賢・安田浩也）
印刷・製本　株式会社フクイン

ISBN 978-4-7569-2282-3

本書もオススメです

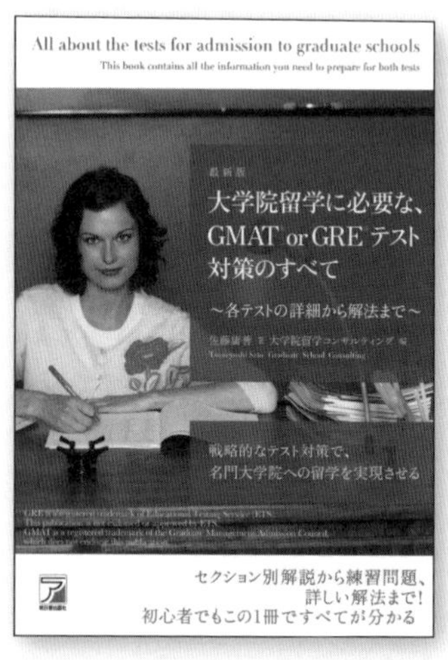

最新版
大学院留学に必要な、GMAT®or GRE®テスト対策のすべて

佐藤庸善・著
大学院留学コンサルティング・編

3800円（+税）
2013年発行
ISBN 978-4-7569-1558-0

難関試験GMAT®/GRE®の対策がこれ一冊で完璧に！

大学院留学やMBA留学をする際、
GMAT®/GRE®を受けざるを得ない人のための対策本です。
出題される傾向をつかみ、解法をわかりやすく紹介し、
基礎から応用まで練習問題も充実しているので、
これ一冊で高得点が望めます。